Ce que les gens disen

Bouillon de poulet pour l'âme des am......urs ae sport...

« Parfois, quand je suis heureux, je pleure. Ce livre m'a rendu très heureux. »

Jack Buck
Reporter sportif, membre du
Temple de la renommée du baseball

« Ce livre nous permet d'entendre un son merveilleux. C'est le battement du vrai cœur du sport. Vous pouvez l'entendre dans les mots de la passion, du cœur et du respect qui trouvent rarement leur place dans les rubriques sportives. »

Will McDonough
Chroniqueur, *Boston Globe*

« Voici un somptueux buffet d'histoires qui nous révèlent des aspects surprenants de la scène sportive, et qui nous offrent une meilleure compréhension des raisons pour lesquelles les participants dans toute activité de compétition doivent garder leur calme. Cela nous rappelle que, en tant que parents et amateurs, nous devons faire de même, en ne permettant jamais aux vives émotions de se substituer au bon jugement. (Il existe de meilleures façons d'avoir votre nom dans le journal.) Une expérience de lecture des plus agréables. »

Hank Ketcham
Créateur de *Denis la petite peste*

« Les sports ont cette unique capacité de nous faire sentir mieux dans notre peau. Ce livre nous en explique les raisons ! »

Barry Mano
Président, National Association
of Sports Officials

« Ce livre touche le cœur, l'âme et la fibre humoristique. Il remet le sport à sa juste place. Tout le monde devrait le lire. Les amateurs de sport l'aimeront. »

Ron Barr
Animateur, *Sports Byline USA*

« Une merveilleuse idée de cadeau pour tous les gérants d'estrades qui aiment s'amuser, ridiculiser les arbitres et piéger les officiels ! »

Gil Stratton
CBS Sports

« Ces histoires nous montrent pourquoi le sport est important à l'école. Il nous donne l'occasion de communiquer et d'améliorer notre vie de famille. Les études, les arts et le sport sont les composantes d'un tabouret à trois pattes. C'est ça, la vie. Formidable. »

Gene Upshaw
Directeur exécutif,
Association des joueurs de la NFL

« Une belle idée de cadeau pour tous les quarts-arrières d'estrades comme moi qui aiment s'amuser. »

Dan Dierdorf
Analyste, CBS Sports

« De merveilleuses histoires de dévouement et de persévérance. J'ai été inspiré à monter d'un niveau. »

Les Brown
Motivateur

« Après trente années dans la communauté du sport professionnel, il est excitant de lire des histoires inspirantes, motivantes et drôles. Ces histoires nous font voir un aspect unique du sport et des gens de l'univers des sports. UNE MERVEILLEUSE LECTURE !! »

Ed T. Rush
Directeur des arbitres,
National Basket-ball Association

« Ce livre, *Bouillon de poulet pour l'âme des amateurs de sport*, vous ramène à une époque heureuse où les sports étaient pratiqués par ceux qui mettaient tout leur cœur au jeu. »

Gordon Forbes
Rédacteur de football professionnel,
USA Today

« Rafraîchissant. Révélateur. Plusieurs histoires nous font pénétrer dans les coulisses du monde du sport, une perspective connue habituellement que de ceux qui vivent professionnellement dans ce milieu. »

Art McNally
Ex-superviseur des arbitres
de la NFL

« *Bouillon de poulet pour l'âme des amateurs de sport* parle de l'essence même de la compétition – la persévérance, l'esprit d'équipe, le dévouement et beaucoup de plaisir. »

Roger Staubach
Président et Chef de la direction,
The Staubach Company

« Pour le joueur étoile en chacun de nous. Achetez ce livre. Vous en serez heureux. »

Chris Schenkel
Reporter sportif,
membre du Temple de la renommée

« Il ne faut qu'une minute pour constater que ces histoires de sport nourrissent votre cœur, titillent votre sens de l'humour et réconfortent votre âme. Quelle merveilleuse façon de souligner l'aspect positif du sport. »

Ken Blanchard
Coauteur, *The One Minute Manager*

« Le sport peut être plus qu'amusant. Il peut nous apprendre à nous adapter au changement – au beau milieu d'un match – et gagner ! Pour tous les amateurs de sport, parents et entraîneurs. »

Spencer Johnson, M.D.
Auteur, *Qui a piqué mon fromage ?*

« Mon métier m'amène à fréquenter régulièrement des athlètes de classe mondiale. *Bouillon de poulet pour l'âme des amateurs de sport* célèbre l'athlète en chacun de nous ! »

Robin Roberts
Présentateur sportif,
ESPN/ABC

« Ce livre définit le thème le plus important dans tous les sports : une passion pour l'amélioration de soi et la capacité de se surprendre soi-même. »

Juwan Howard
Joueur avant pour les Washington Wizards
et porte-parole de la NBA pour le programme
Reading Is Fundamental

« Il est parfois facile pour les amateurs d'oublier que ces guerriers exceptionnels, souvent de simples images sur un écran de télé, sont de vraies personnes, avec des émotions contradictoires, des passions et des peurs. Ces histoires illustrent toute la gamme des expériences humaines, des victoires excitantes à des chagrins effroyables. Mais, plus que tout, l'espoir et l'inspiration demeurent le fil conducteur de chacune de ces histoires fascinantes. »

Joe Starkey
Commentateur des matchs
des 49ers de San Francisco

Jack Canfield
Mark Victor Hansen
Mark et Chrissy Donnelly
Jim Tunney

Bouillon
de
Poulet
pour l'âme des
AMATEURS
DE SPORT

Des histoires perspicaces, inspirantes et drôles
du monde du sport

Traduit par Fernand A. Leclerc et Lise B. Payette

SCIENCES ET CULTURE
Montréal, Canada

L'édition originale de cet ouvrage a été publiée sous le titre
CHICKEN SOUP FOR THE SPORTS FAN'S SOUL
©2000 Jack Canfield et Mark Victor Hansen
Health Communications, Inc., Deerfield Beach, Floride (É.-U.)
ISBN 1-55874-875-X

Réalisation de la couverture : Alexandre Béliveau

Tous droits réservés pour l'édition française
en Amérique du Nord
©2006, Éditions Sciences et Culture Inc.

Dépôt légal : 2e trimestre 2006
Bibliothèque et Archives nationales du Québec
Bibliothèque nationale du Canada

ISBN 2-89092-367-3

 Éditions Sciences et Culture
5090, rue de Bellechasse
Montréal (QUÉBEC) Canada H1T 2A2
(514) 253-0403   Téléc. : (514) 256-5078
Internet : www.sciences-culture.qc.ca
Courriel : admin@sciences-culture.qc.ca

Nous reconnaissons l'aide financière du gouvernement du Canada
par l'entremise du Programme d'aide au développement de l'indus-
trie de l'édition (PADIÉ) pour nos activités d'édition.

Reproduire une partie quelconque de ce livre sans l'autorisation de
la maison d'édition est illégal. Toute reproduction de cette publica-
tion, par quelque procédé que ce soit, sera considérée comme une vio-
lation du copyright.

IMPRIMÉ AU CANADA

Avec gratitude, nous dédions ce livre
Bouillon de poulet pour l'âme des amateurs de sport
à Jim Murray (1919-1998)
qui a compris que les sports sont des jeux –
et pour lesquels on prie, se délecte et s'emballe –
pour des gens ordinaires comme vous et moi
et Murray lui-même.

« Je n'ai jamais été malheureux dans un stade
de sport », disait-il, et ses textes reflétaient sa joie
et son appréciation. Il a écrit sur tous les sports et
de tous les points de vue – de la galerie de la presse,
du vestiaire, du parc de stationnement, des lignes
de côté, du monticule, de la ligne des buts, du ring,
ou de la surface glacée.

Il a reçu le prix Pulitzer en 1990 pour
ses commentaires (il n'y a pas de catégorie pour
les rédacteurs de sport) et il a été nommé quatorze fois
Journaliste de l'année *par la National*
Association of Sportswriters and Sportscasters,
dont douze années consécutives.

Ces honneurs, et un fervent suivi de la part
des amateurs de sport du monde entier, résultent
du fait que Murray savait que les rêves
d'une personne, qu'ils se terminent en victoire
ou en défaite, viennent de l'âme, et c'est ce
qu'il décrivait dans ses textes – l'âme des joueurs
et des entraîneurs, des propriétaires et des amateurs
qui donnent un sens au sport.

Jim, tu nous manques, et nous savons que tu écris
désormais des profils fascinants d'anges.

Table des matières

6. Surmonter les obstacles

7. En famille

8. La sagesse du jeu

9. Les applaudissements de la foule

Remerciements

Plus de trois ans ont été nécessaires pour écrire, compiler et éditer *Bouillon de poulet pour l'âme des amateurs de sport*. Parfois, ce fut un marathon, parfois, un sprint, mais ce fut toujours un voyage incroyable. Comme dans tout projet de cette envergure, nous avons pu compter sur l'aide de nombreuses personnes dévouées. Nous aimerions remercier les personnes suivantes :

Nos familles, qui composent notre équipe collective à la maison. Merci pour votre amour et votre soutien.

Patty Aubery, merci pour ton enthousiasme et tes conseils, et pour avoir toujours été là pour nous.

Patty Hansen, tu es un phare d'amitié, d'amour et d'encouragement. Merci d'être un tel modèle pour les *Bouillon de poulet*. Merci à Elisabeth et à Melanie pour votre amitié et votre hospitalité.

Inga Mahoney, merci pour ta chaleureuse hospitalité et ton soutien.

Christopher Canfield, merci de nous inspirer par ton approche libre et sans souci de la vie.

Linda Tunney, merci pour ton cœur chaleureux et ta profonde compréhension de l'importance de ce livre pour les amateurs de sport de partout dans le monde.

Hilda Markstaller, une jeune de quatre-vingt-treize ans, vous êtes l'amatrice de sport par excellence. Merci d'être une telle source de sagesse et de nous avoir transmis votre amour du sport.

Kelly Garman, merci pour tout. Votre participation a grandement amélioré ce livre ! Debbie Merkle et Paul Van Dyke, merci pour votre aide et votre encouragement tout au long du projet.

Heather McNamara et D'ette Corona, merci pour vos compétences en révision et vos conseils. Votre contribution a été inestimable.

Nancy Autio, merci pour ton aide dans l'obtention des autorisations, et pour ton amitié.

Leslie Riskin, Veronica Romero, Teresa Esparza, Robin Yerian, Joy Pieterse, Kristi Knoppe, Dee Dee Romanello, Shanna Vieyra, Dave Coleman, Tanya Jones et Cindy Holland, merci de nous avoir apporté votre soutien quotidien pour nous permettre de nous concentrer sur un projet comme celui-ci.

Deborah Hatchell, merci d'avoir été là à tous les moments critiques du parcours.

Lisa Williams et Michelle Adams, merci de vous être bien occupées de Mark et de son horaire exténuant, ce qui lui permet de voyager de par le monde pour faire connaître les *Bouillon de poulet pour l'âme*.

Laurie Hartman, Maria Nickless et Tracy Smith, merci pour avoir aussi contribué à augmenter la portée du message des *Bouillon de poulet*.

Peter Vegso, encore une fois et c'est toujours vrai : nous vous remercions et vous rendons hommage pour votre désir sincère de collaborer à ce monde de façon positive.

Terry Burke, les contributions de votre équipe, votre enthousiasme personnel pour le sport et votre amitié ont rendu ce projet particulièrement amusant. Nous remercions également toute l'équipe des ventes et du marketing pour son enthousiasme.

Christine Belleris, Lisa Drucker, Allison Janse et Susan Tobias, travailler avec vous est toujours un plaisir.

Kim Weiss, merci pour nous avoir aidés à passer le mot et ainsi inspirer les amateurs de sport du monde.

Toute l'équipe de Health Communications, votre professionnalisme, votre dévouement et votre travail d'équipe sont une inspiration pour nous.

Un merci bien spécial aux nombreuses personnes qui ont consacré des heures à lire et à classifier nos histoires les meilleures. Vos conseils et vos impressions ont été inestimables : Fred Angelis, Jeff Aubery, Patty Aubery, Nancy Autio, Frank Bennett, Ken Blanchard, Ty Boyd, Leonard Broughton, Timi Brown, Jim Cathcart, Mike Chamberlin, Dan Clark, D'ette Corona, Charlotte Daniels, Clancy Dixon, Ken Flowers, Mike Frank, Bud Gardner, Chris Garman, Kelly Garman, Dennis Garrison, Jay Gentry, Marilyn Gustafson, Shari Hastey, Jim Heffernan, Robert Hentry, Darrell Imhoff, Karen Johnson, Mike Johnson, Nell Jones, Tom Krause, Stanley Kwan, Elaine Langlois, Barbara LoMonaco, Jack Lowe, Tor Matheson, Margaret McCall, Roger McGarrigle, Art McNally, Heather McNamara, Vera Merkle, Linda Mitchell, Shiela Murray-Bethal, Bob Neale, Jeanne Neale, Byron et Gloria Nelso, Jack Niro, John Oldach, Ducky O'Toole, Janet Tunney Peck, Carolyn Phillips, Vicky Rayson, Cynthia Renfro, Mark Sanborn, Ed Scannell, Shelly Scott, Tom Seamon, Gordon Paul Smith, Tery Stratton, Herb True, Marilyn Van Dyke, Al Walker, Warren Welse et Brent Wilder.

Nous désirons aussi remercier tous ceux qui ont soumis les milliers d'histoires, de lettres, de poèmes et de citations que nous avons considérés pour ce livre. Bien que nous n'ayons pas pu utiliser tous les écrits, nous avons été touchés par chacun d'eux. Vos histoires nous ont apporté l'encouragement constant et l'appui que nous étions sur la bonne voie. Merci à vous tous !

Introduction

Lorsqu'il s'agit de faire ressortir le meilleur chez l'homme, rien ne vaut le sport. Chaque expérience sportive, avec son intensité et sa richesse inhérentes, amplifie les émotions et augmente notre relation avec le moment présent et, bien sûr, avec nous-mêmes. Nous nous sentons, d'une certaine façon, plus *présents*, comme si nous étions transportés momentanément dans un univers où les couleurs sont plus vives, les sons plus vibrants et purs, et les émotions à la fois plus fortes et plus poignantes. D'un point de vue très élémentaire que nous considérons rarement, c'est ainsi que nous aimerions nous sentir en tout temps. C'est cette qualité transcendante du sport qui nous a convaincus de collaborer au *Bouillon de poulet pour l'âme des amateurs de sport.*

Nous avons rassemblé ces récits en espérant célébrer tout ce qu'il y a de bon dans le monde du sport. Des joueurs des ligues majeures à ceux des petites ligues, des vedettes du hockey aux patineurs artistiques, et des courses de chevaux à l'Iditarod (courses de traîneaux à chiens en Alaska), les histoires de ce livre soulignent la nature positive et formatrice du sport. Elles vous inspireront, vous donneront un aperçu de certains aspects du jeu de la vie, et vous donneront une nouvelle appréciation du sport en général. Ce livre est destiné à toute personne qui a déjà eu du plaisir à regarder ou à pratiquer un sport quel qu'il soit, de l'athlète professionnel au guerrier du dimanche, de la maman du soccer à l'amateur de sport inconditionnel qui commence la lecture de son journal par la section des sports.

Écrites par des gens dont la vie a été transformée par leurs expériences sportives, ces histoires célèbrent le sport comme une métaphore pour la vie à travers un vaste éventail d'expériences uniques et révélatrices. Par exemple, comment un pur-sang vainqueur de la Triple Couronne peut nous enseigner à y mettre tout notre cœur mieux qu'une salle remplie d'entraîneurs ; comment « Le meilleur », faisant preuve de la juste dose d'humilité au bon moment, peut donner une grande joie à un vieil homme ; ou encore, comment une patineuse artistique atteinte du cancer démontre que la force de la passion et de la détermination peut surmonter les plus grands obstacles ; ou comment un des entraîneurs qui ont remporté le plus de victoires de tous les temps nous rappelle que c'est la perspective et l'attention apportée aux petits détails qui font les vrais champions ; ou comment les billets de saison partagés fidèlement au cours des ans entre un grand-père, son fils et son petit-fils ont créé un lien familial qui dure toute une vie.

Le fil conducteur de ces faits et des histoires de ce livre est que le sport demeure l'un de nos professeurs les plus importants et les plus puissants. Quand nous nous ouvrons à lui, le sport nous apprend à nous concentrer et à garder le cap, ou à développer une nouvelle stratégie et à nous recentrer sur un objectif. Il nous apprend l'importance du travail en équipe et nous rappelle que nous devons toujours chercher à donner le meilleur de nous-mêmes. Il nous enseigne à être humbles dans la victoire et à accepter la défaite de bonne grâce. À son meilleur, le sport nous édifiera et nous minera ; il formera notre caractère et nous enseignera à surmonter l'adversité.

Plus encore, le sport sera là pour nous comme un vieil ami quand nous aurons besoin de visiter cet autre univers où les couleurs sont plus vives, les sons plus vibrants, et où chaque moment est vécu au maximum.

1

L'AMOUR DU JEU

Le sport, c'est la vie à plein volume.

Barry Mano

Roger Maris et moi

J'ai grandi à l'ombre du Yankee Stadium et je suis tout simplement devenu amoureux du baseball.

Quand Roger Maris a quitté les Athletics de Kansas City pour jouer avec les Yankees de New York en 1960, j'avais 11 ans. J'avais été brûlé lors d'un incendie en août, et j'avais alors été confiné à l'intérieur pendant quelque temps, ce qui me permit de suivre le baseball avec encore plus d'intensité. Je me souviens d'une manchette qui disait que Roger Maris avait « régénéré » les Yankees. Je n'avais jamais entendu ce mot auparavant, mais il m'a fait croire que ce Roger Maris était quelqu'un de spécial.

À mon avis, c'était la façon dont il s'élançait, la façon dont il couvrait le champ droit et son apparence. J'avais une idole. En 1961, le pays tout entier se passionnait dans la course aux coups de circuit entre Maris et Mickey Mantle, et le fantôme de Babe Ruth. J'avais découpé chaque article où il était question de Roger en me disant que, lorsque je serais plus vieux et que j'en aurais les moyens, je ferais relier mes albums de coupures par un professionnel. (Il y a huit ans, je les ai tous fait relier en onze volumes.)

Habituellement, j'occupais le siège 1, rangée 162-A, section 31, du Yankee Stadium. Au champ droit. J'achetais un billet d'admission générale, mais je connaissais le policier et je pouvais me rendre dans la section des sièges réservés et celui-là était souvent libre. Je me rendais au stade environ deux heures avant l'ouverture. Je voyais Roger garer sa voiture et je le saluais en lui disant que j'étais un de ses plus fervents admirateurs. Après quelque temps, il a commencé à me reconnaître. Un jour, pendant la pratique au bâton, il m'a lancé une balle. J'étais tellement sidéré que je n'ai pas levé les bras. Quelqu'un d'autre a saisi la balle. Roger a alors parlé à Phil Linz, un joueur polyvalent de champ intérieur, et Linz est venu me voir, a sorti une balle de sa poche et m'a dit : « Tends la main. C'est de la part de Roger Maris. »

Après cet incident, mes amis ne cessaient de me harceler : « Pourquoi ne lui demandes-tu pas un de ses bâtons avec lequel il a frappé un circuit ? » Un jour que Roger était près de la clôture, je le lui ai demandé. Il a répondu : « D'accord. La prochaine fois que j'en brise un. »

Nous étions en 1965. Les Yankees étaient en tournée sur la Côte Ouest, et un soir, j'écoutais le match contre les Angels de Los Angeles à la radio, confortablement allongé sur mon lit, toutes lumières éteintes. Roger a brisé un bâton. Le lendemain matin, mon ami de l'école secondaire m'a téléphoné. « As-tu entendu ? Roger a brisé son bâton ! C'est le tien. »

« On verra », ai-je répondu.

Quand le club est revenu en ville, mon ami et moi sommes allés au stade et, pendant la pratique au bâton, Rog est venu directement vers moi et a dit : « J'ai ce bâton pour toi. »

J'ai répondu : « Oh, mon Dieu, je ne vous remercierai jamais assez. »

Avant le match, je me suis rendu à l'abri des joueurs. Je me suis dirigé vers l'énorme policier qui gardait le passage et je lui ai ouvert mon cœur.

« Vous devez comprendre, je vous en prie, Roger Maris m'a dit de venir ici, je dois prendre un bâton, c'est la chose la plus importante, je ne vous mentirais pas, je n'essaie pas de vous duper, vous devez me permettre… »

« Pas de problème, mets-toi là. » Il savait que je disais la vérité.

J'ai attendu dans la section des loges à la gauche de l'abri des joueurs, nerveux et faisant les cent pas. Puis, juste avant le début du match, je n'en pouvais plus. Je me suis penché au-dessus de la barrière, j'ai regardé dans le corridor mal éclairé qui menait au vestiaire et j'ai attendu que Roger arrive. Quand je l'ai aperçu, marchant dans le corridor avec un bâton dans sa main, j'étais tellement énervé que j'ai failli tomber. Je ne sais pas ce qu'il a pu penser en voyant un gamin suspendu tête en bas, mais quand il m'a remis le bâton, ce fut un des moments les plus incroyables de ma vie d'enfant.

J'ai rapporté le bâton à la maison et mes amis m'ont dit : « Maintenant, pourquoi ne lui demandes-tu pas une de ses balles de circuit ? »

Je l'ai donc demandé à Roger, qui m'a répondu : « Tu devras l'attraper, car je n'en ai aucune. »

Maris a été échangé aux Cardinals de St-Louis le 8 décembre 1966 – une journée noire dans ma vie. Cette année-là, je me suis inscrit à l'Université d'Akron, en Ohio. Mon compagnon de chambre avait une photo de Raquel Welch sur son mur ; moi, c'était Roger Maris.

Tout le monde savait que j'étais un grand admirateur de Maris. Mes amis m'ont dit : « Tu affirmes connaître Roger Maris. Allons voir si c'est vrai. » C'est ainsi que six d'entre nous ont fait le voyage de deux heures et demie vers Pittsburgh, en Pennsylvanie, pour voir les Cardinals disputer un match contre les Pirates. C'était le 9 mai 1967. Nous sommes arrivés à Forbes Field deux heures avant le match et nous avons vu le Nº 9. C'était la première fois que je voyais Roger Maris à l'extérieur du Yankee Stadium et j'ai pensé qu'il ne me reconnaîtrait pas dans ce décor. Je me sentais particulièrement nerveux, car cinq de mes amis m'accompagnaient. Je me suis approché de la clôture et j'ai dit, la voix tremblante : « Ah, Rog... Roger... »

Il s'est retourné et a dit : « Andy Strasberg, que diable fais-tu à Pittsburgh ? »

J'ai su pour la première fois qu'il connaissait mon nom. « Eh bien, Rog, ces gars de mon université voulaient faire ta connaissance et je voulais simplement te saluer. » Les cinq ont défilé pour lui serrer la main, incrédules. J'ai souhaité bonne chance à Rog et il a dit : « Attends une minute. Je veux te donner une balle autographiée de la Ligue Nationale. » Il est entré dans l'abri des joueurs, a pris une balle et l'a signée. Je l'ai mise dans ma poche, heureux comme un roi.

En 1968, je me suis rendu en avion à St-Louis, au Missouri, pour assister au dernier match en saison régulière de Roger. J'ai été très ému des cérémonies de fin de partie. J'étais assis derrière l'abri des joueurs et Rog a dû m'apercevoir parce que, plus tard, il a sorti la tête et m'a fait un clin d'œil. J'ai été très touché. J'ai été interviewé par le *Sporting News* qui avait appris que j'avais fait le voyage depuis New York dans le seul but de voir Roger prendre sa retraite. Plus tard, le reporter a interrogé Maris à mon sujet et Roger a dit : « Andy Strasberg a probablement été mon admirateur le plus fidèle. »

Nous avons commencé à échanger des cartes de Noël et notre relation s'est développée. J'ai obtenu mon diplôme universitaire et je me suis mis en quête d'un emploi à travers le pays dans le domaine du baseball. Quand j'ai été embauché par les Padres de San Diego, Roger m'a écrit une belle lettre de félicitations.

Je me suis marié en 1976 devant le marbre au Stade Jack Murphy de San Diego, en Californie. Rog et sa femme, Pat, nous ont envoyé un cadeau de mariage et nous nous parlions au téléphone une fois ou deux par année. En 1980, Roger et Pat étaient à Los Angeles à l'occasion du match des Étoiles et, ce soir-là, nous sommes allés dîner ensemble – ma femme, Patti, et moi, mon père, Roger et Pat.

Quand Roger est décédé d'un cancer lymphatique en décembre 1985, j'ai assisté à ses funérailles à Fargo, dans le Dakota du Nord. Après la cérémonie, je me suis dirigé vers Pat pour lui exprimer mes condoléances. Elle m'a serré dans ses bras et, se tournant vers ses six enfants, elle a dit : « Je veux vous présenter une personne bien spéciale. Les enfants, voici Andy Strasberg. » Et Roger Maris Jr a ajouté : « Vous êtes l'admirateur numéro un de papa. »

Il existe une relation spéciale entre les admirateurs – particulièrement les enfants – et leurs héros, qui peut devenir presque mystique. Comme le jour où, avec mes cinq copains d'université, je me suis rendu à Pittsburgh pour voir Roger. Aujourd'hui, cela me semble encore très réel, mais à l'époque c'était comme un rêve.

En matière de baseball, je suis superstitieux. Cette journée, j'occupais le siège 9 de la rangée 9, au champ droit. À la sixième manche, Roger s'est présenté au marbre et, quelques instants plus tard, il a frappé la balle solidement.

Nous avons tous – mes amis et moi – réagi instanta-nément au son du bâton. Nous savions que c'était un coup de circuit par le bruit net et sonore, et nous avons vu la balle s'élever, comme propulsée hors d'un canon. Soudain, tous ont compris qu'elle se dirigeait vers nous. Nous nous sommes tous levés en criant et en nous bous-culant. Moi, j'ai vu ce moment comme au ralenti ; la balle s'est dirigée vers moi tel un oiseau s'apprêtant à se poser sur une branche. J'ai tendu les bras et elle a atterri en plein dans mes mains.

C'est la chose la plus extraordinaire qui me soit jamais arrivé dans ma vie – le premier coup de circuit de Roger dans la Ligue Nationale et j'ai attrapé la balle !

J'avais les larmes aux yeux. Roger est venu vers moi en courant à la fin de la manche et a dit : « Je ne peux pas y croire. »

J'ai répondu : « Tu n'y crois pas ? Moi non plus ! »

La probabilité que le Nº 9 frappe un circuit vers le siège 9 de la rangée 9, dans le champ droit, un 9 mai, la seule fois où j'étais présent à ce stade, était presque impossible. La seule explication est que c'était magique, une chose qui se produit à l'occasion entre un admirateur et son héros. Un moment merveilleux.

Andy Strasberg

P.-S. : Le 3 août 1990, j'ai reçu un appel de Andy, fils de Roger, et de sa femme, Fran. Ils m'appelaient d'un hôpital de Gainesville, en Floride. Fran venait de donner naissance à leur premier fils. Fran et Andy voulaient m'annoncer qu'ils avaient décidé de nommer leur fils Andrew et me demander si j'acceptais d'être son parrain. Encore aujourd'hui, j'ai peine à croire que le petit-fils de mon héros d'enfance, Roger Maris, porte mon nom et est aussi mon filleul.

Soirées au stade

*Pour tirer le meilleur d'un homme, il faut toucher
ce qu'il y a de meilleur en lui.*

Daniel Considine

Au cours de ma vie de reporter, j'ai assisté à des situations impressionnantes, émouvantes et émotives. Mais je n'ai jamais rien vu d'aussi impressionnant que ce que j'ai vécu durant le temps que j'ai passé avec Michael Jordan en 1990 et 1991. Même si ses prouesses athlétiques sont bien connues, j'ai souvent été témoin de faits qui éclipsaient tous ses exploits sportifs.

Un soir après un match, Jordan se dirigeait vers sa voiture qu'un garde de sécurité avait avancée. À quelques mètres de là, parmi tant de gens et tellement de bruit, il y avait un petit garçon en fauteuil roulant. De toute évidence, Jordan, accompagné de son fils, se hâtait. En ouvrant la portière de la voiture, il a aperçu le garçon. Il s'est approché et s'est accroupi à ses côtés pour lui parler. Jordan réconfortait l'enfant en lui parlant doucement. Ce n'était pas un événement organisé par l'équipe ; le père de l'enfant avait simplement voulu que son fils voie Jordan de près. Malgré le froid, Jordan est demeuré près de l'enfant jusqu'à ce que son père puisse prendre une photo. Alors, seulement, s'est-il dirigé vers sa voiture. Il est impossible d'apprendre à faire ces gestes. Personne ne peut vous conseiller en cette matière. Il faut que cela vienne de l'intérieur. Même si rien d'autre de bon arrive jamais à ce petit garçon, il saura toujours que, ce soir-là, Michael Jordan l'a inclus dans son univers.

Lors d'un autre match, j'ai fait la connaissance de Carmen Villafane. Ses infirmités étaient si graves, ses limites physiques si prononcées, que les étrangers étaient portés à détourner le regard. Je me suis demandé comment elle pouvait se retrouver à chaque match en fauteuil roulant directement derrière le banc des Bulls. *Elle doit venir d'une famille qui a beaucoup d'influence,* ai-je pensé.

Eh bien, pas du tout, ai-je appris.

En lui parlant, j'ai découvert qu'environ un an plus tôt, elle avait préparé une carte de la Saint-Valentin pour Jordan. Elle s'était débrouillée pour avoir un billet pour le match et lui remettre sa carte. Jordan l'a ouverte devant elle, l'a lue, et l'a remerciée.

Des mois plus tard, elle l'a revu à un salon de l'auto et il lui a demandé pourquoi elle n'assistait plus aux matches. Quand Jordan a appris que Carmen n'avait eu que ce seul billet, il lui a dit d'appeler à son bureau. Sans trop y croire, elle l'a fait pour découvrir que le personnel savait tout à son sujet. On lui a envoyé par la poste des billets pour le reste de la saison. L'année suivante, Jordan lui a envoyé d'autres billets avec une note manuscrite. La lettre disait : « J'espère que tu aimeras la saison qui vient. Je souhaite te voir à chaque match – Michael. »

Carmen n'est pas la seule à avoir été touchée par Jordan. Un jour, je me suis rendu tôt au stade et j'ai vu Jordan sur l'aire de jeu plusieurs heures avant le match. Il a pris un ballon et fait signe à deux des adolescents qui chassaient les ballons de se mettre en position de défense contre lui. Ils se sont regardés ; c'était nouveau pour eux. Ils avaient l'habitude de récupérer les ballons pour lui, mais ce soir, il les invitait à jouer. J'ai regardé les deux garçons dribbler et se faire des passes. Jordan les pourchassait dans les coins du terrain, riait avec eux, tentait de prendre le ballon en l'arrachant de leurs mains. Le message implicite et inestimable qu'il leur faisait était le suivant : s'ils étaient assez bons pour chasser les ballons, ils étaient assez bons pour jouer avec lui.

Une autre fois, j'avais écrit une chronique décrivant une belle action de Jordan à l'égard d'un enfant, au sortir de l'aréna. Tout cela était nouveau pour moi, avant que je sache qu'il posait constamment des gestes de ce genre.

Un lecteur m'a téléphoné en réaction à cette chronique et m'a raconté que sa femme et lui avaient assisté à un match des Bulls et qu'au retour leur voiture était tombée en panne. « Nous nous trouvions à quatre rues du stade, dans un quartier mal famé et, sous un lampadaire, nous avons vu la voiture de Jordan, a-t-il dit. Il était là en train de converser avec des garçons du quartier. Il était tard et ils ne faisaient que parler. »

Plus tard, j'ai parlé à Jordan à propos de ces garçons. Il a raconté que l'année précédente, il les avait vus à l'extérieur du stade par un temps affreux, et que ces jeunes espéraient apercevoir les Bulls. Il les a emmenés à l'intérieur pour voir le match. « Maintenant, ils m'attendent chaque soir à cette intersection... Ce ne sont que des enfants qui semblent avoir vraiment besoin de quelqu'un avec qui parler », m'a-t-il dit. La femme de Jordan m'a ensuite révélé qu'il demandait aux garçons de lui montrer leur bulletin pour s'assurer qu'ils progressaient à l'école.

Jordan se souvient qu'il a déjà été, lui aussi, un jeune qui apprenait à soulever un ballon de basket dans les airs. Il a déjà été un garçon à qui on a répété qu'il n'était pas assez bon. Il se souvient en détail d'avoir été retranché de l'équipe de basket-ball en deuxième année du secondaire. Jordan m'a raconté : « Nous étions là, cherchant notre nom sur la liste. Le mien n'y était pas. J'ai regardé et regardé encore. C'était comme si, en n'arrêtant pas de regarder, il apparaîtrait. »

Quand il a compris pour de bon ce matin-là qu'il était retranché de l'équipe, Jordan a été assommé pour le reste de la journée. « Puis, j'ai couru vers la maison, je me suis enfermé dans ma chambre et j'ai pleuré à chaudes larmes. Tout ce que je voulais, c'était de jouer dans cette équipe. »

Vers la fin de cette saison au secondaire, Jordan a pris son courage à deux mains et a demandé à l'entraîneur s'il pouvait accompagner l'équipe en autobus aux tournois de district. « L'entraîneur m'a dit non. Mais, je lui ai demandé une nouvelle fois, et il a répondu que je pouvais venir. Quand nous sommes arrivés à destination, il m'a expliqué que la seule façon pour moi d'entrer était de transporter les uniformes des joueurs. Je l'ai donc fait. »

Jordan m'a raconté qu'il était heureux que cet incident soit arrivé parce qu'il a alors su ce qu'était de ressentir une déception et il ne voulait plus jamais se sentir ainsi.

Au cours de ces années en compagnie de Jordan, le monde sur lequel j'écrivais n'est pas devenu moins sinistre, moins consternant qu'il ne l'était la première fois que je me suis présenté au stade. Rien ne peut changer cela. En fait, notre monde ne deviendra que plus cruel et plus triste.

Mais il y a plus d'une façon de regarder la vie. De tout ce que j'ai appris lors de ces nombreuses soirées au stade, la plus importante est peut-être la suivante : je sais qu'en y regardant de plus près, parmi les histoires impitoyables et amères, il y a toujours la chance que vous trouviez du réconfort et la promesse de bonté.

Bob Greene

Merci, maman !

On a souvent dit de moi que j'étais un quart-arrière avec la mentalité d'un demi-offensif. Les gens ont toujours parlé de ma capacité de courir avec le ballon, pourtant cela n'a pas toujours été mon style. Tous les athlètes professionnels gardent des souvenirs bien vifs d'événements qui ont contribué à faire d'eux les joueurs qu'ils sont devenus. L'histoire qui suit marque la naissance de mes techniques de course.

J'avais neuf ans et je jouais un match de football chez les petits. J'étais demi-offensif pour les Indians de North Mianus. Nous affrontions les Buzzards de Belle Haven et notre quart-arrière m'avait lancé le ballon. J'ai fait quelques pas hésitants, et alors que je tentais de trouver où courir avec le ballon, j'ai été plaqué. C'était un plaqué illégal au niveau du cou qui m'a fait tomber sur le dos, et j'en ai perdu le souffle.

En tentant de reprendre mon souffle, j'ai vu mes parents qui couraient sur le terrain en ma direction. J'ai pensé : *Oh, sapristi! maman, s'il te plaît, retourne dans les estrades.* Que mon père vienne en courant sur le terrain, pas de problème. On le surnommait « Grit » et il avait lui-même joué au poste de demi-offensif à l'université Brigham Young. Par contre, ce n'était certainement pas « cool » que ma mère, Sherry, se précipite avec lui. Ils m'ont finalement rejoint et, à ma grande surprise, alors que mon père se penchait pour voir comment j'allais, ma mère a sauté par-dessus moi, a couru quelques verges de plus, et a saisi le garçon qui m'avait plaqué. Elle l'a saisi par son maillot, l'a levé de terre et, en le secouant, elle a crié : « On ne plaque pas au niveau du cou! »

Inutile de dire que je n'avais aucun malaise, mais je ne suis pas certain que mon adversaire se soit jamais remis du choc. À partir de ce jour, j'ai appris à courir, et rapidement. Je vivais dans la peur d'être plaqué et je voyais ma mère arriver en trombe sur le terrain pour réprimander le plaqueur. On m'a taquiné à ce sujet pendant des années. Même vers la fin du secondaire, si quelqu'un me plaquait trop durement, mes amis criaient: « Fais-le payer, Sherry! » C'est ainsi qu'avec une motivation non intentionnelle de ma mère, j'ai appris les grands avantages de courir pour éviter les plaqueurs.

Steve Young

« Je sais que c'est ce que ta mère t'a appris,
mais tu n'as pas à lui dire merci
chaque fois qu'il te donne le ballon. »

©2000. *Reproduit avec l'autorisation de Bunny Hoest et de* Parade Magazine.

Si ça le rend heureux

Sans humilité, pas d'humanité.

Don Buchan

Tom Hauser, qui avait travaillé avec Muhammad Ali à sa biographie, était invité à mon émission, *Up Close*, il y a quelques années pour le remplacer. Ali avait accepté de passer à la télé après bien des supplications et j'étais enchanté. Maintenant victime du Parkinson, il parlait lentement et il était difficile de le comprendre. Je savais que les spectateurs n'en feraient pas de cas, qu'ils apprécieraient voir Ali, qui, bien qu'au plancher, n'était pas encore hors de combat, que son esprit inlassable était toujours présent. Il a changé d'avis à la dernière minute, croyant qu'il ne pourrait être lui-même, et Hauser l'a remplacé.

Lors de l'émission, Hauser m'a raconté une anecdote qui résume bien l'amour tendre qu'Ali suscite, où qu'il aille.

Ayant entendu dire qu'un foyer juif pour personnes âgées à New York allait tomber sous le pic des démolisseurs, laissant ses résidants sans toit, Ali, discrètement, a financé un nouveau foyer. La construction terminée, il s'y est rendu faire une visite.

Dans un coin de la pièce, il y avait un vieillard, seul. Ali s'est approché et a simulé un combat avec ses poings. Le visage de l'homme s'est illuminé. Bundini Brown, l'entraîneur d'Ali, a dit au vieillard : « Vous savez qui il est ? »

Le vieillard a répondu : « Oui, c'est le champion ! »

« Exact », a répondu Brown.

Le vieillard a continué : « Je le connais, c'est le plus grand de tous, c'est Joe Louis ! »

Tout le monde a pouffé de rire et Brown a tenté de corriger le vieillard, de lui dire qui était cette personne.

Ali a interrompu Brown et lui a chuchoté à l'oreille : « Si ça le rend heureux de rencontrer Joe Louis, si c'est son héros, ne le détrompons pas. »

Ali a gagné le respect des gens, mais pour son entourage, il a gagné plus que tout leur affection. Leur amour.

Roy Firestone

Une vraie championne

À la naissance de notre second enfant, Jim et moi pensions qu'elle était parfaite, mais le médecin nous a fait remarquer que ses pieds pointaient vers l'intérieur. « Si on ne corrige pas cela, ça deviendra un problème », nous a-t-il prévenus.

Nous avons juré de faire tout notre possible pour aider notre bébé. À l'âge d'à peine deux semaines, je l'ai ramenée chez le médecin, comme convenu, et celui-ci a mis les minuscules pieds de notre fille dans le plâtre, laissant à peine paraître ses mignons orteils de bébé. Parce qu'elle se développait, je devais retourner chez le médecin à toutes les deux semaines pour qu'on refasse le plâtre de chacun de ses pieds.

Puis, le temps des plâtres a pris fin et nous sommes passés aux chaussures correctrices et aux prothèses. Jim et moi la regardions, pleins d'espoir et d'inquiétude, essayer avec difficulté de faire ses premiers pas. Quand elle a réussi maladroitement, nous étions si fiers. Au moment d'entrer à la maternelle, elle marchait plutôt normalement. Encouragés par ses progrès, nous avons cherché autre chose pour renforcer ses membres inférieurs.

Il s'est avéré qu'elle adorait la glace !

À six ans, nous l'avons inscrite à des cours de patinage et, peu après, elle glissait comme un cygne. Admiratifs, nous la regardions danser sur la glace. Elle n'était ni la plus rapide ni la plus coordonnée des patineuses. Elle a dû travailler fort pour apprendre chaque nouveau mouvement, mais elle adorait la glace et sa détermination a donné des résultats. À quinze ans, elle a participé aux compétitions à la fois en couple et en solo féminin lors des Championnats du Monde junior de 1988 en

Australie, et elle a gagné les deux compétitions! Aux Championnats mondiaux senior de 1991, elle a gagné le solo féminin. Puis, c'est remplis d'amour et d'admiration que nous nous sommes retrouvés en France, aux Olympiques d'hiver de 1992, où notre fille, Kristi Yamaguchi, a remporté la médaille d'or.

J'ai repensé aux jeunes années pleines de défis pour Kristi – des années où nous, ses parents, avons craint, et ces mêmes années de frustration pour elle, comme enfant, qui souhaitait simplement marcher; les incessantes visites chez le médecin, les pénibles premiers pas de bébé avec ses prothèses et ses chaussures correctrices. Pendant ces années, nous ne nous attendions pas à des médailles d'or et à une carrière professionnelle étonnante pour elle. Nous avions le plus grand respect pour Kristi elle-même, pour sa force et sa détermination, et pour le progrès qu'elle avait fait depuis que ses minuscules pieds avaient été enfermés dans de lourds plâtres. À nos yeux, Kristi a toujours marché avec la grâce d'une vraie championne.

Carole Yamaguchi
Tel que raconté à Anita Gogno

Les garçons de Monsieur D

Un entrefilet dans le journal local annonçait le décès de James Dudley. Il avait soixante-seize ans. Je me suis souvenu de la dernière fois où je l'avais vu vivant. Il marchait d'un pas traînant sur le trottoir près de sa maison. Son chien gambadait devant lui, la tête haute, les oreilles au vent, se tournant constamment pour suivre le progrès pénible de son maître.

Au cours des dernières années, j'avais souvent passé devant la maison de M. Dudley. Mais, cette fois-là, j'ai décidé d'arrêter. C'était la moindre des choses que de le remercier pour tous ces étés. Qu'il se souvienne de moi ou non, j'ai pensé qu'il serait content.

La notice nécrologique mentionnait que James Dudley avait enseigné au secondaire. Il avait obtenu une maîtrise de l'université de Boston. Il avait été « actif » en tennis et en squash. Il avait joué au baseball semi-professionnel. J'ignorais ces choses à son sujet.

Vers la fin de la notice, on écrivait que M. Dudley avait été « superviseur du programme d'été du terrain de jeu de la ville pendant trente ans. » Ça, je le savais.

Le programme d'été de M. Dudley était le baseball. Pas question d'artisanat, de kickball ou de ballon chasseur pour lui. Sept heures par jour, cinq jours par semaine, douze semaines par été, pendant trente ans, la presque totalité des garçons de notre ville avaient joué au baseball avec M. Dudley.

Ce n'étaient pas les « Petites Ligues ». Nous n'avions pas d'uniformes, pas d'équipes assignées, pas de limite d'âge, pas d'exigences en matière d'habileté, pas de positions régulières. Nous nous présentions chaque fois que nous le pouvions, nous mettions nos bicyclettes derrière le grillage et nous jouions au baseball. M. Dudley était toujours présent, jamais malade, jamais en retard. Pour des milliers d'entre nous, il faisait partie de nos étés, une présence constante dans le chaos de notre adolescence.

Il m'avait surnommé « Cat ». C'est peut-être ce que ses oreilles avaient entendu quand les autres enfants m'appelaient « Tap ». J'aime croire que c'était à cause de ma vitesse de panthère avec laquelle je saisissais les roulants.

M. Dudley était un grand homme bien bâti, aux cheveux blancs et au teint basané par le soleil. Il lançait des prises tout l'avant-midi, doucement pour les plus jeunes et avec ce qu'il appelait « un peu de moutarde » pour les plus vieux. Puis, l'après-midi, même les jours les plus chauds et humides du mois d'août, il recommençait.

Bien que nous jouiions beaucoup au baseball pendant ces étés, et que M. Dudley ait donné des conseils à l'occasion (« Baisse-toi » ou « Ta position est trop ouverte »), je n'ai jamais eu l'impression qu'il était particulièrement intéressé à faire de nous des joueurs très habiles. Chez lui, c'était une question de démocratie. Chacun devait jouer à toutes les positions à un moment ou à un autre, et quiconque critiquait un joueur qui avait échappé une balle avait droit à un regard de M. Dudley qui l'arrêtait net.

Un des jeunes qui venait fréquemment au terrain de baseball de M. Dudley était un énorme garçon dont nous avions tous peur. Nous avions tous compris que Joey était « différent ». Son vocabulaire se limitait à de vagues syllabes inintelligibles qu'il proférait férocement quand il était frustré. Parfois, il attrapait l'un de nous par le bras et le secouait. M. Dudley disait alors avec douceur: « Assez, Joey, va au bâton et montre-nous ce que tu peux faire. »

Malgré sa taille et sa force, Joey était totalement nul au baseball. Il ne voulait pas jouer au champ, mais il aimait frapper. C'est ainsi qu'une fois par jour, le match était interrompu et Joey se présentait au marbre. M. Dudley lui lançait une balle lente et Joey s'élançait de toutes ses forces. La loi de la moyenne voulait qu'il finisse par toucher la balle. Alors, il faisait le tour des buts à toute vitesse pendant que les autres enfants l'encourageaient et laissaient la balle passer. Joey obtenait toujours un « circuit » avant de se retirer pour la journée, calme et heureux.

Il arrivait qu'un nouveau demande : « Faut-il absolument que Joey joue? » M. Dudley répondait alors : « Tout le monde aime jouer au baseball. »

J'avais entendu les garçons plus âgés appeler M. Dudley « Jim ». Ainsi, à l'âge vénérable de peut-être onze ans, je l'ai fait moi aussi. Il n'a pas répondu. Il m'a regardé d'un air qui n'en était pas un de reproche, mais de déception. J'ai finalement opté pour « Monsieur D », ce qui nous a satisfaits tous les deux.

Nous étions les garçons de Monsieur D, et nous allions et venions. Nous avons grandi, nous sommes partis étudier ailleurs et nous avons quitté la ville. De nouveaux garçons sont arrivés pour nous remplacer. Je ne sais pas exactement à quel moment M. Dudley a pris sa retraite de son terrain de jeu, mais j'imagine que cela a dû se produire au moment de l'arrivée des sports structurés dans notre région. Je suppose que les édiles municipaux n'ont pas jugé nécessaire de remplacer M. Dudley. Peut-être aussi n'y a-t-il eu personne pour prendre la relève.

Je pensais à toutes ces choses ce jour-là, peu de temps avant le décès de M. Dudley, quand j'ai décidé d'arrêter chez lui pour le saluer. Je suis descendu de ma voiture et je me suis approché de lui. « Monsieur D », ai-je prononcé.

Il s'est arrêté pour me fixer. Il ne semblait pas me reconnaître, mais il ne m'avait pas vu depuis près de trente ans.

« Je jouais au baseball avec vous l'été, dis-je. Vous pouviez lancer toute la journée. »

Il a hoché la tête et n'a pas répondu.

« Comment va le bras ? Toujours aussi fort ? Mettez-vous toujours un peu de moutarde sur vos lancers ? »

Il a souri légèrement. *Un sourire triste*, ai-je pensé. Il a sifflé doucement son chien et a repris sa marche. Je lui ai emboîté le pas.

« Peu importe, ai-je continué sans conviction. Je voulais vous remercier. Vous m'avez inculqué l'amour du baseball. J'ai joué à l'université. Je joue encore à la balle molle. J'ai même été entraîneur et j'ai essayé de le faire à votre manière. Tout le monde joue à toutes les positions. Pas de favoritisme. Le baseball a été d'une grande importance pour moi. C'est grâce à vous. »

Il s'est arrêté de nouveau et a mis sa main sur mon bras.

« Je sais, dit-il doucement. Je suis les progrès de mes garçons. Je sais tout cela, Cat. »

William G. Tapply

Qu'est-ce que le sport?

Mon garçon n'a que trois ans, mais je sais qu'un jour il me demandera de lui expliquer l'Abc de la vie. Je laisserai de bonne grâce cette tâche à ma femme, bénie soit-elle. Par contre, je partagerai avec lui quelques-unes des autres importantes leçons de la vie.

La conversation pourrait bien prendre le cours suivant...

« Papa? »

« Oui, mon fils. »

« Pourquoi aimes-tu tant le sport? Je veux dire, qu'est-ce que tu y trouves? »

« C'est facile, mon garçon. C'est une question de noir sous les yeux, de colle pour les mains et de résine de pin. C'est quatrième et les buts, premier et dix, et John 3:16. C'est caler un coup roulé de seize pieds pour un aigle au dix-huitième après dix-sept triples de suite. C'est une question de mottes de gazon, de brûlures, de "rally caps", de Miracle On Ice, et des Lions, des Tigers et des Bears (*Oh, la, la!*).

« C'est Goose Gossage, Bear Bryant et Catfish Hunter. Ce sont des chaussettes puantes, les Red Sox de Boston et le banc des pénalités; ce sont les hot-dogs du stade, les drapeaux à damier et "si tu n'es pas collé, ce n'est pas de la course". C'est la prolongation, les manches additionnelles et se retrouver dans le trou. Le Green Monster, le Stade Wrigley et les rayures des Yankees; c'est la résistance sur la ligne des buts, la "terrible towel" et la "Dog Pound". C'est les PP, les Placements, les CC, les touchés et la réserve 7-10.

« C'est l'art des mouches, les vers gluants, c'est appâter et s'amuser, qu'on prenne du poisson ou non.

« C'est "... dans le dernier droit" et "Donner son 110%..." et "Let's get ready to *rrrumble*" et "Holy cow". C'est les sacs de maïs, les Blue Darters et les séances de pratique dans la cour arrière jusqu'à la tombée de la nuit et qu'on n'y voie plus la balle.

« C'est le *Music City Miracle* (même si les Bills ont perdu), *l'Immaculée réception* et *the Drive*... C'est la *Thrilla in Manilla*, *No Mas*, et *float like a butterfly and sting like a bee*. C'est *Any Given Sunday*, *The Fish That Stole Pittsburgh*, et *Rocky I* à *V* (même si le *V* n'était pas très bon)... les protecteurs buccaux en pommes de terre, le baseball des Petites Ligues, le football Pop Warner, les protecteurs faciaux, les protecteurs de tibias, les jambières, la glissade debout et le gazon naturel... les graines de tournesol, la gomme à mâcher et le Gatorade.

« C'est la bonne ligne, trouver sa ligne et être dans la zone... c'est la galerie de la presse, les abris des joueurs, les lignes de côté, et le vendeur d'arachides qui peut vous atteindre à dix rangées de distance et vous remettre la monnaie avant que vous n'ayez eu le temps d'ouvrir le sac.

« C'est rester sur votre siège bien après la fin du match parce que vous vous amusez tellement que vous n'avez pas vu que le match était terminé... c'est les grands chelems, les passes désespérées et l'amorti suicide... entendre *swooch* avant la sirène, les lancers frappés, les lancers du poignet, les trappes de sable, le Ping-pong, les As frimés et atteindre la cible.

« C'est les fêtes d'avant partie, le mesurage et tasser un *"leaner"* avec un *"ringer"*, les blocs de départ, les mannequins de pratique et le camp d'entraînement du printemps. *"The boys of summer"*, le *"rope a dope"*, *"who's on first, what's on second, and I don't know – third base"*.

« C'est *"Go Army, Beat Navy"* et les enfants qui crient "auto" pendant un match de hockey dans la rue pour avertir le gardien qu'il doit tasser son filet. C'est les parties interminables de *P-I-G* et *Around the World*, dans l'allée du garage contre votre frère aîné, jusqu'à ce que vous parveniez finalement à le battre.

« C'est les soigneurs qui peuvent transformer le monstre de Frankenstein en Christie Brinkley, les premiers buts qui saisissent les roulants d'un air nonchalant et les gardiens de but qui défendent leur forteresse comme s'il s'agissait de Fort Knox. C'est une question de léthargies, de lancées et d'ovations debout... c'est le Ice Bowl, le Super Bowl, la coupe de Lord Stanley, le Heisman et Touchdown Jesus.

« C'est l'odeur de votre premier gant de baseball, la sensation de votre premier bâton chanceux, et votre mère qui vous encourage lors de votre premier match de football.

« Bref, fiston, c'est la joie de la victoire, la douleur de la défaite et tout le reste entre les deux.

« Mais ce sera surtout le plaisir de transmettre cela à ton fils un jour, comme mon père l'a fait pour moi et que je le fais pour toi. »

William Wilczewski

Tu as été super, papa

Il y a toujours place à l'amélioration, vous savez –
ce ne sera jamais terminé.

Louise Heath Leber

Tout a commencé à l'occasion d'un simple match de basket-ball à l'école de mon fils. Le professeur d'éducation physique d'Ivan a pensé qu'il serait intéressant de réunir les pères de quelques élèves un soir pour « se mettre en forme ».

Ce match est devenu un incontournable du jeudi. La plupart du temps, les jeunes restaient pour nous encourager. En fait, ils encourageaient leur entraîneur.

« Sugg est le meilleur », a déclaré mon fils, un soir. Sugg, le professeur qui avait mis sur pied le match, avait compté vingt ou trente points malgré mes bras étendus. Bon, je sais qu'un garçon doit avoir d'autres héros que son père. Je peux vivre avec cela.

« Bien sûr, il joue tous les jours, ai-je dit. Attends que nous soyons en forme. »

« *Tenu !* » a répondu mon fils. J'ignore ce que cela signifie exactement, mais je crois que c'est un langage d'ado pour dire « Je t'ai eu. »

« Il bouge mal sur sa droite », ai-je ajouté.

« Ce n'est pas nécessaire », mon garçon de neuf ans a ri. Il *a ri !*

« Il est gros », ai-je continué.

« Il est fort. »

« Il est *chauve*. »

Ivan a réfléchi pendant une seconde. « Pas chauve, une coupe de cheveux unique », a-t-il contesté doucement.

Cela m'a affecté. Ma femme m'a dit que j'étais idiot, qu'Ivan se mesurait simplement à moi par l'entremise de Sugg. Si le jeune veut jouer au basket-ball, jouons au basket-ball. Je peux battre *Ivan*.

Avec le temps, mon jeu s'est amélioré. C'était en partie parce que je reprenais peu à peu la forme. Mais, c'était surtout parce que je travaillais comme un forçat pour gagner l'approbation de mon fils.

« Tu as mieux joué que ton équipier », a-t-il avoué un soir, au moment où je m'affalais sur le banc après un match.

« Vraiment ? » ai-je dit, enchanté.

« Oui, tu as subtilisé le ballon deux fois, tu as pris deux rebonds, et tu as une fiche de cinq en huit. » Je lui ai fait l'accolade avant de dénouer mes chaussures en me donnant des airs. *C'est ridicule*, ai-je pensé. Mais j'adorais.

Sugg nous a dit qu'il avait inscrit notre équipe du jeudi dans une ligue de basket-ball d'entreprises. Nous allions jouer contre une équipe commanditée par une grande entreprise.

Le lendemain, je suis rentré à la maison avec un uniforme vert. « Essaie-le ! Essaie-le ! » s'est écriée ma fille, Dani. J'ai regardé mon fils. Il était assis sur le canapé, la main devant la bouche pour masquer son fou rire. J'ai regardé ma femme : « Essaie-le ! » dit-elle.

J'ai donc paradé devant eux.

« Pourquoi tu as choisi le numéro 12 et non le 33 ? » a demandé Ivan. Le centre vedette de l'heure des Knicks de New York, Patrick Ewing, porte le numéro 33.

« Je ne crois pas qu'il existe un maillot de Patrick Ewing en taille 38, gros et court », ai-je répondu.

« Pouvons-nous assister à ton premier match ? » m'a demandé Dani d'un ton cajoleur.

« Non », ai-je répondu. Ils sont donc venus.

Le gymnase de l'école était bondé, et l'équipe d'entreprise était déjà sur le terrain. Nous sommes entrés vêtus de nos beaux uniformes verts et nous avons formé notre ligne de pratique.

« Détendez-vous », a dit Sugg. Dix visages tendus lui ont souri.

« Allez, les Verts ! » a crié mon fils. L'arbitre a sifflé pour débuter le match. Du banc, j'ai applaudi à tout rompre notre premier panier. J'étais déterminé à montrer à mes enfants que je n'étais pas moins enthousiaste, même si je ne faisais pas partie de l'alignement de départ. Mais j'étais rouge d'embarras.

À la cinquième minute, nous menions par trois points. Sugg m'a fait signe. « Douze pour remplacer le 35 », ai-je dit au marqueur avant de prendre ma place.

« Vas-y, papa ! » a crié Dani.

La passe était pour moi. J'ai dribblé au centre du terrain. Les gars de l'équipe corporative me semblaient des arbres. Je pouvais apercevoir derrière eux des uniformes verts qui me faisaient des signes avec les mains. J'ai entendu ma fille crier. Je sentais le regard de mon fils sur le ballon, sur mes mains, sur mon cou.

J'ai passé à notre meilleur joueur. Il a fait une feinte à droite et est passé à gauche pour le tir déposé.

« Ouais, une assistance ! » a crié mon fils.

Cela m'a rappelé les Petites Ligues, un compte de aucune balle, deux prises, et mon père qui criait : « Allez mon gars, la prochaine sera la bonne ! »

C'étaient les Petites Ligues à l'envers. Aujourd'hui, alors que mon fils m'encourageait, je ressentais la même émotion qu'à l'époque : furieux que mes proches puissent être témoins de cette lutte très personnelle contre mes propres limites, tout en étant euphorique de jouer devant les gens que j'aimais le plus au monde. *Ça va, Ivan, si tu appelles ça une assistance, alors, c'était une assistance.*

Je me suis reculé en défense pour attendre la charge de la cavalerie des corporatifs. Ils ont fait une passe à l'arrière que j'étais chargé de défendre. Nos corps sont entrés en contact. Sifflet.

« Obstruction ! Sur le 12 vert ! » a crié l'arbitre.

J'ai levé la main en la secouant légèrement, comme font les professionnels.

Les corporatifs ont repris la charge. J'ai fait dévier la passe et il y a eu une mêlée. Un joueur adverse a lancé et marqué. Ce n'était pas mon homme... Dieu merci !

Nous sommes repartis dans l'autre direction. J'étais à découvert et j'ai reçu le ballon à la ligne des lancers francs. Dix mille raisons me sont venues pour ne pas lancer, mais aucune n'était bonne. J'ai donc lancé – et marqué.

« Ouiiiiiii ! » a crié Ivan.

Sugg m'a fait un « high five » quand j'ai été rappelé au banc. Je me suis laissé tomber, le souffle court, plus à cause de l'émotion que de l'effort. J'ai regardé Ivan et Dani, et je leur ai fait un clin d'œil pendant que la sueur dégoulinait sur mon nez. À d'autres l'agonie de la défaite !

À la mi-temps, nous menions les corporatifs par sept points, mais nous avons perdu par quatre à la fin du match. Mon lancer de cinq mètres a été mon seul panier. Mon fils m'a fait la lecture des statistiques qu'il avait compilées dans sa tête. « Un en trois, deux assistances, aucun revirement. Tu as été super, papa. »

« Papa, papa », s'est exclamée ma fille en se collant sur moi. « Berk, de la sueur », a-t-elle fait.

Plus tard, devant des sodas à la crème glacée, les enfants excités parlaient de Sugg et de moi et du match. « Comment te sens-tu ? » a demandé ma femme. Elle parlait de mes chevilles et de mes genoux, mais je ne pensais qu'au plaisir et à la déception. J'étais fier de ne pas avoir fait un fou de moi. J'étais fier de ma famille. Quelle leçon avais-je apprise ?

Que papa n'a pas besoin d'être le meilleur marqueur pour être un héros. Que vos enfants, s'il le faut, seront probablement plus indulgents à votre égard que vous ne l'êtes à leur endroit. Que je devrais lancer plus souvent quand je suis à découvert.

« Tu devrais lancer plus souvent quand tu es à découvert, papa », a suggéré Ivan.

« Tu as raison, ai-je répondu. Quand tu l'as, tu l'as. »

Barney Cohen

IN THE BLEACHERS par Steve Moore. © Tribune Media Services, Inc. Tous droits réservés. Reproduit avec autorisation.

Une amitié en or

*Le plus beau cadeau que vous puissiez faire à une
autre personne n'est pas de partager vos richesses,
mais de lui révéler les siennes.*

Benjamin Disraeli

Jesse Owens allait certainement remporter l'or au
saut en longueur aux Jeux olympiques de 1936. L'année
précédente, il avait réussi un saut de 8,13 mètres – un
record qui allait tenir vingt-cinq ans. En se dirigeant vers
l'aire des sauts, Owens a aperçu un grand Allemand
blond, aux yeux creux, qui faisait des sauts de réchauffement de l'ordre de 8 mètres. Owens était nerveux. Il
savait très bien que le Nazi désirait faire la preuve de la
« supériorité aryenne », particulièrement sur les Noirs.

À son premier saut, Owens a par mégarde dépassé la
plaque de départ de plusieurs centimètres. Ébranlé, il a
également raté son deuxième saut. Il était à un saut de
l'élimination.

C'est alors que le grand Allemand s'est identifié
comme Luz Long. « Tu devrais pouvoir te qualifier les
yeux fermés », a-t-il dit à Owens en parlant de ses deux
sauts.

Pendant les quelques minutes qui ont suivi, le fils
noir d'un métayer et le modèle idéal blanc du mâle nazi
ont conversé. Puis, Long lui a fait une suggestion.
Comme la distance requise pour la qualification n'était
que de 7,15 mètres, pourquoi ne pas tracer une ligne de
référence plusieurs centimètres derrière la planche
d'élan et sauter de ce point pour ne pas prendre de
risque ?

C'est ce qu'Owens a fait et il s'est facilement qualifié. Lors de la finale, Owens a établi un record olympique et remporté la deuxième de ses quatre médailles d'or. Le premier à le féliciter fut Luz Long – sous les yeux d'Adolf Hitler.

Owens n'a jamais revu Long, qui est mort au cours de la Deuxième Guerre mondiale. « Vous pourriez faire fondre toutes les médailles et tous les trophées que j'ai remportés, a plus tard écrit Owens, cela ne suffira jamais à plaquer de vingt-quatre carats l'amitié que j'ai éprouvée pour Luz Long. »

David Wallechinsky

Pour devenir un champion, vous devez croire en vous-même au moment où personne d'autre ne le fera.

Sugar Ray Robinson

Viser les étoiles

Que votre âme demeure calme et sereine face à un million d'univers.

Walt Whitman

Quand on cherche l'extraordinaire, la vie nous fait souvent des cadeaux qui nous transforment. Un de ces présents inestimables m'a été donné à la fin de la saison 1985.

Ce fut une saison « Cendrillon » pour les Patriots de la Nouvelle-Angleterre. Nous avions eu un affreux début, perdant quatre fois de suite, et nous n'avions réussi qu'à gagner moins de une verge en moyenne par course au sol. Cette performance pitoyable nous a valu le titre de la pire attaque au sol de toute la NFL.

Toutefois, nous avons renversé la situation, grâce aux jeux spectaculaires à tour de rôle des membres de l'équipe, et aux mains solides de nos quarts-arrières Steve Grogan et Tony Eason. Notre travail d'équipe nous a valu une fiche de 10-4 à l'avant-dernier match de la saison contre Miami. En battant les Dolphins, nous nous assurions de participer aux éliminatoires et nous aurions la chance de participer au championnat de l'AFC pour la première fois des vingt-cinq ans d'histoire des Patriots. Les journalistes et commentateurs sportifs ne nous accordaient aucune chance.

Comme le match était diffusé par *Monday Night Football*, le battage médiatique d'avant-match était aussi fou et déterminé que nous l'étions. Le jour du match, les amateurs, dans les gradins ou sur leur canapé à la maison, n'ont pas été déçus. Nous leur avons offert un match dramatique, à deux sens, ponctué de longues « bombes » et d'espoir désespéré et, quand cela importait le plus, la précision chirurgicale de Dan Marino des Dolphins. Les journalistes avaient vu juste : nous avons perdu.

Il nous restait une dernière chance cette saison. Nous devions remballer nos espoirs et rentrer chez nous pour un match d'hiver dans le froid contre les Bengals de Cincinnati. Si nous l'emportions, nous pouvions encore accéder aux éliminatoires comme meilleurs deuxièmes.

Le match a été presque surréaliste. Nous avions l'impression que rien ne pouvait nous arrêter. La plupart des gens nous auraient accusés de folie, mais nous connaissions l'attaque, la défense, et comment les unités spéciales allaient marquer. Même quand nous échappions le ballon, notre instinct nous disait que notre défense allait avoir l'occasion de marquer. Toute l'équipe était dans « la zone », là où tout semble facile et où le temps n'existe pas. L'extraordinaire semblait se produire, chaque fois à notre avantage. Notre public a été debout, nous a encouragés et a *rugi* pendant tout le match. On pouvait littéralement voir fondre le désir de vaincre chez les Bengals. Nous avons remporté ce match 34-23 et revendiqué le meilleur moment de l'histoire de notre équipe.

Après le match, l'atmosphère dans le vestiaire était enivrante. Les joueurs, les entraîneurs, les médias, partout, ce n'étaient qu'accolades, larmes, rires, et du champagne qui coulait à flots. Certains joueurs étaient tellement sonnés qu'ils restaient assis en silence pour bien savourer le moment. John Hannah était assis avec Pete Brock, Andre Tippet avec Don Blackmon. Notre entraîneur-chef Raymond Berry souriait, mais je pouvais voir qu'il était déjà après ce match, se préparant mentalement à la première ronde des éliminatoires. Nous étions des concurrents pour le championnat !

C'est alors que cela s'est produit. Comme je l'avais fait si souvent après les matchs à domicile, j'ai quitté le vestiaire, je suis monté en passant devant les groupes d'invités spéciaux et membres des familles qui étaient retenus par les gardiens de sécurité. Une femme a tendu la main au-dessus du cordon de sécurité et les cris de célébration ont semblé cesser au moment où je l'ai entendue demander, doucement mais avec enthousiasme, un autographe pour ses deux fils. En regardant son visage, j'ai reconnu Christa McAuliffe, l'enseignante sélectionnée dans le cadre du programme « Teacher in Space ». Elle se préparait à aller dans l'espace à bord du *Challenger*.

« Avec plaisir », ai-je répondu. J'ai été surpris de voir ma main trembler en signant le papier qu'elle m'avait présenté. Elle souriait avec intelligence et éclat, comme je l'avais remarqué dans ses entrevues télévisées. Sans hésiter, j'ai demandé : « Seriez-vous assez gentille de me donner votre autographe ? »

Son sourire s'est éclairé et ses fils l'ont regardée avec admiration. « Maman, a murmuré l'un des deux, il veut ton autographe ! » J'ai saisi un morceau de papier sur une table et elle l'a signé.

Je savais que ce que nous venions de réussir en tant qu'équipe était un moment extraordinaire dans une vie. Nous tentions d'atteindre le Super Bowl, le summum pour chaque joueur de football professionnel. Pourtant, cette victoire a pris la seconde place dans mon esprit derrière l'image de cette enseignante au sourire éclatant, au courage, à la détermination et à la passion assez grande pour inspirer les écoliers, les enseignants, les leaders du pays et toute l'Amérique, et la plus grande partie du monde, en réalisant son rêve.

Je lui ai fait l'accolade en lui disant : « Bonne chance dans votre vol. Je vous admire. »

Quelques semaines plus tard, j'étais à Hawaii à l'occasion de la semaine du Pro Bowl. Le mardi matin, 28 janvier 1986, dans ma chambre d'hôtel, je regardais les préparatifs avant le décollage de *Challenger*, en me remémorant la gentillesse de Christa McAuliffe, et admirant son cran, plus grand, à n'en pas douter, que celui de tous les joueurs de football, peu importe leur taille, leur désir de frapper et d'être frappés, et aussi déterminés soient-ils à faire de leur mieux sur le terrain. Partir pour l'espace ! On n'est plus dans le même monde. Puis, oh ! Mon Dieu, non ! Un panache de fumée blanche. Seulement soixante-treize secondes d'excitation, puis la tragédie.

Assis au pied du lit, la tête dans les mains, j'ai pleuré. Après un long moment, j'ai ouvert ma mallette, j'en ai retiré le bout de papier qu'elle avait signé, je l'ai collé sur le miroir de la commode et j'ai quitté la chambre, en fermant doucement la porte. J'ai marché sur la plage en pensant à son sourire et à son courage, en tentant de comprendre la fatalité, ou du moins de l'accepter.

J'ai marché pendant des heures. Quand je me suis arrêté, j'ignorais où j'étais. Je savais seulement où était Christa. J'ai regardé l'océan Pacifique et j'ai répété les mots qu'elle m'avait écrits.

« À Brian, vise les étoiles. J'y serai. »

Brian Holloway

2

MOMENTS DÉTERMINANTS

*Il n'y a aucun plaisir à naviguer doucement
quand le ciel est clair et bleu,
il n'y a aucune joie à faire les choses
que tous peuvent faire.*

*Mais il y a une satisfaction très douce
lorsqu'on atteint une destination
qu'on croyait inaccessible.*

Spirella

Je serai là pour toi

*Les autres n'ont peut-être pas eu de grandes
attentes à mon égard... mais j'attendais beaucoup
de moi-même.*

Shannon Miller

Au lever du jour par un froid matin de novembre, je
me dirige vers la voie supérieure du pont Verrazano-
Narrows qui relie Staten Island à Brooklyn. Le pont est
fermé à la circulation. Je regarde la longue travée et me
dis : *Mon Dieu, ai-je tenté quelque chose au-dessus de mes
forces ?*

Je m'apprête à courir mon premier Marathon de New
York, la course annuelle de 42 kilomètres à travers les
cinq arrondissements de la ville, qui se termine sur West
Drive à la 67e Rue, dans Central Park. Je suis en compagnie d'un petit groupe de marathoniens d'*Achilles*, un
club de course pour coureurs handicapés. Nous prenons
le départ tôt parce qu'il nous faudra plus de temps pour
terminer le parcours. Nous sommes un groupe hétéro-
clite, avec des béquilles ou des prothèses, ou dans des
fauteuils roulants.

Je souffre de sclérose en plaques, une maladie neuro-
logique dégénérative. La science médicale en ignore la
cause et ne sait pas la guérir, et elle ne peut prédire quels
symptômes se manifesteront, ni quand. Je pourrais perdre la vue, la capacité de marcher et de parler.

Pendant quinze ans, j'ai joué selon les règles et j'ai
écarté l'idée que je pourrais encore mener une vie physique active. Mon plus grand exercice était de me rendre
de mon appartement au métro et en revenir, quel que soit
l'effort requis. Heureusement, les symptômes ne se sont

pas aggravés : je pouvais marcher, même s'il me fallait une canne pour garder mon équilibre.

Mais graduellement, j'en suis venue à regretter tout ce que j'avais sacrifié à la sclérose en plaques, et j'ai voulu retrouver ces choses plus que tout ce que j'avais souhaité dans ma vie. Il me fallait un rêve, un but – qui ferait appel à tout ce que j'avais, et qui me demanderait même plus. J'ai décidé de courir le Marathon de New York.

Au début de 1988, mes amis me taquinaient à propos de mon nouvel objectif. Au travail, ils ont commencé à me surnommer Grete – pour Grete Waitz, la coureuse norvégienne qui a gagné huit Marathons de New York. La blague a fait des petits, et mes collègues de travail m'ont demandé comment j'éviterais que les spectateurs me confondent avec Grete pendant la course. « Facile, ai-je répondu, je porterai simplement un dossard indiquant *"Je ne suis pas Grete."* »

C'est ce que je porte présentement pour la course – un châle blanc sur lequel est brodé *Je ne suis pas Grete*.

Le départ est donné. Nous nous élançons, en poussant, en roulant, et en trottinant, chacun à sa propre manière. Quelques kilomètres et des heures plus tard, la foule commence à se rassembler. Vers le quatorzième kilomètre, le peloton des meneurs chez les hommes nous rattrape. Pour éviter les blessures, nous montons sur le trottoir et regardons les meneurs nous dépasser.

Le peloton disparaît, bientôt remplacé par les femmes. Grete Waitz, toute en grâce, en puissance et en beauté, est la meneuse. Je m'écarte et lui crie mes encouragements. Enfin, dix minutes après les premiers coureurs, un tonnerre approche. Le trottoir tremble – et vingt mille autres personnes nous dépassent. Je n'étais pas préparée au sentiment intense que ce flot de coureurs déclenche en moi. Tous ces rêves, toute cette énergie. Et j'en fais partie.

À 1 h 57 du matin, je franchis enfin la ligne d'arrivée. Il m'a fallu dix-neuf heures et cinquante-sept minutes. Je lève mon bras droit en criant de joie.

J'ai couru mon premier marathon l'année de la neuvième et dernière victoire de Grete Waitz, un record qui ne sera probablement jamais abaissé. Je ne m'attends pas à la revoir un jour.

Cinq ans plus tard, Dick Traum, le fondateur du Achilles Track Club avait Grete comme invitée d'honneur lors de son dîner annuel. Il m'avait placée aux côtés d'elle. Nous sommes toutes deux timides et nous aurions pu passer la soirée sans nous dire un mot si Traum ne nous avait présentées. Ce qui me surprend le plus, c'est que Grete sait qui je suis. Elle s'étonne qu'une personne puisse rester vingt heures sur le parcours. Elle sait à quel point deux heures et vingt-cinq minutes sont épuisantes.

Nous nous entendons bien et, en peu de temps, nous parlons comme de vieilles amies. J'ai même apporté mon châle *Je ne suis pas Grete*, car je dois en raconter l'anecdote durant le dîner. Mais j'en raconte une autre à Grete.

Lors de mon premier marathon, un journal de New York a publié ma photo à l'arrivée sous une grande photo de Grete. Le lendemain matin, en béquilles et ayant peine à marcher, j'ai hélé un taxi. En montant, le chauffeur m'a regardée. « Hé, je sais qui vous êtes », dit-il avec son fort accent de Brooklyn. « Vous étiez dans le journal aujourd'hui. Vous êtes cette coureuse, celle qui a gagné le marathon, Grete Quelque Chose. »

J'ai enfin pu répondre ce que j'avais prévu : « Je ne suis pas Grete. » Avant d'ajouter : « Je suis sa sœur aînée. Les gens nous confondent souvent. »

« C'est ça, a-t-il répondu. Je me disais que vous lui ressembliez. »

Grete a trouvé l'histoire tordante. Le dîner a eu lieu quelques jours à peine avant mon sixième marathon et elle me demande qui sera à l'arrivée pour noter mon temps. Je lui confie qu'il n'y aura personne. Je téléphone mon temps et je reçois ma médaille de participante plus tard.

Elle a dit : « Je crois sincèrement que quelqu'un devrait être là. » Puis, je suis renversée quand elle ajoute « qu'elle serait honorée » d'être cette personne. Je proteste en disant que je n'ai aucune idée de l'heure de mon arrivée. « Peu importe le temps qu'il faudra, je serai là quand tu traverseras la ligne d'arrivée. »

Cette année, pendant la course, je suis affligée d'une tumeur fibreuse qui compresse ma vessie et ma colonne. Je termine la course en vingt-huit heures.

À six heures, Grete se présente à la ligne d'arrivée où un de mes amis lui annonce que je n'arriverai pas avant au moins une heure.

Il ajoute qu'il n'y aura pas de médaille de participante pour moi. Il semble que quelqu'un en a volé une caisse complète.

« Elle doit avoir une médaille », a répliqué Grete. Elle part en courant à travers le parc jusqu'à sa chambre d'hôtel et réveille son mari, qui a participé à la course la veille. « J'ai besoin de ta médaille !, dit-elle. Quelqu'un en a besoin plus que toi. Si tu dois avoir une médaille à tout prix, tu prendras une des miennes. » Cela dit, elle repart à la course vers la ligne d'arrivée.

Je n'arriverai pas avant des heures, mais Grete m'attend patiemment. Enfin, je prends le dernier virage dans le parc, je salue la borne de quarante-deux kilomè-tres et j'entreprends les derniers 350 mètres. La première image que je vois, ce sont deux personnes qui tendent un ruban à la ligne d'arrivée, le même ruban que les gagnants ont franchi un jour auparavant. Puis, je reconnais la dame qui se tient derrière le ruban – Grete Waitz. Elle veut à tout prix que je vive cette course comme la personne gagnante.

À l'arrivée, Grete met la médaille autour de mon cou et nous tombons dans les bras l'une de l'autre en sanglotant sous l'émotion du moment. Elle sera là pour moi à chacune des années suivantes.

Au cours des années, nous avons visité ensemble des écoles de New York pour présenter aux enfants deux aspects de la victoire. Une championne qui parle de détermination et de discipline et raconte ses histoires de victoire et de défaite, et une personne comme moi qui éprouve tant de satisfaction à réussir quelque chose d'une grande signification personnelle.

Certains enfants n'ont jamais pensé que le concept de victoire pouvait leur être applicable. Mais Grete et moi leur démontrons, comme le mentionne une affiche sur le mur de ma chambre : « La course n'appartient pas seulement à ceux qui sont rapides et forts – mais aussi à ceux qui continuent de courir. »

Zoe Koplowitz avec Mike Celizic

NOTE DE L'ÉDITEUR : Grete Waitz a été admise au Temple national de la renommée pour les coureurs de longue distance en 2000. Grete n'avait jamais couru un marathon avant de remporter celui de New York en 1978. Lorsque l'enseignante norvégienne a cessé de courir, elle était la meneuse de tous les temps au Marathon de New York avec neuf victoires (1978-1980, 1982-1986, 1988).

Le bâton magique

Vous serez peut-être déçu si vous échouez, mais vous serez voué à l'échec si vous n'essayez pas.

Beverly Sills

Harry est le rêve de tout entraîneur : il arrive tôt à chaque séance d'entraînement, reste jusqu'à la fin et déborde d'enthousiasme. Harry est en même temps le cauchemar de tout entraîneur : il n'a ni l'instinct ni le talent pour le jeu.

J'ai agi comme entraîneur assistant de l'équipe de la Petite Ligue de mon fils lorsque l'entraîneur régulier s'est marié. Pour une raison ou pour une autre, il a cru que sa lune de miel avait priorité sur le match du mardi suivant. Difficile de le blâmer. Notre équipe n'a pas gagné un seul match depuis plus de deux ans.

En acceptant de le remplacer, je me suis promis que je ne montrerais pas ma déception en cas de défaite. C'était la moindre des choses. Le mieux que je pouvais faire était d'être reconnaissant face à l'effort.

J'ai fait la connaissance de Harry lors du premier entraînement. Un garçon petit, maigre et malhabile, son meilleur lancer faisait à peine deux mètres, ce qui rendait difficile de lui assigner une position au champ. De plus, il avait peur de tout. Chaque fois qu'il se présentait au bâton, il jetait un regard au lanceur, appuyait le bâton sur son épaule, fermait les yeux et attendait que prenne fin la torture des trois lancers. Il retournait alors penaud vers l'abri. C'était pénible à voir.

J'ai rencontré Harry avant le match du mardi, je l'ai pris à l'écart et je lui ai fait pratiquer à garder les yeux ouverts. Il a essayé, mais il est difficile de surmonter l'habitude de la peur. Nous allions jouer contre une équipe qui nous avait battus 22-1 la dernière fois. Le moment ne semblait pas propice à un renversement. Puis, je me suis dit : *Pourquoi pas ?*

Je me suis rendu à l'abri, j'ai pris un autre bâton et je suis revenu vers l'aire de pratique. « Harry, ai-je dit, je veux que tu utilises ce bâton. Il est fait pour toi. C'est un bâton magique. Tout ce que tu as à faire est de t'élancer, le bâton trouvera la balle. »

Harry avait l'air sceptique, mais il a répondu qu'il essaierait. J'espérais ne pas aggraver une situation déjà difficile pour lui, mais je voulais essayer de l'aider.

Notre équipe a tiré de l'arrière dès la première manche. Il n'y avait là rien d'étonnant, mais nous avions un contingent de parents loyaux dans les estrades pour encourager constamment les jeunes.

Lors de la première présence de Harry au bâton, j'ai vu qu'il n'utilisait pas son bâton spécial, mais je ne suis pas intervenu. Il a été retiré, comme d'habitude, et j'ai décidé de ne rien dire.

Nous avons marqué des points ici et là. À la dernière manche, nous tirions de l'arrière par trois points seulement. Je pensais au discours « un effort honorable » que je tiendrais aux jeunes pendant que nous ramasserions l'équipement. Nous étions l'équipe locale, donc nous avions le dernier tour au bâton. Cinq frappeurs ont émaillé des simples pour se rendre sur les buts et des retraits. Les buts étaient remplis et il y avait deux retraits. Ce n'est qu'à ce moment que j'ai remarqué que Harry représentait notre dernière chance.

J'ai regardé la défensive de mon poste au premier but et j'ai vu que le joueur au champ gauche était étendu sur la pelouse au moment où Harry s'amenait de l'abri. De toute évidence, il ne s'attendait pas à de l'action. Le joueur de champ droit taquinait un papillon qui virevoltait. Le joueur d'arrêt-court s'était avancé; j'ai pensé que c'était pour se protéger en cas d'un coup retenu miraculeux. Il était évident que les joueurs adverses dégustaient déjà les cornets de crème glacée que leur vaudrait leur victoire.

Harry a boité jusqu'au rectangle du frappeur. J'ai vu qu'il avait le même bâton que d'habitude. J'ai demandé un temps d'arrêt, j'ai couru vers lui pour lui murmurer à l'oreille: « Harry, c'est le moment du bâton magique. Essaie-le. Garde les yeux ouverts et élance-toi. »

Il m'a regardé, incrédule, mais a répondu qu'il voulait bien essayer. Il est parti chercher son bâton spécial et je suis retourné au premier coussin.

Premier lancer, prise. Harry ne s'est pas élancé, mais j'ai vu qu'il avait gardé les yeux ouverts. J'ai simulé un élan pour l'encourager à m'imiter. Il a souri, a pris sa position un peu maladroite et a attendu. Il s'est élancé, les yeux ouverts, mais il a raté. Deuxième prise. C'était la première fois que Harry s'élançait vraiment. Peu importait que nous emportions ou non la partie, je savais que Harry était déjà notre gagnant.

L'autre entraîneur a crié à son lanceur: « Lance-lui-en une et finis-en! » J'ai grimacé.

Le lancer était une balle rapide et Harry s'est élancé. Le bâton magique a opéré. Il a trouvé la balle, laquelle est passée au-dessus de la tête de l'arrêt-court.

C'était le tohu-bohu dans les estrades, dans l'abri, sur les buts. Je criais après Harry de courir vers le premier but aussi rapidement qu'il le pouvait. Cela a semblé une éternité. Le champ gauche a crié au champ centre d'aller vers la balle: « Tu es le plus près! »

J'encourageais les coureurs. L'un d'eux avait déjà croisé le marbre et trois autres couraient à toutes jambes du premier au deuxième but, du deuxième au troisième et du troisième au marbre. Le joueur de deuxième but a crié au champ centre de lui relayer la balle. Énervé, il a obéi, mais la balle a fait un bond sur le gazon et a échappé au deuxième but pour rouler vers le champ droit. Mon travail d'entraîneur était très simple : « Courez, les gars, courez ! » ai-je crié.

Un autre point a été marqué. Maintenant, l'équipe tout entière criait : « Cours, Harry, cours ! » C'était sans doute la plus longue course de la vie de Harry. Il était essoufflé en se dirigeant vers le troisième but et un autre joueur a marqué.

Le lancer du champ droit était crucial, et il l'a assez bien réussi. Mais le joueur de troisième l'a raté et la balle est sortie du jeu. La règle est simple : un but pour un lancer qui sort du jeu. Épuisé, Harry a poursuivi sa course tant bien que mal.

C'est alors que le premier cri de « Grand Chelem ! » a retenti. La foule l'a repris en chœur. Quand Harry a atteint le marbre, au bord de l'effondrement, ses coéquipiers l'ont pris sur leurs épaules en scandant : « Harry, Harry, Harry ! »

J'ai couru vers l'équipe pour féliciter le garçon le plus fier de l'Amérique. En larmes, Harry m'a regardé et s'est exclamé : « Le bâton, chef, le bâton. »

En souriant, j'ai dit : « Non, Harry. C'est toi qui as frappé la balle, pas le bâton. »

David Meanor
Soumis par Don « Ollie » Olivett

Le soccer de salon

Vous avez peut-être vu la Coupe du monde de soccer à la télévision et avez été tenté de vous extirper du canapé pour aller jouer vous-même. Permettez-moi, moi qui suis un apôtre des bienfaits de l'exercice, de vous offrir ces mots d'encouragement : retournez sur le canapé.

Je vous dis cela, car j'ai récemment participé à une partie (ou « match ») sur une surface réglementaire (ou « terrain de jeu ») et je m'en suis tiré avec une crainte terrible pour la sécurité des parties les plus sensibles de mon anatomie de mâle (ou « couilles »).

C'est la faute de ma femme. Elle est journaliste sportive et couvre l'équipe de soccer des ligues majeures du Sud de la Floride qu'on appelle le « Miami Fusion ». (Le nom se veut représentatif du lien très fort qui se forme, dans cette communauté multiethnique, entre vos cuisses et le siège de votre voiture.)

J'assiste à la plupart des matchs du Fusion parce que j'aime me retrouver sur la passerelle des journalistes et les aider en leur communiquant de sages observations comme *J'imagine que cela fait très mal quand ils frappent le ballon avec leur tête!* et *Voici le vendeur de bière!*

Si je connais si bien le soccer, c'est que j'ai moi-même joué en première année d'université en 1965. Nous jouions un soccer appelé « intramural », des mots grecs *intra* qui veut dire « des gars » et *mural* qui signifie « qui ne font pas trop d'efforts ». S'il arrivait que le ballon venait droit dans notre direction, nous essayions de le botter, mais nous ne cherchions pas à nous impliquer.

Comme mes souvenirs du soccer évoquaient une activité relaxante, lorsqu'on a demandé à ma femme et à moi de participer à un match entre les médias et le personnel du Miami Fusion, j'ai accepté. J'ai pensé que nous allions trottiner autour du ballon pendant quelques minutes amicales avant de nous retrouver au restaurant.

Quel idiot! Je l'ai compris dès l'instant où nous sommes arrivés au stade. La plupart des autres joueurs, des deux équipes, prenaient le soccer au sérieux, y inclus le port de chaussures à crampons. Certains avaient évolué pour des équipes professionnelles, et ils s'offraient les joueurs intramuraux comme petit-déjeuner. Ils criaient en espagnol des expressions qu'on pourrait traduire par *Je vais frapper le ballon avec grande vélocité. Alors, écarte-toi sinon il traversera ta poitrine et continuera beaucoup plus loin en emportant ton pancréas!*

L'autre difficulté résidait dans la taille de la surface de jeu. Vu de la galerie de la presse, elle m'avait toujours semblé à peu près de la grandeur d'un terrain de football, mais une fois descendu sur la surface de jeu, elle m'a paru plus près de la superficie de l'État du Kansas. J'étais épuisé avant même le début du match du seul fait d'avoir couru vers le centre du terrain, où j'ai entrepris la conversation suivante avec un de mes coéquipiers, un journaliste étranger qui parlait très peu ma langue.

MOI: Qu'est-ce que je dois faire?

LUI: Okay!

MOI: Sérieusement, je n'ai aucune idée de ce qu'il faut faire.

LUI: Oui!

Au début du match, j'ai couru un tracé qui ressemblait à une esperluette. Périodiquement, le ballon passait près de moi, poursuivi par des gens qui criaient en espagnol. Une fois, le ballon est venu directement à moi et j'allais le frapper quand j'ai entendu derrière moi des pas lourds qui arrivaient à 200 à l'heure. Comme je suis un gars libéré des années 90, je n'ai pas honte d'avouer qu'une femme m'a tassé comme un fétu de paille avant de me ravir le ballon. J'AI honte de dire que j'ai été remplacé par un homme du nom de Leo Muller qui – je n'exagère pas – a quatre-vingt-neuf ans. Leo s'est intéressé au soccer dans la soixantaine avancée, il fait partie d'une ligue et il joue BEAUCOUP mieux que moi, même s'il court à la vitesse d'un géranium.

À la mi-temps, ma femme, qui avait trottiné quelque part sur le terrain, est venue me trouver sur les lignes de côté. Étant donné qu'elle est une personne compétitive et une journaliste sportive, j'ai présumé qu'elle voulait discuter d'une tactique de jeu.

Elle a dit : « Ces shorts me font-ils paraître trop grosse ? »

En tant que mâle d'expérience, je sais que c'est une grosse erreur de répondre à ce genre de question ; je suis donc retourné sur le terrain pour la deuxième mi-temps. C'était une erreur encore plus grave, car je me suis retrouvé à faire partie d'un « mur ». Cela se produit quand un membre de votre équipe commet une faute et que l'autre équipe obtient un lancer franc vers votre but. Les joueurs de votre équipe s'alignent donc devant celui qui doit frapper le ballon pour tenter de bloquer le tir. Tous les hommes protègent de leurs mains la partie de leur corps qui est la plus précieuse, inutile de préciser qu'il ne s'agit pas du cerveau.

Par bonheur, le ballon a été frappé de façon telle qu'aucun membre du mur n'a eu à changer de section dans la chorale, si vous voyez ce que je veux dire. Enfin, après ce qui a semblé un mois, le match a pris fin. Je dois admettre franchement que le personnel du Fusion a joué beaucoup mieux que l'équipe des médias. Mais, comme ce sont les médias qui rédigeront l'article, je déclare ici, pour les annales, que nous avons gagné 158 à 3 et que j'ai

personnellement marqué neuf touchés. Alors, en résumé,
nous avons eu beaucoup de plaisir et j'ai hâte de jouer au
soccer de nouveau. Quand ils auront réussi à décoller
mon vieux derrière meurtri du canapé.

Dave Barry

IN THE BLEACHERS par Steve Moore. © 1993 Tribune Media Services, Inc.
Tous droits réservés. Reproduit avec autorisation.

Du moment que ça marche

Lance ton cœur par-dessus la clôture
et le reste suivra.

Norman Vincent Peale

Chris Robinson, 1 mètre 60, jouait peu pour l'équipe de basket-ball de l'école secondaire Sheridan en Arkansas. Comme tout jeune de quatorze ans, il voulait être envoyé sur le terrain. C'est ainsi que chaque jour, après les séances d'exercice, il travaillait seul dans le gymnase – il pratiquait ses lancers, ses dribbles et encore ses lancers.

Un jour, après une longue séance de lancers en solitaire, il a entendu dire que la banque locale offrait un certificat d'épargne de vingt-cinq dollars à toute personne qui réussissait un panier de la ligne du centre pendant l'entracte de tous les matchs joués à domicile du Sheridan. Comme il était seul, Chris a décidé de tenter le coup.

Il s'est rendu à la ligne du centre et a regardé le panier. Il a placé ses pieds, a pris une grande respiration et a effectué son meilleur lancer d'une main. Il a raté le panier de loin. Chris a repris le ballon et a tenté un lancer à deux mains. Un peu plus près, mais pas assez. Il s'est éloigné de la ligne du centre, a fait deux grandes enjambées et a lancé de nouveau. Raté. Ensuite, il a tenté une pleine course avec lancer à deux mains, puis, un double saut et enfin, un lancer à la cuillère.

Aucun ne s'est rendu.

Encore un autre essai. Cette fois, il a imaginé le coup qui rendrait Chris Robinson célèbre. Peut-être.

Il a tourné le dos au panier, a baissé le ballon à la hauteur des genoux et de toutes ses forces il l'a lancé par-dessus sa tête... et *swish*.

Étonné, il a essayé ce coup plusieurs autres fois. Il en a raté plus qu'il n'en a réussi, mais il semblait avoir le don de réussir plus souvent ce genre de lancer qu'on aurait cru possible.

Lors de la partie locale suivante, il attendait impatiemment la pause de la mi-temps. Pendant que sa sœur aînée jouait pour l'équipe d'élite de l'école, Chris sollicitait tous les talons de billet qu'il pouvait. Il attendait anxieusement le tirage qui donnerait à un détenteur de billet l'occasion de tenter sa chance et de gagner le certificat de vingt-cinq dollars de la banque. Aucun des numéros sur les talons qu'il détenait n'a été nommé.

Il a continué à pratiquer son lancer spécial. Il était confiant de pouvoir réussir une fois sur trois. Il souhaitait seulement en avoir l'occasion. C'est ainsi qu'à chaque match, il quêtait les talons de billet, prêt à tenter sa chance.

Lors du dernier match de la saison, Chris était dans les gradins avec ses talons de billet étalés devant lui. Il en était venu à négocier ses talons en promettant un pourcentage des vingt-cinq dollars. L'occasion de tenter son lancer devant la plupart des 3 300 habitants de Sheridan valait bien plus qu'un certificat d'épargne. Il écoutait les numéros. Il a cru qu'un des siens avait été tiré! Il a vérifié désespérément ses talons. Ce n'était pas le bon numéro. Il a vérifié de nouveau. Il devait sûrement l'avoir! Mais non.

Il s'est senti découragé. Puis, un garçon plus âgé, derrière lui, a dit : « Hé! Chris, j'ai le numéro. Mais pas question d'aller en bas essayer ce coup. Le veux-tu? »

Chris a rapidement pris le billet et a couru vers l'annonceur maison en le lui tendant. L'homme a examiné le talon, a souri et a remis le ballon à Chris. Celui-ci a saisi le ballon et regardé le panier. Il a levé les yeux vers la foule et la plupart des visages lui étaient connus.

« Fais-le, Chris ! » a crié une personne dans la section où tous les élèves de premier cycle du secondaire prenaient place pendant les matchs.

Chris a lentement roulé le ballon dans ses mains. Il a vu Courtney près du but, qui le regardait les doigts croisés. Il a dribblé le ballon et soigneusement aligné ses talons sur la ligne de mi-terrain. La foule a cru qu'il visait le mauvais panier. Une voix a crié : « Hé ! Chris, retourne-toi, tu vises le mauvais panier ! »

Lorsqu'il est devenu clair que Chris savait très bien ce qu'il faisait, on a entendu quelques cris de joie et d'encouragement, puis le silence s'est fait dans le gymnase.

Prenant une grande respiration, Chris s'est retourné pour regarder le panier une dernière fois. Puis il a regardé le panier qui lui faisait face. Il a regardé des deux côtés, évaluant les distances. Il a fait une pause puis, tenant le ballon des deux mains, il l'a abaissé entre ses genoux, touchant presque le plancher.

Chris a lancé le ballon par-dessus sa tête et a attendu. Il ne s'est pas retourné pour regarder. Il guettait la réaction de ses amis assis tout en haut des estrades. Cela a paru une éternité. Le ballon, tournant sur lui-même lentement, est descendu sans bruit. Puis, au grand ravissement et étonnement de la foule entière, on a entendu... *phhffiiittt* !

Que le bruit du filet.

Chris Robinson était célèbre. Il était le garçon qui avait réussi « ce coup ». « Le coup dont toute la ville a entendu parler. »

Grady Jim Robinson

Le gagnant

*L'échec, ce n'est pas de ne pas atteindre votre but.
Le véritable échec, c'est de ne pas vous rendre aussi
haut que vous le pourriez.*

Dr Robert Schuller

C'était la première compétition de l'année pour notre
nouvelle équipe de natation du secondaire. Pendant le
voyage en autocar de trois heures, l'atmosphère était
électrique alors que quarante-huit adolescents ne pen-
saient qu'à la victoire. Cependant, l'électricité s'est
transformée en choc lorsque nos alevins descendant de
l'autobus ont aperçu, incrédules, leurs adversaires, des
dieux grecs bien musclés.

L'entraîneur a vérifié l'horaire. *C'est sans doute une
erreur*, a-t-il pensé. Mais l'horaire n'a fait que confirmer
que c'était bien le bon endroit et le bon jour.

Les deux équipes se sont alignées le long de la piscine.
Les sifflets ont donné le signal, des courses ont débuté et
des courses ont été perdues. Vers le milieu de la compétition, l'entraîneur Huey s'est rendu compte qu'il n'avait
pas de participants pour une des épreuves.

« Alors, les gars, qui veut participer au 400 m style
libre ? » a demandé l'entraîneur.

Plusieurs mains se sont levées, dont celle de Justin
Rigsbee. « Je veux participer ! »

L'entraîneur a regardé le jeune aux taches de rous-
seur et a dit : « Justin, c'est une course de vingt longueurs
de piscine. Je ne t'ai jamais vu en faire plus de huit. »

« Oh, j'y arriverai. Laissez-moi essayer. C'est seulement douze longueurs de plus. »

L'entraîneur Huey a accepté à contrecœur. *Après tout,* pensa-t-il, *ce n'est pas la victoire mais l'effort qui forme le caractère.*

Le sifflet s'est fait entendre et nos adversaires ont filé comme des torpilles pour remporter la course en à peine quatre minutes et cinquante secondes. Les gagnants se sont retrouvés sur les lignes de côté pendant que notre groupe peinait pour terminer. Quatre longues minutes plus tard, le dernier membre épuisé de notre équipe est sorti de l'eau. Le dernier, sauf Justin.

Justin, à bout de souffle, écartait l'eau de ses mains pour faire avancer son maigre corps. Il semblait prêt à couler à tout moment, pourtant, quelque chose le faisait continuer.

« Pourquoi l'entraîneur n'arrête-t-il pas cet enfant? » murmuraient les parents entre eux. « Il semble qu'il va se noyer d'un moment à l'autre et la course est terminée depuis quatre minutes. »

Ce que les parents ne comprenaient pas, c'est que la vraie course, celle d'un garçon en voie de devenir un homme, ne faisait que commencer.

L'entraîneur s'est dirigé vers le jeune nageur, s'est accroupi et lui a parlé à voix basse.

Rassurés, les parents ont pensé: *Enfin, il va faire sortir cet enfant de l'eau avant qu'il ne meure.*

Mais, à leur grande surprise, l'entraîneur s'est relevé et s'est éloigné du bord de la piscine, et le jeune garçon a continué à nager.

Un membre de l'équipe, inspiré par la bravoure de son camarade, s'est approché de la piscine et a marché au même rythme que Justin nageait. « Vas-y, Justin. Tu peux le faire! Tu es capable! Continue! Ne lâche pas! »

Il a été rejoint par un autre membre de l'équipe, puis un autre, jusqu'à ce que l'équipe entière arpente la piscine en criant et en encourageant leur coéquipier pour qu'il termine la course.

L'équipe adverse, voyant ce qui se passait, a uni sa voix aux encouragements. Les cris contagieux des étudiants ont semé un frisson dans la foule et bientôt les parents, auparavant inquiets, se tenaient debout et criaient, encourageaient et priaient. La salle débordait d'énergie et d'excitation pendant que coéquipiers et adversaires donnaient du courage à un petit nageur.

Douze longues minutes après le coup de sifflet de départ, Justin Rigsbee, épuisé mais souriant, a terminé sa dernière longueur et est sorti de la piscine. La foule avait applaudi le premier gagnant au moment de son arrivée. Mais l'ovation debout qu'elle a offerte à Justin ce jour-là montre bien que c'était lui le grand gagnant, par le simple fait d'avoir terminé la course.

Sharon Jaynes

« *Je crois que nous devrions avoir une petite conversation avec Wilson après la course.* »

CLOSE TO HOME. ©*John McPherson. Reproduit avec l'autorisation de Universal Press Syndicate. Tous droits réservés.*

Jouer franc jeu

Agissez avec les hommes comme si Dieu vous voyait, et parlez à Dieu comme si les hommes écoutaient.

Athenodorus

Un jour, alors que je jouais au golf avec des collègues du domaine de l'assurance, j'ai vu un autre exemple que l'honnêteté est la meilleure voie à suivre. Je connaissais deux des membres de notre quatuor et j'allais rencontrer notre quatrième partenaire – que j'appellerai Ace. À la fin du troisième trou, je connaissais son histoire, une leçon pour nous tous.

Ace et son partenaire en affaires avaient été propriétaires d'une agence d'assurances de dommages. Ils y avaient investi temps et efforts, et leur agence avait grandi pour devenir une société de moyenne importance très respectée. Un des grands conglomérats s'y est intéressé. Après quelques négociations, Ace et son associé ont décidé de vendre « aux gros canons », acceptant de rester en poste en qualité de conseillers et de continuer à faire de la vente. La paperasse a été rapidement expédiée et tout le monde semblait heureux.

Après environ deux ans, Ace et son partenaire, trouvant qu'ils n'étaient pas assez occupés, ont décidé de reprendre le collier pour diriger une entreprise plus active, comme ils l'avaient fait auparavant. Les « gros canons » leur ont dit qu'ils n'en avaient pas le droit, qu'ils avaient accepté de ne plus jamais travailler dans le secteur des assurances, sauf pour cette grande entreprise.

Ace a répliqué : « Montrez-moi où cela est écrit. » Les « gros canons » ont prétendu que c'était une entente verbale.

Ace savait qu'il n'avait jamais été question de cela, et qu'il n'y avait certes pas une entente à ce sujet. Il a donc dit : « On se reverra au tribunal. »

Au tribunal, le juge a reconnu qu'une entente verbale était aussi valable qu'un contrat écrit, *si* on pouvait prouver qu'il y avait eu entente. La question était de décider qui croire. Après deux jours d'exposés de chacune des parties disant que leurs souvenirs étaient exacts, le juge a tranché : « C'est une question de savoir qui je crois, et en l'absence de preuves solides, je dois me fier à mon instinct. Mon instinct me dit de faire confiance à l'expérience. L'expérience qui s'applique ici est la suivante : il y a plusieurs années, monsieur Ace participait au championnat de golf de l'État. Au dix-huitième trou, il a frappé un crochet intérieur dans l'herbe longue. Il s'est retrouvé sur le vert en deux, a réussi son roulé et tous ont cru qu'il avait gagné le tournoi, *sauf* que Ace a admis avoir touché le sol avec son bâton dans l'obstacle et s'est infligé une pénalité de deux coups. Personne ne l'avait vu toucher le sol avec son bâton. Il aurait pu se taire et partir avec la victoire, mais il ne l'a pas fait. Il a dit la vérité alors qu'il n'était pas obligé de le faire. Je crois donc qu'il dit encore la vérité aujourd'hui. » Affaire classée.

Jouer franc jeu *est* toujours la meilleure politique, dans les sports, en affaires, dans toutes nos relations, pour toutes les bonnes raisons, *et* aussi pour celles qu'il vous est impossible de connaître au moment de faire vos choix. J'ai vu cette vérité révélée à plusieurs reprises et jamais ce vieux proverbe – *la vertu sera toujours récompensée* – n'aura été plus vrai que dans le cas présent.

Ed Marion

Le prix d'un rêve

*Ne regardez jamais où vous allez. Regardez tou-
jours là où vous voulez aller.*

Bob Ernst

J'ai grandi dans la pauvreté – logeant dans un HLM
avec six frères, trois sœurs, un assortiment d'enfants en
pension, mon père et une mère superbe, Scarlette
Hunley. Nous avions peu d'argent et encore moins de
biens, mais beaucoup d'amour et d'attention. J'étais heureux et plein de vie. J'ai compris que, peu importe la pauvreté, une personne pouvait toujours se payer un rêve.

Mon rêve était le sport. À seize ans, je pouvais cata-
pulter une balle de baseball, lancer une balle rapide à
150 km/h et frapper tout ce qui bougeait sur un terrain
de football. J'ai aussi été chanceux. Mon entraîneur au
secondaire était Ollie Jarvis, qui non seulement a cru en
moi, mais m'a appris à croire en moi-même. Il m'a enseigné la différence entre avoir un rêve et avoir une conviction. Un incident avec l'entraîneur Jarvis a changé ma
vie pour toujours.

Un jour, avant ma troisième année, un ami m'a
recommandé pour un travail d'été. Cela me permettrait
de faire de l'argent de poche – pour les sorties avec les
filles, bien sûr, de l'argent pour une nouvelle bicyclette et
de nouveaux vêtements, et un début d'économies pour
acheter une maison à ma mère. La perspective d'un travail d'été m'attirait et je voulais saisir cette chance.

C'est alors que j'ai compris qu'il me faudrait sacrifier
le baseball pendant l'été au profit de mon travail, et que
je devrais annoncer à l'entraîneur Jarvis que je ne pourrais pas jouer. Je redoutais de devoir le faire et je

m'encourageais par le conseil de ma mère : « Comme on fait son lit, on se couche. »

Quand j'en ai parlé à l'entraîneur Jarvis, il s'est fâché comme je l'avais prévu. « Tu travailleras toute ta vie, dit-il. Tu as très peu de temps pour jouer. Il ne faut pas le gaspiller. »

Tête basse devant lui, j'essayais de trouver les mots pour lui expliquer que mon rêve d'acheter une maison pour ma mère et d'avoir de l'argent dans mes poches valait bien d'être confronté à sa déception à mon égard.

« Petit, combien seras-tu payé pour ce travail ? » a-t-il demandé.

« Trois dollars vingt-cinq de l'heure », ai-je répondu.

« Ainsi, 3,25 $ de l'heure est le prix de ton rêve ? » a-t-il poursuivi.

Sa question, par sa simplicité, m'a fait voir clairement la différence entre désirer quelque chose immédiatement et avoir un but. Cet été-là, je me suis consacré aux sports et, un an plus tard, j'ai été repêché par les Pirates de Pittsburgh pour jouer dans la ligue des recrues avec un contrat de 20 000 $. J'avais déjà une bourse d'études grâce au football à l'université de l'Arizona, ce qui m'a donné une éducation, d'être deux fois choisi en consensus comme secondeur sur l'équipe d'étoiles américaine (All-American), et d'être choisi septième au classement lors de la première ronde du repêchage de la NFL. En 1984, j'ai signé un contrat avec les Broncos de Denver pour 1,7 $ million et j'ai acheté pour ma mère la maison de mes rêves.

Ricky C. Hunley

Vivre pour la course

Il faut se fixer de nouveaux buts chaque jour.

Julie Krone

Le Kentucky. Un samedi. En mai. Un ciel iridescent. Un rodéo de chevaux. La chance d'une vie dans toute une vie de chance. Tout le monde habillé en couleurs pastel, avec des chapeaux et des fleurs, 144 110 personnes réunies pour une occasion heureuse. « Tant que vous n'aurez pas été au Kentucky et vu de vos yeux vu le Derby (courses hippiques), a écrit Irvin Cobb, vous n'avez été nulle part et vous n'avez rien vu. » Une course. Une émotion. Une turbulence. John Steinbeck a noté ces mots et ceux-ci : « beau, violent et satisfaisant », après quoi, on peut croire qu'il a fait une sieste pour se remettre de l'expérience.

Samedi. Mai 1995. Après sa course, Julie Krone est rentrée avec de la boue sur ses bottes noires, de la boue sur le visage et de la boue dans les oreilles. Tout ce qui reluisait était devenu brun à cause de la fine boue qu'elle avait reçue pendant deux minutes et quelque de son travail aussi difficile que dangereux. Même les jours iridescents laissent certains rêveurs couverts de poussière.

Julie Krone a sorti sa casaque jaune de son pantalon de satin blanc de jockey et est entrée dans l'ombre du paddock. Elle s'est précipitée vers l'entraîneur Nick Zito et s'est lancée dans une narration plaintive de la course. « Oh, Nick, Nick, c'était si doux, si doux. »

Les mains de Julie Krone volaient en tous sens pour illustrer ses propos. Elle tenait les rênes imaginaires bien serrées. Elle les poussait un peu vers la droite. Elle avançait ses mains. « Exactement là où nous voulions être », dit-elle en souriant. Sur ses dents, de la boue.

Julie Krone monte les pur-sang aussi bien que quiconque. Elle est la seule femme à avoir remporté une course de la triple couronne, le Belmont Stakes. Elle ressent le rythme d'une course comme il n'est pas possible de l'enseigner ou de l'expliquer. Un dos fracturé, une cheville brisée, un bras cassé, une douzaine de commotions cérébrales et une poitrine piétinée par les chevaux affolés ne l'ont pas convaincue de jouer de prudence. Elle monte comme Bill Shoemaker le faisait. Elle se dresse sur les étriers, en suspension au-dessus de la selle, elle regarde, elle attend le moment propice pour bouger. Les connaisseurs appellent cela « être en attente ».

Elle a trente et un ans. À quinze ans, elle est arrivée à Louisville pour la première fois. Sa mère et elle ont « économisé leur menue monnaie » afin d'acheter l'essence pour la caravane dans laquelle elles ont fait le trajet depuis la petite ferme familiale au Michigan, et l'ont garée en face de Churchill Downs. Il fallait avoir seize ans pour travailler au champ de course – la mère s'est donc procuré du papier, des ciseaux et de la colle à l'épicerie pour modifier le certificat de naissance de sa fille. Cette petite fraude nécessaire a fait que Julie Krone gagnait deux dollars l'heure pour faire marcher les chevaux après leur entraînement.

Kentucky. Samedi. Mai 1979. La palefrenière Julie Krone, debout sur une écurie à l'arrière de la piste, regardait les chevaux approcher, le bruit augmentait, puis elle a vu la cavalcade passer à toute vitesse, une confusion de couleurs, un tableau peint par un artiste tentant d'expliquer la puissance et la rapidité, un moment qui restera gravé en elle des années plus tard: « Je me voyais galoper dans le droit. Je pouvais entendre le tonnerre des sabots et la foule qui criait. J'imaginais qu'on déposait des roses sur mes genoux. C'était merveilleusement romantique. »

Julie Krone est une femme mince et gracieuse. Elle mesure 1,48 m, pèse 45 kilos. Elle a de grands yeux bleus, des cheveux blonds coupés à la garçonne, et une voix douce, mélodieuse. Cette personne des plus romantiques œuvre dans un domaine qui peut vous briser le cœur et le corps. Elle explique en souriant comment elle a persévéré: « Amnésie sélective. » Quant aux blessures: « Il y a des matins où certaines parties de mon corps s'éveillent plus lentement que d'autres. » Pourquoi elle fait ce métier: « Si je ne suis pas sur un champ de courses, je ne vis pas. »

Quand on a demandé à Nick Zito pourquoi il engageait une femme jockey, l'entraîneur a répondu: « Je ne vois pas Julie comme une fille. Je vois le jockey en elle. Un grand jockey. Elle a un courage incommensurable. »

C'est ainsi qu'un samedi de mai, cherchant à gagner son troisième Derby du Kentucky en cinq ans, Zito a choisi Krone pour monter Suave Prospect. Quatre femmes, dont Krone l'année précédente, avaient déjà monté dans un Derby, mais seule Krone avait cette fois un bon cheval. Elle a dit: « Ce cheval n'attend que le moment de gagner. »

Suave Prospect a bien couru au départ et dans la montée arrière, passant devant l'écurie jadis lieu de prédilection de Julie Krone. Il avait encore une chance au moment où les dix-neuf chevaux ont entrepris le dernier quart de mille.

« Mais quand je l'ai dirigé vers l'extérieur, vers l'espace libre », raconta-t-elle, voulant affirmer ainsi qu'elle devait se frayer un chemin à travers un mur de chevaux, « il n'a pas répondu. Je l'ai cravaché pour m'assurer qu'il ne faisait pas la tête. Mais en vain. » Huitième en entrant dans le dernier droit, Suave Prospect a terminé treizième, loin derrière le gagnant, Thunder Gulch.

Le visage couvert de boue, Julie Krone a pris la direction de la salle des jockeys. Les partisans criaient : « Julie, tu es belle. » « Quand te maries-tu, Julie ? » « Julie, mon fils aimerait une photo avec toi. » Julie Krone a étreint un petit garçon aux grands yeux marron et a souri à la caméra de la maman. Dans la salle des jockeys, elle a regardé la reprise de la course et murmuré : « Un si beau voyage. Zut ! »

Voir Julie Krone de près, c'est voir l'improbable devenu réalité. Même parmi les plus petits, les plus braves des athlètes, elle est gracieuse. Ses deux chevilles étaient enveloppées et protégées ; ses bras étaient meurtris et, sous sa casaque, elle portait la veste de protection adoptée par tous les jockeys après la terrible chute de Krone, deux années auparavant, où elle avait été piétinée par les chevaux. Sur la veste, les mots : « Julie Krone : Vivre pour courir. »

Elle a enlevé la boue séchée sur ses joues roses et l'a regardée s'accumuler sur la table. Elle l'a ensuite regroupée en un petit tas et a dit à un ami : « La boue du Derby du Kentucky. De la vraie boue du Derby. Mets-la dans ta poche et conserve-la. Tu la voudras parce que je vais gagner cette course un jour. »

Dave Kindred

NOTE DE L'ÉDITEUR : *Le 7 août 2000, Julie Krone a été la première femme à entrer au Temple de la renommée : Course de chevaux.*

Le jour où le baseball
a grandi

*Un seul homme avec du courage représente une
majorité.*

Andrew Jackson,
7ᵉ président des États-Unis

*NOTE DE L'ÉDITEUR : Il y a plus de cinquante-cinq ans, au
moment où la Seconde Guerre mondiale tirait à sa fin, le
pays subissait plusieurs changements et il était évident
que la barrière raciale au baseball majeur changerait
également. La question était : Qui aurait le courage de
faire les premiers pas ? Dans l'histoire qui suit, l'auteur
cite l'éclaireur de baseball Clyde Sukeforth lors de sa rencontre historique avec Branch Rickey, président et directeur général des Dodgers de Brooklyn, et un jeune joueur
de baseball afro-américain du nom de Jackie Robinson.*

En août 1945, M. Rickey m'a donné une mission qu'on
pourrait décrire comme mémorable. Il m'a convoqué dans
son bureau et m'a invité à m'asseoir.

« Les Monarchs de Kansas City rencontrent les
Giants de Lincoln à Chicago ce vendredi, dit-il. Je veux
que tu assistes au match. Je veux que tu rencontres ce
Robinson qui joue pour Kansas City. Parle-lui avant le
match. Dis-lui que je veux savoir s'il a le bras d'un arrêt-
court, s'il peut lancer assez fort. Dis à Robinson de
demander à son entraîneur de lui frapper quelques balles
directement à l'arrêt-court. »

M. Rickey avait mentionné qu'il cherchait à créer une
équipe de Noirs à New York, les Brooklyn Brown

Dodgers, et il observait les ligues de Noirs depuis plus d'un an. Mais, vous savez, il procédait toujours de façon étrange. Il nous disait que personne ne devait savoir ce que nous faisions. Ainsi, au lieu de nous identifier et d'entrer dans le stade, comme nous l'aurions fait normalement, nous achetions toujours un billet et cherchions à nous rendre le moins visibles possible.

« Clyde, a poursuivi le vieil homme, si ce garçon a un bon bras, amène-le ici. Et si son horaire ne lui permet pas de venir, prends un rendez-vous pour moi et j'irai le voir là-bas. »

M. Rickey se déplacer? Pour voir si un gars du nom de Robinson était assez doué pour jouer à l'arrêt-court pour les Brooklyn Brown Dodgers? Eh bien, je ne suis pas le gars le plus brillant du monde, mais *ceci pourrait être important*, ai-je pensé.

Je me suis donc rendu à Chicago, au parc Comiskey. Il me semblait que Robinson portait le numéro huit. Quelques joueurs sont sortis du vestiaire et l'un d'eux portait le numéro huit. Je me suis levé et j'ai appelé : « Hé, Robinson. » Il s'est approché. Je me suis présenté et je lui ai dit juste ce que je devais lui dire.

Il a écouté attentivement et quand j'ai eu terminé il a parlé – Jackie n'était jamais timide, vous savez.

« Pourquoi M. Rickey s'intéresse-t-il à mon bras?, a-t-il demandé. Pourquoi s'intéresse-t-il à moi? »

« C'est une bonne question et j'aimerais connaître la réponse, mais je l'ignore », ai-je répondu.

« Eh bien, je serais heureux de vous montrer la force de mon bras, a-t-il dit, mais je ne joue pas aujourd'hui, j'ai mal à l'épaule et je ne peux lancer la balle d'un bout à l'autre du champ intérieur. »

J'ai poursuivi ma conversation avec lui pendant quelque temps et j'ai pensé : *M. Rickey a déjà des informa-*

tions sur ce garçon. Sa seule préoccupation est de savoir s'il a un bon bras. A-t-il le bras de joueur d'arrêt-court? J'avais déjà entendu dire qu'il était excellent sous tous rapports. Un grand athlète. Alors, j'ai réfléchi : *Supposons qu'il n'a pas le bras d'un arrêt-court? Il y a toujours le deuxième but, le troisième but, le champ extérieur.* J'aimais bien ce gars.

« Dis-moi, tu ne joues pas. Si tu pouvais t'absenter pour deux ou trois jours, personne ne se douterait de rien. Laisse savoir à ton gérant que tu seras de retour dans quelques jours. Nous irons à New York. Je crois que le patron aimerait te parler. » J'ai demandé à Robinson de venir me rejoindre à l'hôtel Stevens après le match où nous allions poursuivre notre conversation.

Plus tard, j'ai pensé qu'on ne le laisserait peut-être pas entrer à l'hôtel. Il faut se souvenir qu'on était en 1945. Ainsi, en arrivant à l'hôtel, j'ai vu le portier et je lui ai donné quelques dollars en précisant : « Un type de couleur doit venir me voir et j'aimerais que tu l'accompagnes jusqu'à l'ascenseur. » Il a accepté.

De toute évidence, Jackie n'a pas eu de difficulté à entrer parce qu'il s'est retrouvé dans ma chambre un peu plus tard. Il a immédiatement entrepris la conversation. « Pourquoi M. Rickey s'intéresse-t-il à mon bras? Pourquoi veut-il me rencontrer? »

« Jack, ai-je dit, je ne peux répondre à cela parce que je l'ignore. »

« Vous ne pouvez pas me blâmer d'être curieux, n'est-ce pas? »

« Je ne peux pas vous blâmer, ai-je renchéri, parce que je suis aussi curieux que vous l'êtes. »

On pouvait sentir que la question le torturait. *Pourquoi M. Rickey s'intéresse-t-il à mon bras?*

« Écoute, Jack, ai-je poursuivi, tu sais que le patron est à l'origine de bien des changements, il a révolutionné les choses, et j'ai espoir qu'il s'agit d'une question de ce genre… mais je n'en suis pas certain. »

Il ne lâchait pas prise. Il continuait d'insister.

« Répétez-moi ses propos. »

« Je te l'ai déjà dit », ai-je répondu.

« Répétez-les-moi encore. »

« Il m'a demandé de venir ici pour voir si tu avais le bras d'un joueur d'arrêt-court. Il a également mentionné que, si tu ne pouvais venir le rencontrer à Brooklyn, il viendrait te voir ici. »

Le sens de cette dernière phrase ne lui a pas échappé. Je l'ai bien vu. Ce garçon n'était pas idiot. Non, monsieur! Plus nous parlions, plus je l'aimais. Il y avait chez cet homme quelque chose qui venait vous chercher. Il était dur, il était intelligent et il était *fier*.

« M. Sukeforth, dit-il, qu'est-ce que *vous* en pensez? »

J'ai été honnête. Même si je ne le connaissais que depuis peu, j'avais reconnu que c'était la façon de traiter avec Robinson.

« Jack, ai-je répondu, ce pourrait être pour vrai. »

De toute évidence, il était d'accord. L'idée lui a fait plaisir. Cela lui faisait-il peur? Ce gars, il n'a jamais eu peur de rien.

Nous étions vendredi, et le dimanche je devais me rendre voir évoluer un joueur de deuxième but à Toledo. J'ai demandé à Robinson de venir me rencontrer à Toledo et que d'ici là je ferais le nécessaire pour nous rendre à New York.

« J'y serai », a-t-il confirmé.

« Tu as de l'argent? »

« J'ai de l'argent. »

Nous nous sommes rencontrés à Toledo et nous avons pris le train de nuit pour New York. Quand je me suis levé le lendemain, il était déjà debout.

« Jack, allons déjeuner. »

« Non, répondit-il, j'irai manger avec les gars. » Il parlait des porteurs.

Je n'ai pas discuté. Je suis allé déjeuner et je suis revenu. Puis nous avons conversé jusqu'à l'arrivée. Une fois à New York, je l'ai conduit directement au siège des Dodgers de Brooklyn, au 215 rue Montague.

Je l'ai emmené au bureau de M. Rickey et j'ai fait les présentations. Je me suis ensuite expliqué : « M. Rickey, je n'ai pas pu évaluer le bras de ce garçon. Je l'ai simplement invité à vous rencontrer. »

Le patron était tellement fasciné par Robinson à cet instant qu'il n'a pas entendu une seule de mes paroles. Quand il rencontrait quelqu'un qui l'intéressait, il l'étudiait en profondeur. Il le regardait fixement, sans arrêt. C'est ce qu'il a fait avec Robinson. Il l'a dévisagé comme s'il essayait de voir à l'intérieur de l'homme. Et Jack a fait de même. Quelle paire ces deux-là faisaient! Je vous le dis, il y avait de l'électricité dans l'air.

M. Rickey savait pertinemment qu'il y aurait beaucoup de pression sur lui s'il faisait signer un contrat à Robinson. Il serait critiqué par plusieurs personnes, dont certains gros bonnets de l'organisation de Brooklyn. Mais, il était toujours tellement avant-gardiste. Il sentait que le moment était venu. Il comprenait qu'avec la fin de la guerre, il y aurait des changements et que les choses allaient *devoir* changer.

Quand on y repense, c'est presque incroyable, n'est-ce pas ? À savoir que des gars traversent l'océan pour aller défendre leur pays, risquant leur vie, et quand ils rentrent chez eux, il y a des endroits où ils ne peuvent pas aller, des gestes qu'ils n'ont pas le droit de faire. Les choses allaient changer, pour sûr, mais ce ne serait pas d'elles-mêmes. Quelque part, il fallait un événement déclencheur.

Savez-vous depuis combien de temps M. Rickey avait cette idée en tête ? Plus de quarante ans. Pendant plus de quarante ans, il a attendu le moment propice, le bon individu. C'est ce qu'il a avoué à Robinson.

« Depuis de longues années, je cherche un grand joueur de baseball de couleur. J'ai raison de croire que tu es ce joueur. Mais je cherche *plus* qu'un grand joueur. Je cherche un homme qui acceptera les insultes, qui acceptera de se faire bousculer – et qui aura le courage *de ne pas répondre aux provocations !* Si un joueur glisse au deuxième but et qu'il te traite de nègre, tu auras envie de le frapper. Et je ne te blâmerais pas. Ce serait justifié.

« Mais, a ajouté M. Rickey, cela retarderait la cause de vingt ans. »

Il a continué sur ce sujet, parlant de présenter l'autre joue et de choses du genre. Il a confirmé à Jack qu'il désirait lui offrir un contrat avec l'organisation de Brooklyn, pour jouer à Montréal. Il a décrit certains des défis qui attendaient Robinson – les insultes des partisans, des journalistes et des autres joueurs, même de ses propres coéquipiers.

Quand l'homme a cessé de parler, Robinson est resté silencieux, il réfléchissait. Son silence a semblé durer un bon cinq minutes. Il n'a pas répondu précipitamment. Cela a impressionné M. Rickey.

Enfin, Jackie s'est prononcé : « M. Rickey, je crois pouvoir jouer au baseball à Montréal. Je crois pouvoir jouer au baseball à Brooklyn. Mais vous êtes meilleur juge que moi en cette matière. Si vous voulez prendre cette chance avec moi, je vous promets qu'il n'y aura pas d'incidents. »

J'ai cru que le patron allait l'embrasser.

Les deux hommes se sont entendus il y a environ trente ans maintenant. Ce fut un jour qui a marqué l'histoire.

À quoi pensais-je pendant cet échange ? Mettez-vous à ma place, j'étais très mal à l'aise – rappelez-vous que je n'avais jamais vu la force dans le bras du gars !

Donald Honig

« Même si le gant est difficile à manœuvrer,
Mark n'a manqué aucune balle depuis
sa deuxième année au secondaire. »

CLOSE TO HOME. ©John McPherson. Reproduit avec l'autorisation de Universal Press Syndicate. Tous droits réservés.

3

LES MANCHETTES DE VINGT-TROIS HEURES

Il est préférable d'oser de grandes choses,
de remporter des triomphes glorieux,
même s'ils sont entrecoupés d'échecs,
que de se ranger du côté de ces pauvres
esprits qui n'ont ni grands plaisirs
ni grandes souffrances,
parce qu'ils vivent dans la pénombre
qui ne connaît ni la victoire ni la défaite.

Theodore Roosevelt
Discours devant le Hamilton Club
10 avril 1899

Un vrai immortel du baseball

*J'ai toujours donné le meilleur de moi-même,
même quand la chance semblait totalement contre
moi. Je n'ai jamais cessé d'essayer; je n'ai jamais
eu l'impression que je n'avais pas de chance de
gagner.*

Arnold Palmer

Le matin du jour où Pete Rose a brisé le record de Ty
Cobb pour les coups sûrs à Cincinnati, j'étais déjà dans
ma boîte au stade Riverfront. Une boîte de carton, en fait.
Pour vous, les historiens, c'était le mercredi 11 septembre 1985, et je me trouvais dans une armoire de ran-
gement. Soudain, au milieu de l'après-midi, on m'a
apportée dans le vestiaire des arbitres où un préposé m'a
frottée avec de la boue de la rivière Delaware (un peu
rudement, en fait) et m'a jetée dans un sac de toile avec
cinq autres douzaines de balles. C'est ainsi que je me suis
retrouvée à l'aube d'un moment historique.

Cette soirée revêtait une importance capitale. J'avais
entendu Lee Weyer, qui était l'arbitre au troisième but le
soir où Hank Aaron a frappé son 715ᵉ coup de circuit à
Atlanta, dire que depuis trois ans il promettait à Rose
qu'il serait derrière le marbre lors de son 4 192ᵉ coup sûr
pour un nouveau record. Weyer était effectivement l'arbitre derrière le marbre ce soir-là. Ce mercredi marquait
également le cinquante-septième anniversaire de la dernière présence au bâton de Ty Cobb. Même la température, après une canicule de plusieurs jours, était d'un
frais automnal, comme si elle voulait donner de l'énergie
au garçon de quarante-quatre ans.

C'était une soirée électrisante, pleine d'émotion. Quand on nous a amenées sur le terrain, il devait y avoir quatre reporters pour chaque balle. Je ne pouvais pas m'imaginer comment Pete avait pu survivre à ce chaos chaque soir depuis deux semaines. J'ai entendu un des préposés aux balles rapporter que Rose s'était excusé auprès des journalistes la veille en leur disant qu'il espérait établir son record bientôt « pour que vous puissiez reprendre le cours normal de votre vie ». C'était bien là Pete Rose.

Les jeunes joueurs de l'équipe de Cincinnati venaient vers Rose pendant la pratique au bâton pour lui demander : « Les Séries mondiales ressemblent-elles à ça ? » L'air était frisquet. L'entraîneur du premier but des Reds, Tommy Helms, anticipant le moment historique, a insisté auprès de Pete : « Je veux te serrer la main avant Steve Garvey. »

Comme j'attendais dans l'abri avec les cinquante-neuf autres balles, nous discutions anxieusement de nos chances de devenir le coup sûr numéro 4 192. S'il se produisait ce soir, l'une de nous serait immortalisée. Il n'y a que deux ou trois mille balles qui se sont rendues au Temple de la renommée, et une seule est associée à la carrière de Rose. C'est celle de son 3 631e coup sûr, qui avait fracassé le record de Stan Musial dans la Ligue Nationale. La vie peut être difficile pour une balle qui ne fait pas l'histoire. Une balle sert à un ou deux frappeurs avant d'être jetée dans un seau et se faire taper dessus durant la pratique au bâton pour deux ou trois jours. Ensuite, on l'expédie à un club des ligues mineures pour d'autres pratiques au bâton et on la frappe jusqu'à ce que les coutures cèdent.

D'autre part, la salle des trophées de Rose – où, soit dit en passant, je me trouve pour le moment – est le summum du luxe. Pete traite bien ses balles importantes. Il en a conservé une demi-douzaine à la maison et a donné les autres à des gens qui lui sont chers. L'entraîneur du troisième but et des frappeurs, Billy DeMars, par exemple, qui était avec Rose à Philadelphie, à Montréal et à Cincinnati, a reçu les balles des 3 500e et 4 000e coups sûrs de Rose.

Remarquez que beaucoup de balles ont Rose en horreur. Rose nous a bien frappées. Nous nous irritions quand il nous faisait sautiller sur l'AstroTurf. Que dire lorsqu'il enlevait méticuleusement les marques de balles sur son bâton noir avec de l'alcool... eh bien, c'était comme si nous étions *sales* ou quelque chose du genre.

Juste avant le match, je me suis mise à penser aux balles de Ty Cobb. Je n'en ai jamais rencontré une et, vous imaginez bien, nous n'aimons pas discuter de l'époque des balles soi-disant mortes. C'est un sujet délicat. Mais en vérité, il n'y a aucune balle de Ty Cobb au Temple de la renommée, ni chez les Tigers. J'ai su que le jour où Cobb est devenu le meilleur frappeur de coups sûrs de tous les temps, devançant Honus Wagner (3 430) lors d'un match de quatre en quatre à Boston en 1923, les journaux en ont à peine fait mention. Personne ne semble savoir où la balle est allée.

Au début du match du mercredi, Weyer m'a prise avec une douzaine d'autres balles dans son sac avant de se rendre au marbre. Je suis restée dans le sac pendant que les Padres étaient retirés dans l'ordre au début de la première manche. Avec un retrait et personne sur les buts en fin de première manche, Rose s'est amené au bâton. Une première balle, trop haute. Puis, fausse balle sur le lancer suivant. C'était ma grande chance. Weyer m'a prise et m'a lancée à Eric Show.

J'étais tellement excitée que mes coutures ont failli sauter. Enfin, à l'air libre. Mes sens étaient en éveil. J'ai vu tous les spectateurs debout et j'ai dénombré au moins vingt-deux bannières encourageant Pete Rose autour du stade. Les amateurs, 47 237 exactement, criaient son nom et affichaient, agitaient et portaient toutes sortes d'articles au nom de Rose. À ma grande déception, j'ai vu Kurt Bevacqua au troisième but pour les Padres. J'aurais espéré Graig Nettles, qui se trouve justement être l'auteur de mon livre préféré, *Balls*.

Show m'a lancée légèrement à l'intérieur vers Rose qui m'a laissée passer, pour un compte de deux balles, une prise. J'ai eu peur : pendant tout mon trajet, Rose me fixait comme un homme affamé fixe un fruit. Il ne semblait pas détendu comme d'habitude au marbre. Pete était vraiment concentré.

Show voulait que je courbe vers l'intérieur pour son prochain lancer à Rose, il m'a donc agrippée pour une glissante. Mais, au moment où j'arrivais à la partie intérieure du marbre, Pete s'est élancé sur moi. J'ai vu son bâton noir comme un éclair et *bam !* J'étais en route vers le champ centre gauche. Je parie que Pete a su avant moi que c'était un coup sûr. C'est le fruit de l'expérience. Avant même de tomber au sol, j'ai aperçu les confettis et les banderoles voler du haut des gradins. La foule faisait un bruit absolument assourdissant.

J'ai touché le sol à quelque 5 mètres devant le joueur au champ gauche Carmelo Martinez. J'ai rebondi très haut sur l'AstroTurf. Pete m'observait. Je voulais lui prouver quelque chose. Martinez a sauté pour m'attraper – il m'a *presque* ratée – et il a vu Rose qui contournait déjà le premier but en route vers le deuxième. Martinez m'a lancée à l'arrêt-court Garry Templeton. Je crois que Martinez m'en voulait un peu. Si je n'avais pas rebondi aussi haut, il m'aurait ramenée en courant au champ intérieur pour me remettre lui-même à Rose. Mais, il y avait déjà assez d'action. Des feux d'artifice ont explosé. Un gros « 4192 ! » a clignoté sur le tableau d'affichage. Tous les autres joueurs des Reds sont sortis en trombe de l'abri à la suite du jeune Pete Jr., âgé de 15 ans. Show et tout le champ intérieur des Padres se sont joints à la masse humaine qui entourait le nouveau meneur de tous les temps pour les coups sûrs. Le jeune Petey a rejoint son père tout juste avant Tony Perez, quarante-trois ans. « Enfin, a lancé Perez à son coéquipier, j'attendais ça depuis vingt-trois ans. » Puis Garvey est arrivé. « Merci pour les souvenirs », a-t-il dit à Rose.

Templeton m'a remise à Pete, qui m'a donnée à Petey. Je ne me suis pas sentie insultée. On étreignait Rose, on lui donnait des tapes dans le dos, on l'enterrait dans une avalanche de bruit. Puis, Perez et l'arrêt-court Davey Concepcion ont même tenté de monter Rose sur leurs épaules. Ils s'y préparaient depuis longtemps. Après l'avoir soulevé un peu, Perez a dit à Rose, 93 kilos : « Tu es lourd ! »

Le défilé s'est poursuivi. Marge Schott, la propriétaire des Reds, est venue étreindre longuement et embrasser Rose. Elle a fait un signe en direction du champ extérieur. Une porte s'est ouverte et une Corvette rouge flambant neuve avec la plaque PR 4192 est arrivée.

Puis, tout le monde s'est éloigné et Pete est resté seul. Les cris n'ont pas cessé. Il était évident que Pete ne savait que faire. Il a donc levé son index et regardé le ciel. Il a souri comme s'il y avait vu quelqu'un qu'il connaissait. Peut-être son père. Ou Cobb. Puis, il a éclaté en sanglots. Il s'est tourné vers Helms, son vieil ami et coéquipier depuis leurs jours dans les ligues mineures, et il a mis sa tête sur l'épaule gauche de Tommy comme pour cacher ses pleurs.

Cinq minutes plus tard, Petey est revenu et il a serré fermement son père dans ses bras pendant un long moment. « T'en fais pas, mon gars, tu battras mon record un jour », lui a dit son père. C'était un moment émouvant. Plusieurs joueurs des Reds pleuraient également. Ce n'est qu'après sept longues minutes d'applaudissement que la foule s'est calmée et que le match a pu reprendre. On m'a amenée dans le vestiaire pour ma protection et j'ai dû écouter le reste du match à la radio.

Il suffit d'ajouter que Rose a reçu un but sur balles et a frappé un triple lors de ses trois autres présences au bâton et qu'il a marqué les deux points dans la victoire du Cincinnati, 2-0.

Au fond, je ressemble beaucoup à Pete – roulée serrée et vive jusqu'à mon noyau. Pourtant, alors qu'il joue encore, moi je m'en vais à la retraite. J'avais pensé me retrouver à Cooperstown, mais Pete pense me donner à son fils pour payer ses études. J'aime bien savoir que j'ai de la valeur, mais, comme Pete, je voudrai toujours retourner au baseball. Je sais qu'il y a encore quelques coups sûrs en moi.

Craig Neff

Joe DiMaggio
m'a rendu heureux

Je n'oublierai jamais la ligue semi-professionnelle de baseball dirigée par le service des Parcs et Loisirs de Tucson durant les étés de la Deuxième Guerre mondiale. J'avais quatorze ans et je travaillais pour m'acheter une voiture. J'étais un des plus jeunes vendeurs du stade, offrant des arachides et des boissons gazeuses. Parfois, je me rendais à la maison de mon patron pour l'aider à rôtir les arachides en vue des prochains matches.

Une des équipes de la ligue, les Mustangs, était composée de militaires de la base de l'Aviation Davis Monthan, de Tucson. Leur lanceur, Bill Clemson des Pirates de Pittsburgh, s'était enrôlé dans l'aviation au début de la guerre. Il était l'un des nombreux athlètes professionnels sous les drapeaux qui devaient retourner à leurs équipes respectives à la fin de la guerre.

Un jour que j'aidais mon patron à rôtir des arachides, il m'a dit quelque chose de merveilleux. « Il semble que les Mustangs ont invité l'équipe de baseball de la base de l'Aviation Santa Ana de Californie à venir jouer un match amical. Les revenus du match seront versés aux services auxiliaires de l'Armée à Tucson. »

« Ça semble une bonne idée, patron. Les gradins devraient être remplis et nous devrions vendre beaucoup. »

« Ouais, mais sais-tu qui joue pour cette équipe? »

« Non, patron. Je n'ai même jamais entendu parler d'eux. »

En souriant, il m'a annoncé : « Que dirais-tu de Joe DiMaggio? »

DiMaggio? Mon héros de tous les temps! Tous les billets se sont envolés dès le premier jour. Un soir, en rentrant du travail, j'ai trouvé une balle neuve qui avait été frappée en dehors du terrain. J'étais désormais prêt à demander l'autographe du *Yankee Clipper!*

Le jour du match est arrivé. Mon père avait acheté des billets et nous sommes partis tôt pour le stade. En route, il m'a informé que, selon le journal, les autographes ne seraient permis qu'avant la pratique au bâton.

À notre arrivée, le stationnement était déjà à moitié rempli. J'ai endossé mon uniforme et j'ai couru vers les estrades, ma balle bien dans ma poche. En parcourant les allées de haut en bas, je guettais l'entrée de mon héros. Je me trouvais tout en haut des gradins quand une clameur s'est élevée et tous les spectateurs se sont mis à applaudir. Joe DiMaggio faisait son entrée sur le terrain avec son équipe.

Les spectateurs se sont rués en bas des gradins avec des balles, des carnets d'autographes et des programmes du match.

Et moi? Je ne pouvais pas cesser de vendre et me mettre en ligne. Arrivé en bas, je me suis dirigé vers l'endroit où Joe signait des autographes. Il souriait et causait avec les amateurs. Les flashs des caméras pétaradaient. Le cœur battant, je me demandais en le regardant comment j'arriverais à lui faire autographier ma balle.

Un placier m'a dit de m'ôter du chemin. Il a ajouté que je nuisais aux spectateurs qui attendaient en ligne. Mon patron était sorti voir Joe DiMaggio et il m'a aperçu. Il s'est approché et m'a crié très fort: « Bouge-toi!... Mets-toi au boulot ou je trouverai quelqu'un d'autre pour te remplacer. »

Gêné et humilié, j'ai senti la chaleur des larmes sur mes joues. Quelques amateurs qui me connaissaient de matchs précédents ont tenté de m'encourager; ils ont vu ma déception. J'ai remonté l'allée en criant, la voix brisée, tentant de vendre mes arachides.

Quand j'ai atteint le haut des gradins, j'avais retrouvé mon calme. Joe DiMaggio se rendait dans l'aire de pratique des frappeurs. Il avait cessé de signer des autographes. Je me suis rendu où étaient assis mes parents et je leur ai dit que je ne pourrais obtenir l'autographe de Joe. Papa m'a montré l'abri de l'équipe visiteuse.

« Tu peux aller vendre dans ce coin-là, non? Tente ta chance, mon gars. »

DiMaggio faisait plaisir à la foule en frappant une balle après l'autre par-dessus la clôture du champ gauche jusqu'à la fin de la séance de pratique au bâton. La foule a applaudi quand il est retourné à l'abri et que l'arbitre a crié: « Au jeu! »

Joe a frappé quelques coups de circuit pendant le match et son équipe jouissait d'une avance confortable. J'ai décidé de tenter ma chance quand Joe rentrerait à l'abri. Je l'avais vu le faire après son dernier circuit. Tenant ma balle et mon stylo prêts, je me suis approché de l'abri et je me suis penché pour jeter un coup d'œil. J'avais la gorge sèche. Je serais probablement congédié, mais je devais tenter ma chance.

C'est alors que j'ai eu une frousse. Au moment où je me retirais, un joueur a crié de l'abri: « Hé, le jeune, viens ici. Je veux des arachides, combien? » Je me suis avancé, perdant presque l'équilibre car je ne quittais pas mon héros des yeux. J'ai donné le sac d'arachides au joueur: « Dix cents, monsieur. » Il m'a donné vingt-cinq cents et m'a dit de garder la monnaie. Je l'ai remercié et je lui ai demandé s'il croyait que M. DiMaggio aimerait des arachides. C'était la seule façon que j'avais de me rendre à Joe et peut-être d'obtenir son autographe.

Le joueur s'est retourné et a crié : « Hé, Joe, le jeune aimerait savoir si tu veux des arachides. » Joe a répondu : « Ouais, dis-lui de venir ici. »

Les jambes tremblantes, je me suis avancé et j'ai sorti un sac de ma boîte. Joe a pris un sac polochon sous le banc pour y chercher de la monnaie. J'ai mis la main dans ma poche et j'en ai sorti la balle et le stylo.

« M. DiMaggio, je vous propose un échange. Un sac d'arachides contre votre autographe, s'il vous plaît. » Il a souri et répondu : « Tu es un bon vendeur. Tu ferais fortune à New York. »

Il a saisi la balle et le stylo. J'étais au septième ciel. Je lui ai donné le sac d'arachides et il a remis le capuchon sur le stylo après avoir signé son nom. Voilà qu'au moment où il me rendait le stylo, l'encre s'est mise à fuir sur ses doigts. Il a juré en secouant la tête. Je ne savais pas quoi dire sauf : « Désolé, M. DiMaggio. Ce n'était jamais arrivé. » Je sentais les larmes sur mon visage. Je voulais mourir. Mon héros était en furie. Un des autres joueurs a blagué : « Pas de problème, mon gars. Il s'en remettra. » Le joueur a lancé une serviette humide à Joe pour qu'il s'essuie les mains. En sortant de l'abri, j'ai jeté un dernier coup d'œil à mon héros. Il s'est nettoyé les mains et m'a regardé à son tour. Je n'oublierai jamais son sourire et son clin d'œil quand il a dit : « Pas de problème. Je vais survivre. Ne t'en fais pas. »

Je suis retourné vers mes parents et je leur ai raconté ce qui s'était passé. Les gens autour de nous ont entendu mon histoire et ils ont ri. Un homme qui prétendait que j'avais tout inventé m'a cru lorsque j'ai sorti la balle de ma poche et que je l'ai remise à ma mère afin qu'elle la garde en sûreté pour moi.

Joe DiMaggio était le frappeur suivant. Je me suis arrêté pour regarder. Il parlait avec l'arbitre et le receveur des Mustangs et leur montrait l'encre sur ses doigts.

J'ai crié aussi fort que j'ai pu : « Demandez vos arachides fraîchement grillées ! » DiMaggio s'est retourné et m'a montré du doigt à l'arbitre et au receveur. Ils ont ri pendant qu'il prenait sa place au bâton.

Joe DiMaggio a frappé un autre circuit et, encore mieux, il m'a rendu heureux ce jour-là.

Walter W. Laos, D.D.S.

Donnez-moi une chance !

Un jour, à un terrain de golf local, il y avait foule au premier départ, des joueurs comme des spectateurs. Soudain, venant des haut-parleurs, on entend : « Est-ce que l'homme au pantalon vert et au chapeau blanc pourrait respecter les jalons de départ ? S'il vous plaît, placez-vous derrière les jalons. »

Le joueur s'est arrêté et a jeté un coup d'œil de dégoût autour de lui, et s'est remis en position. De nouveau, l'annonceur a dit : « Est-ce que l'homme au pantalon vert et au chapeau blanc pourrait, s'il vous plaît, respecter les jalons de départ ? »

Le joueur s'est alors éloigné de sa balle, s'est retourné et a crié : « Quelqu'un peut-il, s'il vous plaît, dire à l'imbécile au micro que je joue mon deuxième coup ! »

Gene Doherty

Nulle part où aller

Cela peut sembler étrange, mais plusieurs champions le sont devenus après des échecs.

Bob Richards

Fin mai 1964. Ken Venturi assistait au Indianapolis 500 depuis la Gasoline Alley. Il était normal que Venturi y soit, car sa carrière de golfeur achevait et sa vie n'allait nulle part. Sa carrière lui avait apporté d'innombrables moments réjouissants, mais aujourd'hui, c'était différent.

Venturi était au 500 pour appuyer un ami de Californie du nom de Johnny Boyd, qui participait à la course. Deux jours plus tôt, Venturi ne s'était pas qualifié pour le week-end, une fois de plus. Un joueur du dernier groupe avait envoyé sa balle directement dans le trou au dix-huitième, ce qui chassait Venturi des rondes du week-end. Trois ans plus tôt, sa carrière, alors prometteuse, avait piqué du nez quand le chauffeur d'une voiture de courtoisie filant vers l'aéroport de Cleveland a eu un accident. Venturi était passager de la voiture. L'accident a détruit sa confiance et sa carrière. Et aujourd'hui, à l'Indianapolis, il était à sec, il rentrait à la maison mais sans drapeau à damier. « J'étais passé de vedette à inconnu, se rappelle Venturi. J'étais une honte. J'avais honte. J'étais passé de joueur prometteur à inutile. »

Venturi était à un point tournant dans sa vie. L'idée de quitter le circuit tournait plus vite dans sa tête que les superbes voitures de course sur le parcours ovale de 4 kilomètres. La veille du 500, Venturi avait appelé Bill Jennings à New York. Jennings était le propriétaire des Rangers de New York et président du tournoi qui devait avoir lieu la semaine suivante, le Westchester. Venturi l'a supplié de lui faire profiter d'une exemption du commanditaire. « J'en ai vraiment besoin. Ma maison est déjà en vente, je suis fauché. » Venturi savait que sa seule autre option était de « rentrer à Hillsborough, en Californie, pour y vendre des voitures ». La réponse de Jennings n'était pas remplie d'enthousiasme. Il n'y avait qu'une seule place à l'*Open* et il ne pourrait le savoir avant dimanche après-midi. « Rappelez-moi demain », a-t-il dit.

Le dimanche à la piste, Venturi pouvait difficilement se concentrer sur la course. Difficile en effet lorsque sa vie roule sous drapeau jaune. Qui pourrait reprocher à Jennings de refuser ? L'année précédente à Westchester, Venturi avait joué quatre-vingts, puis le lendemain, il avait ramassé sa balle et s'était retiré du tournoi. Vers la fin de la course, Venturi a trouvé un téléphone dans le garage de Boyd. Il a appelé New York et a entendu « les mots les plus importants de ma vie : *Vous êtes invité* ». Venturi se souvient d'avoir dit : « M. Jennings, je vous promets que, si un jour je réussis, je trouverai une façon d'exprimer ma gratitude. »

Au même moment, Boyd ramenait sa voiture au garage ; ayant terminé au quatrième rang, une foule de journalistes le suivaient. Il a regardé vers Venturi et lui a demandé s'il avait eu le feu vert. Venturi a levé le pouce. Boyd s'est adressé aux médias : « J'ai terminé quatrième aujourd'hui, mais regardez le gars là-bas. Il s'appelle Ken Venturi et dans quelques semaines il va remporter l'Open. »

La semaine suivante à Westchester, il a terminé troisième et touché une bourse de 6 400 $ et « de retour au vestiaire, j'ai pleuré toutes les larmes de mon corps. Je ne pouvais croire que j'avais fait tout cet argent. J'ai su à ce moment qu'il n'était plus question de retraite. J'avais retrouvé ma confiance. » En plus de sa confiance, Venturi se préparait à réaliser la prédiction de Boyd.

Venturi avait toujours entendu une voix dans sa tête. C'était celle de son père, un homme fier d'origine italienne, qui n'avait jamais satisfait le désir insatiable de reconnaissance de son fils. Lors de l'U.S. Open de 1964 au Congressional, la voix intérieure faisait des heures supplémentaires. Le 12 juin, Venturi s'est révélé un candidat sérieux pour le Championnat au cours de la première ronde d'une compétition de 36 trous tenue la même journée. Pour le dix-huit du matin, Venturi avait joué un remarquable 66, résultat légèrement terni par deux bogeys en fin de ronde, à cause de la chaleur accablante. Le mercure approchait les 38 degrés et le taux d'humidité était à l'avenant. Pendant la pause de deux heures entre les deux rondes, on a suggéré à Venturi de déclarer forfait. Les médecins craignaient une insolation. Ils lui ont dit que ce serait fatal pour lui. Venturi a entendu la voix. Elle répétait : « Abandonner, c'est pour les perdants. La chose la plus facile à faire au monde est d'abandonner. » Venturi a averti les médecins qu'il retournerait jouer. « Je n'ai pas d'autre endroit où aller. »

Venturi est allé de l'avant, jouant le dernier dix-huit dans une espèce de brouillard ; à la fin de la journée, il était incapable de se souvenir d'un seul coup de son compagnon de jeu, Ray Floyd, alors âgé de 21 ans. Au dernier trou, Venturi a calé un coup roulé de dix pieds pour s'assurer de la victoire. Complètement vidé, il a regardé, l'air hagard, Floyd sortir la balle du trou. Floyd, lui-même un futur champion de l'Open, avait les yeux humides quand Venturi a marmonné sa phrase devenue célèbre : « Mon Dieu, j'ai gagné l'Open. » Ce fut une des victoires les plus inattendues et les plus significatives dans l'histoire du golf.

En 1964, non seulement Venturi a remporté l'Open, mais il a prouvé par la suite que ce n'était pas le fruit du hasard en remportant le Hartford et l'American Golf Classic à Firestone. En trois mois, il était passé de candidat possible au titre de « Vendeur de voitures de l'année en Californie » à « Sportif de l'année » de *Sports Illustrated*. Sa gloire de golfeur n'a duré que deux autres années. En 1966, on a diagnostiqué chez lui le syndrome du tunnel carpien, une maladie dégénérative des mains. Il lui était désormais impossible de tenir un bâton en compétition sans éprouver une douleur atroce. Quand il a annoncé à son père que sa courte carrière était terminée, l'homme rébarbatif aux louanges lui a fait le plus beau compliment de sa vie : « Mon gars, tu as été le meilleur que j'ai jamais vu. »

Quant à sa promesse à Bill Jennings à l'effet que « si un jour je réussis, je trouverai une façon d'exprimer ma gratitude », Venturi est retourné à Westchester pendant plus de vingt ans pour être le fer de lance de deux œuvres caritatives qui ont amassé ensemble plus de 7 millions $. Ken Venturi a prouvé qu'être un homme de parole et faire preuve de détermination sont deux des plus grandes qualités humaines. Celles-ci ont fait de Ken Venturi un « Sportif de tous les temps ».

Jim Nantz

Il va faire quoi ?

*Si vous ne pratiquez pas, rappelez-vous que quel-
que part quelqu'un pratique et quand vous lui ferez
face, il gagnera.*

Ed Macauley

Avant que les Saints n'aient leur Superdome, ils
jouaient au stade Tulane, l'ancien Sugar Bowl. En 1967,
les amateurs de la Nouvelle-Orléans étaient tellement
excités d'avoir enfin leur équipe qu'ils tapaient rapidement du pied tant et si bien que les vieilles estrades de
métal oscillaient. J'ai souvent pensé qu'un accident allait
se produire.

Un des grands matchs des Saints a eu lieu le 8 novembre 1970, au stade Tulane, contre les Lions de Détroit.
Les Lions ont marqué un touché qui leur donnait une
avance de 16-14 avec huit secondes à jouer. Ils croyaient
avoir remporté le match.

Les Saints ont reçu le botté d'envoi dans leur zone de
but et ne l'ont pas retourné, ce qui leur en donnait possession à la ligne de vingt, et il restait toujours huit
secondes à jouer. Billy Kilmer a lancé une passe vers les
lignes de côté à Al Dodd, qui est sorti en touche, ce qui a
arrêté le chronomètre à trois secondes de jeu. Les Saints
ont pris leur dernier temps d'arrêt.

Kilmer s'est dirigé vers les lignes de côté pour recevoir
les instructions. C'était le moment de prendre une décision pour le nouvel entraîneur des Saints, J.D. Roberts.
(Tom Fears, entraîneur depuis 1967, avait été congédié
plus tôt dans la semaine et Roberts avait pris les commandes.) « Lance une passe désespérée le plus loin possible », a dit Roberts. « Non, a rétorqué l'adjoint, Don

Heinrich, tentons un placement. » Roberts a froncé les sourcils, puis il a souri : « O.K., jouons le tout pour le tout. »

Il a crié : « Équipe des bottés de placement ! » North demandait à Tom Dempsey de tenter un placement de soixante-trois verges. J'ai vu jouer de grands botteurs dans la NFL, des gars comme Lou Groza et George Blanda. À cette époque, un botté de plus de quarante verges était exceptionnel et le record était d'environ cinquante-quatre verges. Je n'étais pas le seul à penser que Roberts n'avait pas idée de ce qu'il faisait.

Le plaqueur défensif Alex Karras des Lions m'a demandé : « Il va faire quoi ? »

Je lui ai répondu : « Les Saints tentent un placement. »

« Tu veux rire de moi, dit Karras, ils vont botter de leur propre territoire. »

J'ai levé les épaules : « Ce n'est pas ma décision, Alex. »

Dempsey avait un pied déformé. Son pied se terminait environ à l'arche. Il portait une prothèse en cuir sur le moignon de son pied. Certains adversaires se plaignaient parce qu'il ne portait pas un soulier réglementaire. Je me disais qu'il ne portait pas un soulier normal parce qu'il n'avait pas un pied normal. Les officiels cherchent les avantages indirects, mais je n'en voyais pas ici.

Dempsey avait l'air aussi surpris que nous, mais il s'est amené sur le terrain respirant la confiance. La longue mise en jeu du centre Jerry Sturm fut parfaite. Le teneur de ballon Joe Scarpetti l'a déposé en plein sur la marque. Dempsey a fait sa course normale et a frappé le ballon. Droit comme une flèche, le ballon a traversé le but au moment même où le chronomètre marquait zéro. J'ai indiqué que le botté était bon et j'ai quitté le terrain au pas de course au moment où les joueurs des Saints ont quitté le banc pour venir féliciter Dempsey. Les Lions étaient figés, abasourdis et immobiles. C'était plus qu'incroyable.

Le *Times-Picayune* de la Nouvelle-Orléans en a fait une grosse manchette le lendemain : « Une reprise de Dempsey-Tunney. Dempsey a fait un long botté, Tunney l'a déclaré en jeu. » Sur la photo, on voyait Dempsey qui venait de terminer son botté, et moi, qui indiquais que le botté était bon, en arrière-plan.

L'exploit de Dempsey a tenu le record du plus long placement pendant vingt-huit ans (jusqu'au 25 octobre 1998, alors que le botteur Jason Elam des Broncos de Denver l'a égalé à la toute fin de la première demie d'un match contre Jacksonville).

Jim Tunney

L'amitié est une seule âme habitant deux corps.

Aristote

Le passeport ultime

*N'apprenez pas seulement les trucs du métier.
Apprenez le métier!*

James Bennis

Ma famille a déménagé plutôt souvent durant mon enfance et le sport était mon lien dans chacune des villes. Nous vivions au Maryland, les gens appuyaient les Colts. À Cincinnati, c'étaient les Reds; à Boston, les Celtics. J'ai toujours voulu être journaliste sportive et j'ai eu la chance que mes parents ne m'aient jamais dit: « Tu ne peux pas faire ce métier, les filles ne font pas ce métier. » Et j'étais déterminée. Ma famille a dû vivre avec cette passion. Quand les autres filles se déguisaient en Cendrillon pour l'Halloween, je m'habillais comme Sam Jones, le légendaire défenseur des Celtics!

Je suis devenue l'une des premières femmes journalistes sportives pour le *Boston Globe*, au début des années 1970. C'était une véritable chasse gardée à l'époque, et il y a eu plusieurs moments difficiles et mêmes humiliants. Lors d'un match des Steelers de Pittsburgh en 1976, j'attendais le quart-arrière Terry Bradshaw dans le stationnement pour faire une entrevue (il n'y avait pas de dispositions visant l'égalité d'accès au vestiaire à l'époque). Quand Terry est enfin arrivé et m'a vue avec mon calepin et mon crayon, il a signé un autographe avant de s'éloigner rapidement. Humiliée, j'ai dû crier: « Non, je suis journaliste et j'ai des questions à vous poser! » Pat Riley, l'entraîneur de la NBA, m'a un jour envoyé une note, et j'ai toujours gardé cette pensée avec moi. Il avait écrit: « Toute épreuve contient le germe d'un progrès équivalent; c'est à toi de le découvrir. » J'ai appris que la persévérance, la connaissance et un bon sens de l'humour peuvent faire toute la différence.

La beauté du sport, c'est qu'il est un merveilleux passeport – les chauffeurs de taxi aussi bien que les rois peuvent parler des Bulls de Chicago, ou des Cowboys de Dallas, ou des Yankees de New York. Le sport transcende toutes les croyances, même les nationalités.

Mon meilleur souvenir, comme journaliste sportive, remonte au milieu des années 1980 lorsque Martina Navratilova est retournée dans sa Tchécoslovaquie natale pour la première fois depuis sa défection aux États-Unis en 1976. Après son départ, elle a cessé d'exister derrière le Rideau de Fer. Personne n'écrivait à propos de ses merveilleux titres à Wimbledon ou de ses grandes réalisations. On l'ignorait officiellement – même ses parents ne pouvaient suivre ses succès. En ce jour pluvieux de 1986, elle revenait en tant que représentante des États-Unis à la *Federation Cup* et j'ai eu la chance d'en assurer la couverture. La nouvelle s'est répandue dans tout Prague : la grande Martina rentrait à la maison. Après l'atterrissage et au moment de descendre l'escalier de l'avion sur le tarmac, elle a vu des milliers de personnes qui avaient défié le gouvernement et étaient venues l'accueillir – des parents qui tenaient leurs enfants par-dessus un grillage à mailles losangées pour leur permettre d'apercevoir la grande championne tchèque. Elle en a été émue aux larmes, comme tous ceux qui se trouvaient là. Voilà un moment où le sport était à son meilleur, à son niveau le plus honorable.

Lesley Visser

Le bouillon de poulet à la rescousse

Premier janvier 1979. Le Cotton Bowl. Notre-Dame et Houston. Moins sept degrés Celsius, des bourrasques de vent atteignant 32 kilomètres à l'heure, et un facteur de refroidissement de moins vingt et un degrés Celsius. Dallas était devenue une immense patinoire à cause de la pire tempête de verglas depuis trente ans. Malgré cela, les Fighting Irish de Notre-Dame ont eu un départ fulgurant avec le quart-arrière Joe Montana, pour les mener à une avance de 12-0. C'est alors que la chance a favorisé Houston, 20-12 à la mi-temps. Qu'arrivait-il à Joe et à ses Fighting Irish?

Au moment où les équipes revenaient sur le terrain pour la deuxième demie, un grognement est monté chez les fidèles partisans des Irish, qui ont remarqué que Joe n'était pas sorti avec l'équipe. Peu après, on annonçait que Montana était resté au vestiaire... avec le médecin de l'équipe.

Le Dr Les Bodnar était le médecin de l'équipe de Notre-Dame depuis trente ans. Il ne lui fut pas difficile de diagnostiquer le problème de Joe. La peau pâle et moite de Joe était un symptôme évident. Joe insistait : « Mais, je ne suis pas malade, je tremble, c'est tout. »

La trousse noire du Doc Bodnar ne contenait aucun médicament meilleur qu'une tasse de bouillon de poulet chaud pour ce dont souffrait Joe. Grâce au cadeau de sa fille, Bethy, qui avait mis ce sachet de soupe dans le bas de Noël de son père, le médecin avait en main le parfait remède à ce moment-là. Pendant que, sous plusieurs manteaux, Joe buvait son bouillon de poulet, les cris de la foule qui parvenaient au vestiaire n'auguraient rien de bon.

L'entraîneur Dan Devine a dépêché Rick Slager, étudiant du troisième cycle et assistant, pour prendre des nouvelles de Joe. Slager est revenu en courant, essayant d'avoir l'air optimiste : « Sa température indique 36 degrés ! »

Joe a rejoint l'équipe sur le terrain seulement vers la fin du troisième quart, pas tout à fait remis, mais sa température était revenue à la normale. Pourtant, ce fut une mauvaise séquence : trois essais et perte du ballon. À la fin du troisième quart, Houston menait 34-12.

Les choses sont restées ainsi avec encore 7 min 37 à jouer lorsque Tony Belden du Notre-Dame a bloqué un botté de dégagement de Houston et que le ballon a volé dans les airs pour tomber dans les bras de Steve Cichy, qui a foncé dans la cohue et couru trente-trois verges pour le touché des Irish. Montana a lancé un converti de deux points et le compte était maintenant de 34-20. La chance allait-elle tourner ? La chaleur et les vertus curatives du bouillon de poulet avaient-elles opéré ?

Houston était maintenant à trois essais et perte du ballon pour sa prochaine possession. Montana a mené les Irish sur soixante et une verges pour un autre touché. L'avance de vingt-deux points des Cougar avait été réduite à six et il restait 4 min 15 à jouer.

En moins de deux minutes, Notre-Dame menaçait de nouveau. Montana a lancé une passe de seize verges pour ce qui semblait un premier jeu, mais le ballon a été arraché et Houston en a repris possession. Le chronomètre marquait 1 min 50. Misant sur un quatrième essai et une verge à franchir, Houston a choisi de foncer mais Notre-Dame les a arrêtés. Les Fighting Irish avaient possession du ballon, vingt-neuf verges à peine de la zone des buts et il leur restait vingt-huit secondes pour ce faire.

Montana a couru pour onze, puis il a rejoint Kris Haines pour dix autres, ce qui mettait le ballon à la ligne de huit. Houston a demandé un temps d'arrêt avec six secondes à faire.

Joe a choisi le jeu 91, destiné à rejoindre Haines une nouvelle fois sur les lignes de côté, mais quand Haines n'a pu se libérer de son couvreur, Joe a lancé le ballon en touche. Deux secondes au cadran. Joe a demandé à Haines s'il pouvait se libérer de nouveau. Haines a répondu « Oui ». Joe a souri, *Allons-y*. Et ils ont réussi. Comme le disait Joe plus tard: « Ce fut une passe parfaite. Elle semblait basse et à l'extérieur, mais c'était là qu'elle devait aller. C'était si serré. »

Haines a saisi le ballon au fond de la zone des buts au moment où le chronomètre marquait 0:00. Le compte était égal.

Joe Unis, un natif de Dallas, s'est amené pour le converti. Il l'a réussi, mais l'arbitre a décidé qu'il y avait procédure illégale, ce qui a reculé les Irish de cinq verges et forcé Unis à recommencer. Deux fois de suite, la victoire était au bout de son pied. Unis a réussi. 35-34, Notre-Dame.

La fille de Doc Bodnar avait-elle eu une vision, à l'effet qu'en l'espace d'une semaine après Noël, son père aurait besoin d'un sachet de bouillon de poulet pour sauver l'honneur des Irish et consolider la légende de « Come-back Joe »? C'est peu probable. Peut-être s'agissait-il simplement de la « Veine des Irlandais » et une autre circonstance où le bouillon de poulet est bon pour le corps et pour l'âme.

Bernie Kish

Elle ose courir l'Iditarod

Aller au bout de son talent n'est possible que si votre désir de devenir champion est plus fort que votre peur de l'échec.

Sammy Lee

Tekla est allongée à côté du traîneau, trop fatiguée pour continuer. Je regarde mon chien le plus expérimenté et je maudis mon sort.

Un mauvais virage pendant une tempête de neige m'a éloignée de plus de trente kilomètres du parcours. Les quatre heures perdues à retrouver la piste m'ont distancée des meneurs dans la plus longue course de traîneaux à chiens du monde, l'Iditarod, qui traverse l'Alaska, d'Anchorage à Nome. Comble de malheur, j'ai perdu Tekla pour le reste de la course.

Ce parcours exténuant de plus de 1 600 kilomètres prenait autrefois entre douze et trente-deux jours à franchir. Il reprend à peu près le parcours balisé au début des années 1900, à l'époque de la ruée vers l'or, entre les villes d'Iditarod et Nome et le port ouvert à l'année de Seward. Ceci est l'édition 1982 de l'Iditarod, qui se tient chaque année au début de mars depuis 1973.

Je suis née dans une famille aisée de Cambridge, au Massachusetts. Pendant les étés de mon enfance sur le bord de la mer, je passais tout mon temps dehors. De tous les animaux domestiques, mon chien était mon favori.

En vieillissant, j'aspirais à une vie qui combinerait les chiens et la vie au grand air. Au fond de moi, je savais qu'il y avait un endroit où je pourrais respirer plus librement et où mon succès se mesurerait à l'aune de mon travail ardu.

Je suis venue en Alaska en 1975, espérant y réaliser mon rêve. Aujourd'hui, sur le seuil de ma cabane située à 225 kilomètres au nord-ouest de Fairbanks, et où mon voisin le plus proche se situe à six kilomètres d'ici, je regarde ma meute de chiens de traîneau et je sais que mon rêve est aussi vrai que le Mont McKinley qui se profile à l'horizon. Et il est aussi stimulant que l'Iditarod.

Pendant trois ans, j'ai vécu dans la brousse, j'ai élevé des chiens huskies et j'ai préparé une meute pour mon premier Iditarod en 1978. J'ai terminé au dix-neuvième rang, un prix d'à peine quelques sous. Seuls les vingt premiers arrivés à Nome se partagent une bourse de 100 000 $. L'année suivante, j'ai terminé neuvième, et cinquième en 1980 et 1981.

Je possède cinquante chiens, dont quinze seulement font la course, bien que plusieurs autres soient toujours entraînés, prêts à prendre la relève. Un bon chien de course doit pouvoir trotter à dix-neuf km/h et pousser des pointes à vingt-neuf. Mes chiens sont des huskies de l'Alaska, descendants de chiens esquimaux et indiens, élevés pour avoir de l'endurance, et des pattes qui ne seront pas entaillées par la glace ou qui n'accumuleront pas de neige entre les coussinets. Les chiens pèsent en moyenne 23 kilos, ont de longues pattes et sont élancés. Ils doivent instinctivement aimer courir et avoir beaucoup d'endurance.

Cependant, chacun a une personnalité bien à lui. Chaque soir, après des courses d'entraînement qui peuvent atteindre 100 kilomètres, j'en invite quelques-uns dans ma cabane pour des gâteries et une discussion du travail de la journée. Copilot donne son avis en hurlant à tue-tête quand je commente son travail. Les autres battent de la queue à la mention de leur nom. Quand vient le moment d'examiner leurs pattes pour des blessures toujours possibles, Tekla et Daiquiri roulent sur le dos, les pattes en l'air et quémandent mon attention immédiate.

Février est arrivé, et je dois rassembler 700 kilos de nourriture et d'équipement qui seront disposés à vingt-quatre postes de contrôle le long du parcours : soixante-quinze sacs de jute remplis de mouton, de foie de bœuf, de viande de castor, de lard, de nourriture à chiens commerciale, de poisson, de bottillons pour protéger les pattes et des piles de rechange pour la lampe de tête que j'utilise tout au long du parcours. La viande doit être coupée en morceaux pour faciliter la consommation en route. Je dois préparer des boulettes de viande, de miel, d'huile végétale et de suppléments vitaminiques et minéraux.

Les chiens et moi arrivons à Anchorage pour nous intégrer aux cinquante-quatre *mushers* [meneurs de chiens] et 796 chiens qui participent cette année. Les gens parlent d'une piste glacée et de virages dangereux. Cela ne fait qu'ajouter aux papillons que j'ai dans l'estomac. Il ne reste qu'un jour avant que je ne me retrouve sur la piste, seule avec mes chiens, et la vie que j'adore.

Il y a si peu de neige à Anchorage cette année que le départ a été déplacé à quatre-vingt-quatre kilomètres au nord-est vers Settlers Bay. Les meutes s'élanceront à intervalles de trois minutes ; le hasard m'a attribué le vingt-sixième départ.

Mes chiens ont tellement hâte de partir qu'il faut se mettre à dix pour les retenir quand les premières meutes s'élancent. Mon amie Kathy Jones, qui m'a aidée à trouver le financement pour mes dépenses personnelles, s'installe dans le traîneau parmi le matériel que chaque concurrent doit transporter : des raquettes, une hache et un sac de couchage. Les règles exigent que chaque *musher* transporte un passager sur les premiers treize kilomètres en cas de difficultés de départ.

On me donne le signal, nous sommes partis! Un kilomètre et demi plus loin, nous dérapons dans une côte glacée et nous heurtons un arbre tombé. Kathy et moi ne ressentons que quelques douleurs, mais la meute a souffert. Cracker, Ruff et Screamer ne suivent pas le rythme. Malgré cela, nous dépassons deux meutes.

Kathy nous quitte à Knik Lake et je continue seule. À la tombée du jour, la neige commence à tomber. Une à une, je dépasse vingt-deux meutes, il n'en reste que trois devant moi.

Cracker, Ruff et Screamer cessent de tirer et commencent à boiter. Même si cela doit me ralentir, je les installe dans le traîneau pour éviter de nouvelles blessures.

Kilomètres après kilomètres, je me tiens sur les montants derrière eux. Nous devrions être à Skwentna, le troisième contrôle, à l'heure qu'il est. Je sens que quelque chose ne va pas. Au lever du jour, un *musher* me croise allant dans l'autre direction et me crie: « Nous sommes au moins seize kilomètres en dehors du parcours. »

Je vire de bord. Toute l'année, j'ai été habitée par une seule pensée: gagner. À présent, mes espoirs sont anéantis. Avec trois chiens blessés à bord, je ne peux reprendre le temps perdu. C'est alors que Tekla se met à boiter.

À 6 h 55, nous arrivons enfin à Skwentna, avec quatre heures de retard. Mes chiens sont épuisés. Je les nourris, je mène Cracker, Ruff et Screamer au point de secours d'où ils seront rapatriés par avion. Je masse l'épaule de Tekla. Je ne peux me permettre de la retirer si tôt dans la course.

Nous repartons. Soixante-douze kilomètres plus loin, à Finger Lake, je sais que ma Tekla a atteint sa limite. Les larmes coulent sur mon visage. Je dois abandonner celle qui a mené toutes mes meutes au cours de mes trois premiers Iditarods, qui m'a sauvé la vie plus d'une fois, qui peut même lire dans mes pensées. Elle semble aussi triste que moi quand je la laisse en attente d'un vol vers la maison.

Avec une meute de seulement onze chiens fatigués, je repars en direction de Nome, encore 1 500 kilomètres plus loin. À peine seize kilomètres franchis, je sais que je dois me reposer. Je me couche dans la neige à côté de Ali et de Copilot, mon nouveau chef de meute. Ils se lovent contre moi, et je leur masse les épaules et les pattes. D'autres meutes me dépassent. Ma confiance est ébranlée, mais je ne suis pas encore prête à abandonner.

De nouveau en route, je ne pense qu'à atteindre le poste de contrôle de Rohn, où les règles de la compétition m'obligent à prendre un repos de vingt-quatre heures. Au cours de ces deux premiers jours en piste, je n'ai dormi que quatre heures.

En montant Rainy Pass pour traverser la chaîne des monts Alaska, je ne suis pas pleinement concentrée. Je descends du traîneau pour permettre à la meute de monter une côte abrupte sans avoir à me traîner. J'ai mal évalué l'énergie de mes chiens ; ils repartent comme des flèches et disparaissent de ma vue avant que je n'atteigne le sommet.

Je les poursuis pendant dix kilomètres. Au tournant d'une courbe, je les aperçois, le traîneau est renversé mais intact. Ils jappent et battent de la queue comme s'ils me disaient : « Où étais-tu passée ? »

Je sais que cet incident a été causé par mon attitude défaitiste et je décide de ne plus recommencer. Nous arrivons enfin à Rohn à 17 h 01.

Après un repos de vingt-quatre heures et quatre repas chauds, ma meute hurle et jappe, elle a envie de repartir et ma détermination de ne pas abandonner la course est plus forte que jamais. Même Jimmy court de toutes ses forces malgré ses pattes blessées que j'ai soignées.

À la tombée de la nuit, il neige de plus en plus fort et la piste disparaît. Je réussis tout de même à rejoindre les meneurs qui se sont perdus et attendent la levée du jour.

Jusqu'ici, c'était le chacun pour soi, chaque *musher* pour lui-même. Mais en ce moment, nous devons travailler ensemble, nous relayant en tête dans la neige abondante et poudreuse. Dès que les circonstances le permettront, ce sera de nouveau chacun pour soi. Nous parcourons ainsi 568 kilomètres ensemble pendant quatre jours, dans ces conditions pénibles et qui prennent beaucoup de temps.

Rendus à Ruby, le ciel s'éclaircit, mais le mercure chute à moins quarante degrés au moment où je m'élance, seule, sur la rivière Yukon gelée. Si je reste trop longtemps sur le traîneau, je risque des engelures. Si je cours trop longtemps derrière le traîneau, je risque d'endommager mes poumons. J'alterne entre les deux modes de déplacement, sur le traîneau et en courant. Les pattes de Jimmy sont de plus en plus meurtries. Je dois le laisser à Galena. C'est alors qu'une tempête se déchaîne et obscurcit la piste. Ceux d'entre nous qui sont en tête se réfugient dans une tente de trappeur pour la nuit.

Une autre journée de voyagement nous amène à Unalakleet. Il ne reste que 436 kilomètres avant Nome! Le temps se gâte et les vents atteignent quatre-vingt-quinze km/h. Mes cils et ceux des chiens se couvrent de givre, et je dois faire de fréquents arrêts pour dégager leurs yeux et vérifier leurs pattes.

Il est minuit. Même avec ma lampe, je ne peux discerner les trépieds de bois qui délimitent la piste dans ce paysage plat et sans relief. Péniblement, de trépied en trépied, j'arrive enfin à Shaktoolik, le visage gelé. Lucy Sockpealuk nous accueille chez elle. Même les chiens. Il fait trop froid dehors pour qu'ils puissent se reposer calmement. De plus, impossible de leur donner à manger dehors car leurs écuelles partent au vent. Le matin venu, le vent souffle à 130 km/h, créant des congères de neuf mètres.

J'attends pendant cinquante-deux heures au village. Dès que la tempête se calme, tous les *mushers* repartent de plus belle. Il ne reste que 372 kilomètres, mais ce sera difficile. Nous fonçons dans la tempête, sept équipes de tête se déplaçant sans s'éloigner les unes des autres.

C'est alors que Taboo, épuisé d'avoir ouvert la voie dans la neige épaisse pendant trop longtemps, doit abandonner. Il me reste neuf chiens sur les quinze du départ. Emmitt Peters court présentement à dix chiens, Rick Swenson, à douze, et Jerry Austin, à quatorze. Malgré cela, je sens que la victoire est toujours à portée de main. Mon esprit se remplit de nouveau de pensées de victoire.

À soixante-cinq kilomètres de la ligne d'arrivée, nous rencontrons des vents aussi forts qu'à Shaktoolik. Quand ils diminuent d'intensité, Ali, mon meilleur chef de meute, est fatigué de prendre des ordres. Je place donc Copilot et Stripe en tête. Les deux chiens tirent fort et la meute prend son rythme.

Je suis maintenant en cinquième place, à peu de distance de Rick, Jerry, Emmitt et Ernie Baumgartner. C'est le dernier effort, il ne reste plus que cinquante kilomètres. J'ai une poussée d'adrénaline.

Je dépasse Ernie et je le distance. Je dépasse Emmitt, mais il s'accroche à moi. Nous passons le dernier contrôle et nous filons à toute allure; il ne reste plus que trente-cinq kilomètres. Quelqu'un crie que Rick et Jerry ne me devancent que de deux minutes. Emmitt me talonne toujours.

Stripe faiblit. Le changement est rapide, quarante secondes à peine pour remplacer Stripe par Ali. Emmitt est à ma hauteur quand je crie à Ali et Copilot : « Go ! Go ! Go ! » Dès que je sens mes chiens s'élancer, je sais que j'ai réussi. Bientôt, je laisse Emmitt derrière.

Ali a déjà couru vers Nome avec moi et il sent qu'il est dans le dernier droit. Il sait ce qu'il doit faire et il y va de toute son énergie. Les autres chiens répondent à ses efforts. Je poursuis sans relâche pendant treize kilomètres pour dépasser Jerry. Mais il reste toujours Rick, à peine visible au loin.

Mes chiens et moi y mettons toute notre énergie dans l'espoir de le dépasser, mais il arrive à Nome avant nous, avec une avance de trois minutes, quarante-trois secondes dans une course qui a duré seize jours. Des cris s'élèvent autour de moi et j'accepte avec gratitude le prix de deuxième place, 16 000 $. Le dernier *musher* n'arrivera que dix jours plus tard.

Cette étendue déserte est ma vie maintenant, et l'Iditarod en est son expérience suprême. Il ne me reste qu'un rêve, celui de terminer en tête.

Susan Butcher

NOTE DE L'ÉDITEUR : Susan Butcher a remporté l'Iditarod en 1986, la première de quatre victoires au cours des cinq années suivantes.

4

LES ÉQUIPES ET L'ESPRIT SPORTIF

Ma responsabilité est d'amener
mes vingt-cinq gars à jouer pour le nom
qui apparaît sur le devant de leur uniforme
et non pour celui qui figure derrière.

Tommy Lasorda

Couguar un jour...

Les gens qui agissent ensemble en tant que groupe peuvent accomplir des choses qu'aucun individu agissant seul ne pourrait jamais espérer réaliser.

Franklin D. Roosevelt

Les Couguars étaient l'équipe Cendrillon des Petites Ligues de notre ville, se rendant au match de championnat. La route vers le championnat de l'équipe avait débuté lorsqu'un de ses membres a été diagnostiqué d'un cancer. Jimmy se battait contre l'adversité tout comme ses bien-aimés Couguars.

Au début de la saison, les Couguars étaient donnés perdants, puis un miracle s'est produit. À mesure que la santé de Jimmy déclinait, les Couguars s'amélioraient, gagnant match sur match, ce qui mettait des sourires sur le visage de Jimmy quand ses parents lui racontaient les matchs pendant qu'il était assis dans son lit d'hôpital.

Il aurait tant aimé être sur le terrain avec eux, mais tous comprenaient que cela était impossible. Au lieu de pratiquer, de revêtir son uniforme et de jouer, il passait ses journées en traitement. Il était difficile de ne pas avoir le cœur brisé, et, de surcroît, de ne pas sentir une certaine gêne quand les traitements de radiation lui ont fait perdre ses cheveux. Il ne voulait pas que sa famille le voie ainsi, encore moins ses coéquipiers et ses amis.

Les semaines passaient, les Couguars continuaient de gagner, et Jimmy commençait à gagner sa bataille, lui aussi. Pourtant, il était toujours triste. Il n'avait vu aucun de ses amis depuis des semaines. Ses copains lui manquaient, mais il savait à quel point les enfants peuvent être cruels, particulièrement si on est un joueur chauve des Petits Ligues, alors il refusait toujours que ses copains lui rendent visite.

Un jour, le médecin est entré dans sa chambre avec une grande nouvelle. « Jimmy, tu vas si bien que tu peux enfin rentrer à la maison », dit-il.

Même s'il était encore trop faible pour jouer, Jimmy souhaitait voir ses Couguars jouer pour le championnat, mais il était gêné d'avoir perdu ses cheveux et il refusait de quitter la maison. Sa mère et son père ne cessaient de l'encourager, mais Jimmy s'entêtait… jusqu'au moment du match. Ses parents voyaient dans ses yeux qu'il avait envie d'y aller et ils l'ont supplié. Enfin, Jimmy s'est laissé convaincre. Il a accepté que sa maman et son papa l'emmènent au terrain de baseball. Il voulait encourager les Couguars.

En arrivant, Jimmy a descendu sa casquette des Couguars bas sur ses yeux en espérant que personne ne le remarquerait. Pas de chance. Des amis l'ont immédiatement reconnu et sont accourus vers lui avec des « high five » et des cris. « Tu viens dans l'abri, ont-ils dit. Tu es un Couguar! » Jimmy ne pouvait qu'accepter, tout excité.

L'heure du match! Un par un, les joueurs étaient présentés à la foule et chacun d'eux accourait sur le terrain. Puis, Jimmy a entendu son nom. Surpris et ravi, il a enfoncé sa casquette encore plus bas sur ses yeux et est parti à la course pour rejoindre ses coéquipiers. Ses parents ont vu le plus beau sourire depuis des mois.

C'est alors qu'on a entendu les premières notes de l'hymne national. Vous n'avez jamais vu un sourire disparaître aussi vite. Jimmy savait qu'il devrait enlever sa casquette et se montrer, sans cheveux, se sentant nu devant sa famille, ses amis et des étrangers. Alors qu'il s'apprêtait lentement à enlever sa casquette, Jimmy a vu ses coéquipiers enlever la leur avec de grands gestes et de larges sourires. Tous les Couguars s'étaient rasé la tête

en hommage à Jimmy! Jimmy a fièrement enlevé sa casquette et l'a mise sur son cœur.

Couguar un jour, Couguar toujours!

Tim Palesky

Cours théorique dans les Petites Ligues

*IN THE BLEACHERS par Steve Moore. © 1993 Tribune Media Services, Inc.
Tous droits réservés. Reproduit avec autorisation.*

Le jour où Lisa a perdu

Ne vous méprenez pas. Je ne vais pas parler des nombreux athlètes professionnels d'aujourd'hui qui ont développé l'attitude du « moi d'abord » après avoir été élevés dans la génération du gagner-à-tout-prix. Une génération sérieusement dépourvue de modèles et où la plupart des manchettes qui attirent notre attention parlent de ces athlètes qui ont des problèmes. Non, je veux parler des sports au niveau secondaire, où on apprend toujours des leçons de vie et où les athlètes concourent encore pour l'amour du sport et pour leurs coéquipiers.

Je sais que certains de vous se disent : « Les athlètes du secondaire d'aujourd'hui ne sont pas différents ! » Vous avez sans doute partiellement raison. Cette attitude du « moi d'abord » se répercute jusqu'aux athlètes du deuxième cycle du secondaire et même au premier cycle du secondaire.

Cependant, au milieu de tout ce monde, il y a une jeune fille du Wisconsin.

J'ai fait la connaissance de Lisa Kincaid sur le terrain de volley-ball de l'association où je suis instructeur alors qu'elle jouait pour une équipe rivale d'une autre école. Plusieurs fois j'étais de l'autre côté du terrain et je n'ai pu qu'observer, émerveillé par ses qualités d'athlète. La vitesse d'un guépard, la solidité mentale d'un vétéran et la capacité de faire un saut vertical de 80 cm ! (Du jamais vu chez une étudiante du secondaire. Et elle n'en était qu'à sa deuxième année !)

Alors qu'elle était encore à sa première année, j'ai eu la chance d'être l'instructeur de Lisa sur une équipe olympique junior de volley-ball des États-Unis, et c'est au cours de ces deux années que ma femme et moi avons appris à l'aimer et à la respecter – non seulement pour ses nombreux exploits sportifs, mais pour sa générosité et son humilité face à son entourage alors qu'elle était inondée d'honneurs. En plus d'être une des athlètes les plus faciles à diriger que j'ai connues, elle était la joueuse d'équipe par excellence et elle s'efforçait d'être humble.

Si quelqu'un pouvait se payer le luxe d'être impudente ou fière d'elle, c'était bien Lisa. Non seulement était-elle une des meilleures joueuses de volley-ball et de basket-ball de l'État, mais elle est devenue une véritable légende de l'athlétisme au Wisconsin. À quel point excellait-elle? Elle n'a pas perdu une seule fois en soixante-quatre rencontres de suite de l'association. Elle s'est rendue aux finales d'État au cours de chacune de ses quatre années du secondaire, d'où elle est revenue avec six titres d'État. Souvent, elle était la seule représentante de son équipe dans les compétitions d'État et, sans aucune autre aide, elle permettait à son école de terminer aussi haut qu'au troisième rang.

Jamais, elle ne se vantait de ses accomplissements. En réalité, elle était mal à l'aise de parler de ses réussites et elle tentait habituellement de faire dévier la conversation vers les performances de ses sœurs cadettes ou de ses coéquipières. En plus d'être son instructeur de volleyball, j'ai pu la voir participer à plusieurs rencontres d'athlétisme, car ma société de production vidéo avait le contrat de réaliser des vidéos d'athlétisme pour les autres écoles secondaires de l'association. Je l'ai vue souvent prêter ses chaussures à une concurrente qui avait oublié les siennes, ou ralentir à la fin d'une course pour terminer au même rythme que sa sœur, toutes deux souriantes en traversant le fil d'arrivée. Aussi, je me souviens clairement de Lisa allant voir une athlète d'une équipe concurrente pour lui souhaiter bon anniversaire. Le visage de la jeune fille s'est illuminé alors qu'elle décrivait à Lisa ses plans de fête d'anniversaire pour le soir même. J'ai souri en m'éloignant, car je savais que c'était également l'anniversaire de Lisa, mais elle n'en a jamais soufflé mot à sa concurrente.

Malgré tous ces exploits et ces démonstrations d'esprit sportif, il y a une rencontre d'athlétisme au cours de son avant-dernière année qui restera toujours gravée dans ma mémoire et qui illustre ce qu'il y a encore de bon dans le sport de nos jours.

C'était une rencontre hors-association vers la fin de la saison et l'entraîneur de Lisa lui a dit qu'il avait besoin d'elle pour courir le mille. Lisa n'avait jamais participé à cette épreuve, mais elle a accepté de faire ce qui était le mieux pour l'équipe.

Lisa a facilement distancé ses concurrentes mais au dernier tour, elle a semblé fatiguée. Deux athlètes de l'autre équipe l'ont dépassée, puis au tour de Jane (nom d'emprunt), la coéquipière de Lisa. Lisa s'est maintenue tout juste derrière sa coéquipière pour terminer la course sur ses talons.

Pour la première fois de sa carrière en athlétisme, Lisa avait perdu une compétition.

Voyez-vous, les athlètes participant au programme sur piste où était inscrite Lisa doivent accumuler un certain nombre de points pour devenir membres de l'équipe d'élite. Lisa savait que Jane, une finissante, devait terminer au moins au troisième rang pour faire partie de l'équipe d'élite pour la première fois. Lisa savait également que les deux athlètes de l'autre équipe allaient probablement finir devant Jane si elles couraient dans leurs temps obtenus au cours de la saison. Sauf en cas de blessure pendant la course, Jane finirait probablement en troisième place – du moins jusqu'à ce que l'entraîneur décide d'inscrire Lisa à cette épreuve.

Lisa avait tout cela en tête au moment de s'aligner pour le départ de la course. Je me suis demandé pourquoi elle arborait ce petit sourire après avoir « perdu » pour la première fois de sa vie. Après quatre années de dur labeur, Jane a enfin fait partie de l'équipe d'élite et elle a aidé son école à remporter les honneurs.

Quant à Lisa, ce jour-là, celui où elle a perdu, elle a gagné mon respect et mon admiration, et elle s'est imposée à moi comme le modèle dont cette génération a tant besoin.

Michael T. Powers

La folle aventure
de Phil Esposito

Au printemps de 1973, les Bruins de Boston avaient été exclus des éliminatoires de la Coupe Stanley par les Rangers de New York. Pendant les séries, l'étoile des Bruins, Phil Esposito, après une mise en échec de Ron Harris, s'était retrouvé à l'hôpital où les médecins avaient diagnostiqué des ligaments du genou déchirés. La jambe du centre-étoile avait été mise dans le plâtre pour protéger la blessure.

Quand les joueurs de Boston ont décidé de tenir une fête de fin de saison, l'un d'eux a fait remarquer que « la fête ne serait pas la même sans Esposito, le leader de notre équipe ». Les autres ont acquiescé. Il fallait que le champion marqueur de la LNH soit présent, même si ce ne devait être que brièvement. Ils sont donc partis vers l'hôpital pour le chercher.

Pendant que deux joueurs des Bruins affectant d'être des vigiles attiraient l'attention du personnel de l'hôpital, plusieurs autres joueurs ont furtivement transporté Esposito, toujours sur son lit d'hôpital, le long d'un corridor, dans un ascenseur puis vers la sortie. Malheureusement, dans la hâte de leur départ audacieux, ils ont brisé une grille.

Le lit et son célèbre occupant ont filé dans la rue sous les regards ahuris des passants et les klaxons d'automobiles. Les Bruins, menés par Wayne Cashman et Bobby Orr, ont poussé leur leader vers un restaurant près de l'hôpital. Rendus à une intersection très fréquentée, Orr a crié : « Phil, signale un virage à gauche », et le bras d'Espo est sorti de sous les draps.

Après la fête, on a ramené Espo à l'hôpital. Les autorités n'ont pas trouvé drôle le kidnapping de leur célèbre patient. Non seulement les Bruins ont été réprimandés pour leur écart de conduite, mais on leur a présenté une facture de quatre cents dollars pour avoir endommagé la propriété de l'hôpital.

Ils ont disposé de la facture d'une manière prévisible. Pendant qu'Espo dormait, ses coéquipiers ont délicatement glissé la facture sous son oreiller.

Brian McFarlane

Les choses tournent toujours au mieux pour ceux qui tirent le meilleur de toute situation.

Daniel Considine

C'est la façon dont on joue

Dans mon jeune âge, je me souviens d'avoir lu et entendu plusieurs fois : « L'important n'est pas de gagner ou de perdre, c'est la façon dont on joue. » Malgré cette affirmation positive constante, je n'y croyais pas. Le vrai monde m'avait enseigné l'importance de gagner. Terminer au premier rang dans tout ce que j'entreprenais était devenu pour moi une priorité. Et si cela n'était pas le cas, « comment j'avais joué » n'avait aucune importance. Dans mon esprit, la deuxième place signifiait le premier perdant.

J'ai appris depuis que cette attitude de gagnant-rafle-tout finit par mener une personne à la frustration et à la tristesse, quelle que soit l'étape de sa vie. C'est le domaine du sport – en particulier comme amateur de lutte de compétition – qui m'a ouvert les yeux à la valeur de faire de mon mieux et d'être fier des résultats, quels qu'ils soient.

Mon fils Kevin adorait la lutte quand il était jeune. Je me rappelle l'avoir accompagné à sa première pratique alors qu'il n'avait que dix ans. Au cours de cet après-midi chaud de printemps, nous sommes entrés dans la salle de lutte de l'école secondaire Father Ryan, et il a tout de suite voulu savoir ce qu'il y avait sur le mur du fond. En nous approchant, il a pu voir qu'il s'agissait d'une vingtaine de plaques, chacune avec la photo d'une personne. Je lui ai expliqué que tous ces gens étaient des lutteurs de Father Ryan qui avaient gagné un championnat d'État.

Des années plus tard, au moment d'entrer au secondaire, il était évident que Kevin avait beaucoup de talent pour les sports. Même en première année, il était un lutteur prometteur et il a continué de s'améliorer d'année en année. En dernière année du secondaire, il était capitaine d'une équipe qui avait atteint une performance incroyable, et il s'est présenté au tournoi de l'État comme le favori.

Il a gagné son premier match... il a gagné son deuxième match... il a gagné son troisième match... et il a gagné son quatrième match. Nous en étions à la finale du tournoi d'État, prêts à récolter notre championnat. Malheureusement, le match suivant ne s'est pas bien déroulé. J'ignore si c'était à cause du stress de la saison, du niveau de compétition ou d'une simple malchance, mais Kevin a chuté au début du match et il n'a jamais réussi à se reprendre. En regardant les secondes s'égrener à la fin de la dernière période, il était clair qu'il n'allait pas gagner.

Sa saison était terminée, sa carrière au secondaire était terminée et nous n'avons pas remporté le championnat d'État. J'étais anéanti. Je me sentais affreusement mal et je savais que la déception allait durer longtemps. Je crois bien qu'à ce moment vous auriez pu me frapper à la tête avec un madrier et je n'aurais rien senti. J'étais en état de choc, incapable de croire à ce qui venait de se produire et incapable de l'accepter.

Tristement, j'ai regardé Kevin enlever son casque lentement, serrer la main de son adversaire, et attendre calmement au centre du tapis que l'arbitre lève la main de son adversaire victorieux. Il est alors discrètement sorti du gymnase.

Quelques semaines plus tard, j'ai reçu par la poste un bulletin de l'école Holy Rosary que Kevin avait fréquentée au primaire. Le directeur de l'école avait écrit ce qui suit :

Un de nos récents gradués a fait l'objet de reportages dans la section des sports de notre quotidien local. Dans deux des articles consacrés à Kevin Baltz, on a parlé de ses prouesses dans le domaine de la lutte. Même si Kevin jouit d'une réputation enviable à l'échelle de l'État dans le sport de ses rêves, les articles soulignaient sa noblesse de caractère.

Nous qui avons connu Kevin pendant ses années à Holy Rosary ne sommes pas étonnés qu'il ait été ainsi honoré. Nous avons apprécié sa force d'âme ici même. Sa politesse impeccable dont parlent aujourd'hui les journalistes sportifs était ce qui caractérisait Kevin Baltz il y a cinq ans. Son attitude d'abnégation, le respect de ses pairs, son dévouement envers ses amis et son esprit de collaboration étaient très évidents.

Nous sommes fiers que la personnalité de Kevin ait laissé sa marque à l'école secondaire Father Ryan et dans le sport de la lutte au Tennessee. Nous sommes reconnaissants qu'il ait fait partie de notre vie ici. Que sa sagesse continue de toucher ceux qu'il rencontrera au cours sa vie.

Quand j'ai lu ce texte, je me suis assis et me suis mis à pleurer. En pensant à Kevin, c'étaient des larmes de joie. N'importe quel parent serait fier de lire de tels commentaires à propos de son enfant. Chez moi, par contre, c'étaient les larmes d'une effroyable déception.

Vous savez, j'ai assisté à chacun des matchs de lutte de Kevin au secondaire, et pourtant je n'avais pas remarqué les qualités exceptionnelles qui avaient été soulignées par les commentateurs sportifs et par son directeur d'école. Je me concentrais sur les succès, les victoires, les championnats. Quand il n'a pas remporté cette dernière victoire, j'ai été particulièrement blessé et déçu. J'avais omis de remarquer que Kevin travaillait fort pour mériter la victoire, mais qu'il faisait toujours preuve de caractère, qu'il gagne ou qu'il perde. À cet instant, mon fils de dix-huit ans est devenu mon mentor. Il m'a appris que la recherche de la victoire est un noble idéal, mais que les gagnants dans la vie préfèrent la persévérance plus que la victoire elle-même.

J'aurais aimé que mon fils gagne le championnat d'État et qu'il ait sa plaque sur le mur de la salle de lutte au Father Ryan. C'était son objectif, et je sais à quel point il désirait l'atteindre. En réalité, il a reçu tellement plus en ne gagnant pas. Parce que sa plaque de championnat aurait été affichée à ce mur pour toujours, vue par les seules personnes qui fréquenteraient cette salle. Aujourd'hui, à chaque instant de chaque jour, peu importe où je suis ou avec qui, je porte en moi un bonheur beaucoup plus grand dont je suis certain que la plupart des gens remarquent. Et ce bonheur dit : « Je suis fier de mon fils. »

J'applaudis les efforts et les réalisations de mon fils et sa grandeur d'âme d'accepter qu'il a fait de son mieux. Il m'a enseigné une grande leçon à propos du jeu de la vie qui m'a profondément marqué, et je ne peux que lui être reconnaissant de sa sagesse. J'ai maintenant trouvé une paix intérieure : plutôt que d'accepter la défaite comme résultat, je reconnais que ce n'est qu'une étape vers la maturité.

En réalité, nous subissons tous des revers dans notre vie, dont certains peuvent nous détruire physiquement, psychologiquement et financièrement. Notre défi consiste à continuer sans relâche et à apprécier la compétition, quelle que soit l'issue. Il est certain que nous rencontrerons des obstacles, que nous essuierons des revers, que nous connaîtrons la défaite. C'est inévitable. Mais gagner dans la vie n'est pas fonction du compte final. Ça ne se mesure qu'à « la façon dont on joue ».

Larry Baltz

Marquer son point

L'énergie et la persévérance triomphent de tout.

Benjamin Franklin

En tant qu'entraîneur au secondaire, j'ai rapidement appris que la façon la plus facile de procéder aux premières coupures était de chercher ce qu'un jeune ne pouvait pas faire. Quand vous êtes le seul entraîneur et que près de cinquante garçons se présentent aux épreuves de sélection, une simple liste de vérification est la meilleure façon d'en éliminer la moitié, et il est préférable de le faire au cours des deux ou trois premiers jours. Si, à titre d'exemple, un garçon ne sait pas manipuler le ballon, le lancer ou au moins avoir un crochet dans la case « donner toujours son maximum/les indéfinissables », de toute évidence, il ne sera d'aucune aide pour l'équipe. Voilà la dure et froide réalité d'être un entraîneur et de former une équipe.

Cette année-là, un garçon nommé Tim s'est vite retrouvé avec ces X dans plusieurs domaines. Grand de stature, mais quelque peu maladroit, il ne manipulait pas bien le ballon. Par contre, il avait reçu une bonne marque pour ses efforts constants, et il était un surprenant bon lanceur au panier. Il a donc résisté à la première coupure, même s'il n'était ni naturel ni athlétique pendant les entraînements ou durant les parties. Il y avait une autre chose dont il était incapable, et je m'étais assuré de la noter sur ma feuille dès le début: il ne pouvait pas entendre. Tim était un sourd profond, le premier étudiant malentendant à se présenter aux qualifications d'une équipe dont j'étais l'entraîneur.

Les premiers choix sont toujours faciles, mais c'est la suite qui devient plus difficile. Les meilleurs joueurs se démarquent tellement que même un amateur non averti peut les repérer. Par contre, cette année-là ne comptait pas de très bons joueurs pour le basket-ball; il n'y avait que trois ou quatre garçons qui semblaient prometteurs. Il serait difficile de choisir le reste des douze joueurs qui constitueraient l'équipe. Au moment de choisir les deux derniers, Tim était toujours là. Il donnait toujours son maximum, ce qui plaît toujours aux entraîneurs, et il ne ratait aucun lancer de moins de trois mètres durant les pratiques. En fait, si nous avions joué au « 21 », il aurait été mon premier choix, mais il n'arrivait pas à manœuvrer dans la mêlée pour lancer des paniers. Je ne pouvais oublier non plus qu'il ne pouvait pas entendre. Je ne pouvais pas le lui reprocher, mais je devais être réaliste et penser aux difficultés que son handicap ne manquerait pas de causer. Finalement, après avoir tout pris en considération, des absences jusqu'au pourcentage de réussite des lancers-francs, Tim a fait l'équipe.

Il cherchait toujours à me faire face quand j'expliquais les jeux ou les défenses, et il lisait assez bien sur les lèvres pour suivre les autres joueurs dans tout ce que j'enseignais à l'équipe. J'exigeais que mes joueurs « parlent » en défense, pour s'informer les uns les autres d'où venaient les écrans, et ainsi de suite. Cela posait problème, mais Tim était intelligent et a si bien observé la surface de jeu qu'il a beaucoup amélioré sa défense. De plus, ses coéquipiers faisaient habituellement tout pour lui venir en aide.

Je crois que notre record cette année-là a été de 6-8. Tim a fini par jouer environ 10 minutes au total, habituellement lors de matchs où l'issue était presque décidée, d'une manière ou d'une autre.

Je me souviens de deux moments en particulier au cours de cette saison et ils n'avaient rien à voir avec une victoire ou une défaite. Lors d'un match, un de nos arrières a subtilisé le ballon à l'autre équipe près de la ligne des lancers-francs et a rapidement remis le ballon à Tim. Cependant, l'arbitre a sifflé, tardivement, pour souligner une faute sur le jeu. Tous les joueurs se sont arrêtés, sauf Tim. Il a couru au centre du terrain, croyant que les autres joueurs étaient à sa poursuite. Il s'apprêtait à faire un lancer en foulée. L'arbitre a sifflé de nouveau, mais Tim a poursuivi son chemin pour mettre le ballon dans le panier. Ce n'est qu'au moment où le ballon a traversé le panier qu'il s'est retourné pour réaliser que tous les autres joueurs se trouvaient à l'autre bout du terrain. Des spectateurs ont ri, mais quand Tim m'a regardé, j'ai souri et tapé dans mes mains en articulant bien les mots « Bon lancer ! ». Quelques-uns de nos joueurs sont allés lui faire un « high five » et échanger des sourires. Tim était gêné mais sans plus.

L'autre moment est survenu quelques matchs plus tard. Nous perdions par une bonne marge et il ne restait que deux minutes de jeu. J'ai fait jouer tous les réservistes et Tim a récupéré plusieurs rebonds avant la fin du match. Il ne restait que quelques secondes quand un adversaire a commis une faute sur Tim en cherchant à récupérer un ballon libre. La marque ne comptait plus (dans la mesure où des joueurs au début du secondaire peuvent oublier le pointage) et toute l'équipe sautait de joie sur les lignes de côté. Tim était le seul joueur à n'avoir marqué aucun point au cours de l'année. Je suis certain que les autres amateurs ont été intrigués lorsque notre équipe a explosé de joie au moment où le ballon pénétrait dans le filet. Après tout, nous tirions encore de l'arrière par vingt points. Tim a fait un pas arrière et nous a regardés, fier et souriant. De bien des façons, Tim avait marqué son point – haut et fort.

J. Michael Key

Un matin de mai

Même au terrain de jeu, je ne choisissais jamais les meilleurs joueurs. Je choisissais les joueurs qui avaient moins de talent mais qui étaient prêts à travailler fort, qui désiraient être les meilleurs.

Earvin « Magic » Johnson

« Partie remise à cause de la pluie ! » Si la plupart des amateurs de sport n'aiment pas entendre cette phrase, moi, je l'aimais. C'était particulièrement vrai à ma deuxième année de secondaire.

« Pluie » signifiait que la partie de balle molle en classe de gym à l'extérieur était annulée pour la journée à cause de la température inclémente et que le professeur d'éducation physique proposerait une autre activité, moins compétitive pour des élèves de deuxième secondaire, à pratiquer à l'intérieur.

Ce printemps-là, j'adorais qu'il pleuve les jours de gym, car cela allait m'éviter, ainsi qu'à quelques autres, l'humiliation d'être choisie en dernier lieu par les capitaines (nommées par le professeur) dans la formation de leurs équipes.

Même alors, à treize ans, je ne pouvais pas croire qu'il n'y avait pas d'autres façons de constituer des équipes. Pourquoi le professeur ne pouvait-il pas nous faire compter, un, deux, un, deux ? Tous les « un » formeraient une équipe, les « deux », l'autre. Ou pourquoi ne pas procéder par ordre alphabétique ? Celles dont les noms commençaient par A à L formeraient une équipe, celles dont les noms commençaient par M à Z, l'autre. N'y avait-il pas une manière d'éviter à celles d'entre nous qui n'étaient pas « douées pour les sports » – qui ne pouvaient lancer,

attraper ou frapper une balle correctement – d'être humi-
liées et d'être laissées là avec une ou deux autres, telles
des « rejets » ?

Imaginez le portrait : d'un côté du terrain, un groupe
de joueuses recherchées déjà choisies ; de l'autre, un petit
groupe de joueuses pitoyables espérant être choisies.
C'était une image terriblement déséquilibrée.

Je rêvais et je souhaitais une nouvelle façon de faire,
je faisais même des cauchemars de cette réalité.

Nous, les filles pas douées pour le sport, nous sentions
comme des jouets brisés et sortis de leurs emballages,
empilés sur une table de soldes au lendemain de Noël et
portant une étiquette « réduit de 75 % ». Nous nous sentions comme des livres dans des bacs réservés aux inven-
dus qu'aucun lecteur digne de ce nom ne daignait choisir.
Nous nous sentions comme des chatons à la fourrière,
abandonnés, pendant que d'autres partaient avec des
familles qui habitaient des maisons blanches, garnies de
géraniums sur le bord des fenêtres et agrémentées de
banquettes sous les fenêtres pour les petites siestes au
soleil de fin d'après-midi. Nous nous sentions comme des
orphelines dans un orphelinat dont les compagnes de
chambre avaient été adoptées.

Pourtant, ces sentiments ont changé un matin de mai.

Elle s'appelait Joan. Le prof de gym la choisissait
presque toujours comme une des capitaines, car elle était
une bonne joueuse. Plus grande et plus lourde que la
moyenne, elle avait la puissance pour frapper la balle
très loin. Plus forte et plus musclée que la moyenne, elle
avait l'endurance requise pour lancer et courir rapidement. Sans aucun doute, Joan était une vedette et, pour
cette raison, la capitaine.

Mais ce que Joan a aussi démontré – du moins en ce
matin de mai dont je me souviens – c'était son courage.

Quand Joan a gagné le tirage au sort ce matin-là, cela voulait dire qu'elle avait la possibilité de choisir en premier pour son équipe. Cela signifiait aussi qu'elle avait l'occasion de choisir la meilleure joueuse. Après quelques instants de réflexion sur ses choix possibles, et le rappel du professeur que nous n'avions pas beaucoup de temps pour jouer, Joan a fait son premier choix.

Le premier nom lancé par Joan a été le mien. Joan m'avait choisie! Et après moi, son choix a été également une personne qui n'avait pas beaucoup de talent.

Joan – peut-être dans un élan de générosité spontanée, ou faisant preuve de délicatesse; cela n'a pas d'importance – nous a fait une belle leçon d'esprit sportif ce jour-là. Elle a fait preuve d'équité et de générosité d'esprit. De plus, je suis certaine que Joan a appris à plusieurs des filles comment perdre avec grâce, car bien que je ne me souvienne plus du score à la fin du cours en ce matin de mai, je me doute bien que l'équipe de Joan a perdu.

Par contre, ce que chacune de nous a appris ce jour-là est une leçon que nous pouvons appliquer non seulement dans nos professions, mais dans nos interactions quotidiennes. Nous avons appris comment les autres peuvent se sentir mieux en les faisant se sentir acceptées.

N'est-ce pas là un jeu qui fait de chacun de nous un gagnant?

Ellen E. Hyatt

Quand le silence est d'or

Au basket-ball, vous pouvez être le meilleur joueur au monde et pourtant perdre chacun de vos matchs, car une équipe battra toujours un individu.

Bill Walton

Champion américain de Princeton au basket-ball, membre (avant à l'alignement de départ) de l'équipe olympique des États-Unis en 1964, boursier Rhodes, membre de deux équipes championnes du monde au cours de sa carrière de 10 ans avec les Knicks, ancien sénateur du New Jersey, candidat à la présidence des États-Unis. Voilà Bill Bradley, ou du moins une petite partie de l'homme.

En ma qualité d'arbitre dans la NBA, j'ai pu reconnaître son talent et son habileté alors qu'il jouait pour les Knicks. Il possédait un formidable lancer coulé et c'était un leader – un champion dont l'éthique du travail n'avait d'égale que sa capacité d'être aussi généreux dans la victoire comme dans la défaite. Pourtant, l'incident qui l'a rendu spécial à mes yeux s'est produit aux Jeux olympiques de Tokyo en 1964.

Les États-Unis rencontraient l'Union soviétique lors d'un match chaudement disputé pour la médaille d'or. Au cours du match, Bradley a été repoussé hors de la bouteille par un gros Russe imposant qui, d'un coup de coude au plexus, a envoyé au plancher le grand Bradley de 2 mètres. Bradley s'est relevé, s'est avancé vers le joueur et dans un russe impeccable a dit: « S'il te plaît, arrête ça, mon grand. »

Depuis le début, l'équipe russe criait ses stratégies de jeu en russe. Après la remarque de Bradley, s'étant exprimé parfaitement en russe, les joueurs ont cessé totalement de communiquer, craignant que Bradley les comprenne et dirige ses coéquipiers en conséquence.

Bradley ne connaissait pas assez bien le russe pour comprendre leurs brefs cris codés. Il l'avait appris juste assez pour être poli. Quand il a dit « arrête », il a également-ment dit « s'il te plaît ». C'était la manière Bradley. Cette fois, pourtant, sa courtoisie coutumière a mené l'équipe soviétique à la défaite. Les États-Unis ont remporté la médaille d'or.

Joey Crawford

Marty et Bill en avaient assez d'être toujours choisis en dernier à la classe d'éducation physique.

CLOSE TO HOME. ©*John McPherson. Reproduit avec l'autorisation de Universal Press Syndicate. Tous droits réservés.*

Un engagement
est un engagement

Quelque temps avant de remporter le Masters de 1960, Arnold Palmer s'était engagé à participer, peu après le Masters, à un match d'exhibition à un club de golf. Le lundi suivant le Masters, j'ai reçu un appel (en tant qu'agent d'Arnie) des organisateurs de l'événement. Ils présumaient qu'Arnold ne serait plus disponible ou que son cachet allait augmenter considérablement suite à sa victoire au Masters.

Je suis allé voir Arnold pour savoir ce qu'il voulait faire.

« Mark, a dit Arnold, rappelle-leur qu'ils m'ont invité bien avant que je ne gagne un tournoi majeur. Je respecterai mon engagement et, pour leur montrer combien j'apprécie leur confiance en moi, je retournerai l'an prochain, au même cachet. »

Les gens disent que sa grande fortune et son immense popularité n'ont pas changé Arnold Palmer. Cette histoire au début de sa carrière montre bien qu'il est parti d'une base solide. Il est plus facile de rester soi-même lorsqu'on part du bon pied.

Mark H. McCormack

Coéquipiers pour la vie

Une des choses que les athlètes de niveau secondaire et collégial ne comprennent que plus tard dans la vie, c'est que les jeunes garçons et les jeunes filles qu'ils appellent aujourd'hui des coéquipiers compteront parmi les meilleurs amis qu'ils auront pendant toute leur vie.

Je suis demeuré près de plusieurs de mes coéquipiers de l'équipe de football de la Macon High School (Missouri) de la fin des années 1970. L'un d'eux s'appelle Greg Hyatt.

Hyatt, un demi, était le genre de joueur qui devait frapper un adversaire à tous les jeux. S'il ne pouvait rejoindre le porteur du ballon, il lui fallait frapper un autre joueur. Lui et moi étions les deux seuls joueurs de notre classe à avoir mérité d'évoluer sur la première équipe à chacune de nos quatre années de secondaire.

Je me souviens d'un match lors de notre dernière année qui nous opposait à un de nos grands rivaux. Ce fut aussi un match très intense, rempli d'émotion et de nombreux coups. Au début du match, un joueur adverse essayait de me bloquer sur un retour de botté de dégagement. Je l'ai évité, mais au moment où je passais près de lui, il m'a frappé sur le côté de la tête. Je dois admettre que j'ai été ébranlé, mais pas au point de ne pas remarquer son numéro.

Il a fallu attendre deux autres quarts, mais l'occasion s'est enfin présentée de le frapper solidement et proprement, ce que j'ai fait. Il s'est écrasé sur un amas de joueurs et s'est relevé plutôt en colère. Je me suis soudain retrouvé face à face avec non seulement ce joueur, mais deux ou trois de ses coéquipiers. La situation n'a pas duré, par contre, car Hyatt s'est retrouvé à mes côtés en moins de deux.

Quand on a besoin d'un ami, on peut toujours compter sur ses coéquipiers.

Dix ans plus tard, j'ai vécu une confrontation d'un autre genre, une confrontation avec l'adversité. Ma première femme, qui avait été asthmatique toute sa vie, a été victime de sa pire crise. Elle est morte dans ma voiture alors que je la conduisais à l'hôpital. Le personnel de l'urgence a pu la réanimer, mais elle a été transférée au service de traumatologie dans un profond coma.

Je me rappelle que je regardais la ville par la fenêtre de la salle d'attente. Les membres de la famille étaient là, mais il y a des moments où on préfère simplement parler à un ami. Soudain, j'ai entendu des pas dans l'escalier. Quand je me suis retourné, j'ai vu mon vieil ami Hyatt, les larmes aux yeux.

En l'apercevant, j'ai été envahi d'un sentiment étrange et pourtant réconfortant et familier. Pendant un instant, je me suis revu sur le terrain de football à Macon. Je faisais face à une situation difficile, mais j'avais du soutien.

Sa présence m'a fait le plus grand bien, et c'est toujours le cas aujourd'hui. C'est une histoire que je raconte aux élèves du secondaire dès que j'en ai l'occasion. Que les gars avec lesquels vous êtes allés au combat au secondaire seront certains des meilleurs amis que vous aurez jamais.

Ma vie a beaucoup changé depuis ce soir d'octobre 1988, mais mon amitié avec Greg n'a pas changé.

Après tout, nous sommes des coéquipiers, et les coéquipiers sont toujours là pour s'entraider, même quand les cris de la foule ont cessé depuis longtemps.

Jim Brown

On récolte ce qu'on a semé

Ne laissez jamais hier prendre trop de place sur aujourd'hui.

Texas E. Schramm

Un collège du nord de l'Utah a émis une directive unique selon laquelle les élèves souffrant d'un handicap physique ou mental devaient être pleinement intégrés dans les classes et les programmes normaux. Pour mettre cette directive en pratique, l'administration a créé un programme de mentorat qui associait chaque élève nécessitant des besoins spéciaux avec un élève traditionnel qui devait l'aider.

Le directeur des sports a soumis l'idée au capitaine de l'équipe de football. John était un grand jeune homme, fort et intense – pas du genre patient et compatissant qu'exigeait ce programme. Il a fait savoir bien clairement que cela « n'était pas pour lui » et qu'il n'avait pas le temps de devenir mentor. Mais le directeur des sports savait que cela serait bon pour lui et il a insisté pour que John « se porte volontaire ».

John a été associé à Randy, un jeune homme souffrant du syndrome de Down. Réticent et irrité au début, John a littéralement essayé de « perdre » Randy, mais bientôt, il en est venu à apprécier sa présence constante. Non seulement Randy assistait à chacun des cours de John et mangeait avec lui le midi, mais il assistait aussi aux pratiques de football. Après quelques jours, John a demandé à l'entraîneur de nommer Randy gérant officiel, responsable des ballons, du ruban gommé et des bouteilles d'eau. À la fin de la saison, l'équipe a remporté le championnat d'État et John a reçu la médaille d'or attri-

buée au joueur le plus utile à son équipe de tout l'État.
Randy a reçu un blouson aux couleurs de l'équipe du collège. L'équipe a applaudi quand Randy l'a revêtu. C'était
la plus belle chose qui ne lui soit jamais arrivée ; de ce
jour, il ne l'a jamais enlevé. Il dormait avec et le portait
tout le temps pendant les week-ends.

La saison de basket-ball a débuté, et John était aussi
le capitaine et la vedette de l'équipe. À la demande de
John, Randy a de nouveau été nommé gérant des équi-
pements. Pendant la saison de basket-ball, ils étaient
inséparables. Non seulement John invitait-il Randy à
l'accompagner lors d'occasions spéciales – comme les
danses où il accompagnait lui aussi la petite amie de
John – mais il l'emmenait également à la bibliothèque
pour l'aider dans ses études. En donnant des leçons par-
ticulières à Randy, John est devenu un bien meilleur
élève lui-même et il a été inscrit au tableau d'honneur
pour la première fois en plus d'un an. Ce fut l'année la
plus satisfaisante de toute la vie de John à cause du programme de mentorat.

C'est alors qu'une tragédie s'est produite pendant le
championnat de basket-ball de l'État. Randy a attrapé
un virus et il est mort soudainement d'une pneumonie.
Les funérailles ont eu lieu la veille du dernier match du
championnat. On a demandé à John de prendre la parole.
Dans son témoignage, John a parlé de sa profonde amitié
et de son respect pour Randy. Il a mentionné que Randy
était la personne qui lui avait appris le véritable courage,
l'estime de soi, l'amour inconditionnel et l'importance de
donner le meilleur de soi-même dans tout ce qu'on fait.
John a dédié le match de finale de l'État à Randy et a terminé ses remarques en disant combien il était honoré
d'avoir été choisi le joueur le plus utile au football et le
meilleur leader en tant que capitaine de l'équipe de
basket-ball.

« Cependant, a ajouté John, le véritable leader des équipes de football et de basket-ball, c'était Randy. En effet, il a accompli plus avec ce qu'il avait que toute personne que j'ai rencontrée. Randy a inspiré tous ceux qui l'ont connu. »

John a quitté le podium, a retiré de son cou l'irremplaçable médaillon d'or vingt-quatre carats mérité en tant que joueur le plus utile, s'est penché au-dessus du cercueil et l'a déposé sur la poitrine de Randy. Tout à côté, il a déposé sa plaque de capitaine.

Randy a été enterré avec son blouson de l'équipe sportive, entouré des précieuses récompenses de John ainsi que de lettres et de photos venant d'autres élèves qui l'admiraient.

Le lendemain, l'équipe de John a gagné le championnat et a remis le ballon du match à la famille de Randy. John est allé à l'université grâce à une bourse d'études et il a obtenu une maîtrise en sciences de l'éducation. Aujourd'hui, John est professeur en enseignement spécialisé. De plus, il fait dix heures de bénévolat par semaine pour les Jeux olympiques spéciaux.

Dan Clark

5

DANS LES COULISSES

Deux autobus quitteront l'hôtel
pour le stade de baseball demain.
L'autobus de 14 heures sera réservé
à ceux d'entre vous qui ont besoin
d'un peu plus de pratique.
L'autobus vide partira à 17 heures.

Dave Bristol

Ma vie chez les professionnels

Ce qui compte, c'est ce qu'on apprend une fois
qu'on sait tout.

John Wooden

Le téléphone sonne. Je me tourne dans le lit et saisis le récepteur. La téléphoniste de l'hôtel dit : « C'est votre réveil. Il est neuf heures. Votre autobus part à dix heures. » Nous sommes à Cleveland où, hier soir, nous – les Knicks de New York – avons perdu aux mains des Cavaliers de Cleveland. Dehors, une bruine tombe sur la ville. Je fais couler un bain chaud et je m'y assois pendant cinq minutes pour éliminer les raideurs de mon corps. Mes chaussettes, mes chaussures et mon uniforme des Knicks sèchent sur des chaises, le calorifère et une lampe torchère. J'ai la bouche sèche et brûlante. J'ai mal aux jambes. J'ai mal dormi.

Demain, nous jouons à la maison. Avant la partie, au Madison Square Garden, un fervent partisan me raconte que les Knicks le font rêver pendant sa journée de travail au bureau de poste. Je suis son joueur favori. Il ressemble à tous les autres admirateurs qui s'identifient à l'équipe et à moi. Ils souffrent avec nous quand nous perdons et ils sont fous de joie quand nous gagnons. Ils sont le fondement de notre expérience de joueurs professionnels.

Ce soir-là, nous gagnons par vingt points. Après le match, je prends une longue douche. Ensuite, je mets mes chaussettes mouillées, mes chaussures et mon slip de sport dans mon sac de voyage avec mon uniforme pour la route, et nous prenons l'autobus vers l'aéroport.

Nous atterrissons à Atlanta à 1 heure. Il fait moins 6 °Celsius dehors et le givre fait reluire la piste comme si elle était couverte d'éclats de verre. Nous attendons quarante minutes pour nos bagages, ce qui retarde notre arrivée à l'hôtel jusqu'à 3 heures du matin.

Il y a une solitude accablante sur la route. Une connaissance locale vient parfois nous voir pendant la journée. Nous parlons ensemble du bon vieux temps, de son travail et de mes activités en dehors du basket-ball. Après, il n'y a plus rien à dire, peu d'intérêts communs. Parfois, je vais visiter une exposition, ou je me rends dans un quartier pittoresque de la ville. Parfois, je reste dans une chambre d'hôtel à lire et à écouter la radio.

Un jour, me dis-je, *je ne passerai pas 100 jours par année sur la route. Un jour, je m'éveillerai au même endroit chaque matin.* Ce sentiment de partage qui anime les gens vivant ensemble au même endroit pendant un certain temps me manque. La permanence me manque.

D'Atlanta, nous prenons l'avion pour Chicago. J'assiste à un déjeuner organisé par les partisans des Bulls où je suis le principal orateur. Il y a environ 200 hommes dans la salle. Une partie de la vie d'un basketteur professionnel consiste à prendre la parole lors d'inaugurations de centres commerciaux, de campagnes de bienfaisance, de banquets sportifs, de bar-mitsva et de dîners annuels de sociétés commerciales. L'auditoire rit de mes blagues. Même les blagues les plus minables font se tordre de rire la foule lorsqu'elles sortent de la bouche d'un athlète.

Nous perdons le match contre les Bulls par seize points. Notre avion atterrit à New York à 3 h 45. Le portier de mon appartement me dit être désolé que nous ayons perdu à Chicago, mais qu'il a fait 100 $ en gageant contre nous. Je me couche vers 5 h 30. Encore un match avant une pause de deux jours cette semaine. Nous aurons joué cinq matchs en sept jours dans quatre villes différentes.

La journée du samedi ne débute pas avant 13 heures pour moi. Quand nous rentrons tard d'un voyage, la journée suivante est toujours un fouillis. Vers 15 heures, je mange mon repas d'avant-match habituel, un steak et une salade (je ne mangerai plus avant mon souper de minuit, après le match). Je m'allonge pour une heure. L'alarme me réveille à 18 heures. J'arrive au Garden une heure à peine avant le match.

Le vestiaire est devenu un peu mon chez-moi. J'y arrive souvent tendu et mal à l'aise, dérangé par un quelconque événement arrivé au cours de la journée. Lentement, mes inquiétudes s'envolent quand j'évalue leur importance aux yeux de mes confrères. Je me détends, mes soucis disparaissant devant les constantes de la vie d'athlète. Les athlètes sont peut-être vulgaires et immatures, mais ils sont sincères lorsqu'il est question de loyauté, de responsabilité et d'honnêteté. Les membres de mon équipe m'ont vu, comme moi je les ai vus, dans tous les états possibles. Nos vies sont tissées ensemble bien au-delà du terrain. C'est une belle vie avec des gens sympathiques. Si la victoire et l'unité se fusionnent dans une équipe, alors la vie devient une joie. C'est une vie qui n'a vraiment de sens que lorsqu'on la vit.

Je recouvre mes chevilles de ruban gommé et j'endosse mon uniforme. Puis, je m'intéresse au courrier qu'on vient tout juste de me livrer. Je reçois habituellement quarante lettres par semaine, presque aucune de gens que je connais. Il y a quelques demandes d'autographes.

La dernière vient du Kentucky. Elle est signée par le père d'un garçon que j'ai connu alors qu'il était en deuxième année à l'université du Kentucky. Il était venu du Kentucky pour me demander de lui apprendre à lancer un ballon de basket. Un jour, il s'était tout simplement présenté à mon appartement. Nous étions allés à Riverside Park, nous avions parlé et lancé des ballons au panier pendant une heure. Il m'avait remercié et avait repris l'autobus pour rentrer chez lui. Plus tard, cette année-là, je l'avais revu à Cincinnati. Il venait d'être retranché de l'équipe du Kentucky. Il était déprimé et convaincu que c'était à cause de la foulure à sa cheville.

Je lui avais écrit deux années plus tard après avoir appris dans une lettre de sa sœur qu'il avait le cancer. Le père me remerciait d'avoir écrit à son fils et il m'annonçait que son garçon était décédé. Je dépose la lettre. Notre entraîneur, Red Holzman, commence son discours d'avant-match. J'ai de la difficulté à me concentrer. J'aurais dû écrire plus tôt. Je me sens accablé de colère et de peine.

De la mi-septembre à mai, en règle générale, on ne passe pas plus d'une journée sans basket-ball. Il n'y a pas de longs week-ends ou de congés nationaux pour les joueurs. Il n'est pas possible de se rendre à la montagne ou de prendre l'avion pour la Floride, même pour deux jours. Nous faisons partie du show-business, nous amusons le public. Nous travaillons le soir de Noël et la veille du Nouvel An.

Nous arrivons à Los Angeles, premier arrêt d'un voyage de cinq matchs dans l'Ouest. Dans une ville étrangère, ma routine habituelle le jour précédant un match est de trouver un endroit où je peux obtenir un bain de vapeur, un bain tourbillon et un massage. Les parties et les pratiques amènent des blessures, et les voyages, de la fatigue. Les bains tourbillons chauds, la diathermie, les ultrasons, la glace, les bandes élastiques, l'aspirine, les médicaments contre le rhume, les vitamines et les somnifères font partie de la vie.

Un joueur de basket-ball professionnel doit pouvoir courir près de 10 kilomètres à chaque match, cent fois par année, sauter et pivoter parmi des contacts physiques continuels. Le corps est constamment soumis à des coups et pressions. Cette année seulement, j'ai eu un doigt foulé, une inflammation de l'arcade plantaire, le cartilage du nez écrasé, la lèvre fendue cinq fois, un coup de coude dans la gorge qui m'a laissé sans voix pendant une semaine, la hanche droite amochée, la hanche gauche déboîtée et une contusion au poignet gauche.

Chaque séance d'exercice réveille la peur de se blesser de nouveau, et chaque soir, l'espoir qu'il y aura amélioration demain. Je me réveille au milieu de la nuit et je fléchis mon genou pour vérifier s'il y a de la douleur, ou je frotte ma cuisse pour voir si le claquage est en voie de guérison.

Je me demande souvent pourquoi je continue à jouer. En 1967, lors de mon premier contrat, j'étais convaincu que je ne jouerais pas plus de quatre ans, la durée de mon contrat. Nous sommes en 1976 et je joue toujours. Une des raisons en est l'argent. Le salaire moyen dans la National Basketball Association (NBA) cette année oscille autour de 100 000 $. Plusieurs joueurs empochent plus de 150 000 $. Nul doute que cela me donne un sentiment de sécurité et un plus grand sens de liberté, de mobilité et de satisfaction. Mais l'argent n'est pas la seule raison pour laquelle je joue. La raison est plus profonde et se trouve dans l'interaction entre le jeu et moi.

Pour la cinquantième fois cette saison, je repense à ce que j'ai vécu en 1970, quand nous avons remporté le championnat de la NBA pour la première fois. Je me tenais au milieu du terrain au Madison Square Garden, les deux poings en l'air, des frissons sur tout le corps. Je jouais au basket-ball depuis l'âge de neuf ans et je voulais être le meilleur. Les honneurs individuels étaient bien, mais ce n'était pas assez. Une médaille d'or olympique avait apporté de la satisfaction, mais ce n'était pas du basket-ball de haut niveau. La NBA était nettement le plus haut niveau au monde et aujourd'hui, je faisais partie de la meilleure équipe.

Toutes ces manifestations de solidarité d'équipe déployées depuis le secondaire, toutes ces heures de solitude à dribbler et à lancer un ballon dans un gymnase quelque part dans le monde, toutes ces victoires ratées de peu dans les championnats mineurs – au collège et à l'université – de la hiérarchie des sports en Amérique, toutes ces occasions ratées dans d'autres domaines, toutes ces privations de petits plaisirs personnels, tous les conflits étouffés et les colères refoulées – tout cela avait valu la peine pour en arriver à cette émotion au centre du terrain le 8 mai 1970.

Je me souviens de ces quelques instants qui ont suivi la victoire, dans le vestiaire avec mes coéquipiers, quand on connaît une union parfaite avec le monde entier. Les propriétaires et les politiciens célèbrent dans le vestiaire des champions. Pourtant, seuls les joueurs, l'entraîneur et peut-être le soigneur peuvent ressentir cette satisfaction spéciale de l'exploit. Ils entreprennent cette quête neuf mois plus tôt au camp d'entraînement. Ils jouent les matchs et subissent les voyages. Ils sont critiqués par le public et dépassent leurs propres ambitions personnelles. L'euphorie du championnat est sans égale. La possibilité que cela puisse se reproduire est suffisante pour continuer à jouer. L'argent a son importance, mais la chance de revivre un tel moment l'emporte sur les dollars.

Cependant, cela ne dure pas ! Lors d'un vol vers Phoenix, j'ouvre un magazine sur un article à propos de Mickey Mantle interviewé chez lui à Dallas, au Texas, plusieurs années après avoir pris sa retraite du baseball.

« J'ai adoré ça » sont les paroles citées par l'auteur que Mantle a prononcées, la voix vibrante d'intensité. « Personne n'a aimé jouer au baseball plus que moi, quand je n'étais pas blessé. Je dois avoir cinquante cahiers de coupures de presse. Parfois, après le petit-déjeuner, je m'assois seul et j'en prends un que je feuillette. Les cheveux m'en dressent sur la tête. J'en ai la chair de poule. Je me rappelle comment c'était et comment j'ai pensé que cela serait toujours ainsi. »

Les mots semblent sortir de la page pour me rejoindre. Il y a une crainte terrible derrière le rêve de devenir joueur professionnel. Elle se manifeste lentement quand on comprend que cela finira un jour et que ce moment est plein d'inconnu qui fait peur.

Quand on cesse de jouer, on comprend que sa jeunesse a été consacrée à un jeu et que, désormais, c'en est fini de la jeunesse et du jeu.

À trente-cinq ans, la possibilité de développer d'autres talents en dehors du basket-ball est très faible. C'est la fin du syndrome du « bon gars ». Ce qui reste est l'autre partie de cette entente à la Faust : devoir vivre le reste de ses jours sans pouvoir jamais retrouver l'émotion de ces quelques années de jeunesse intense. L'athlète voit venir la fin de sa carrière de la même façon que les personnes âgées voient venir la mort. Il met ses finances en ordre. Les souvenirs lui reviennent facilement. Il donne des conseils aux jeunes. Mais, à la différence de la personne âgée, l'athlète doit continuer à vivre. Derrière toutes ces années de pratique et ces heures de gloire se cache la terreur inexorable de vivre sans jouer.

Bill Bradley

La chance de dire merci

Quand vous buvez l'eau, n'oubliez pas la source.

Proverbe chinois

J'ai joué sous les ordres de Vince Lombardi pendant neuf de mes seize années au football professionnel. Je connais bien ses exploits comme entraîneur des Packers de Green Bay, et son habileté à enseigner et à motiver les joueurs. Dans l'histoire de la National Football League, il y a plus d'anecdotes sur les méthodes et les résultats de Coach que sur toute autre personne qui en a fait partie.

Un des signes du respect et de l'affection que suscitait Lombardi est que *tout le monde* l'appelait simplement « Coach » – tous les joueurs, les soigneurs, les préposés au terrain, toute l'organisation des Packers, les journalistes sportifs et les représentants des médias, et les fervents partisans de Green Bay. Même dans la rue, des gens qui n'avaient jamais assisté à un match au Lambeau Field appelaient Lombardi « Coach », avec fierté et reconnaissance dans leur voix.

Sa réputation est pleinement méritée, même aujourd'hui, trente ans après sa mort, car c'était un véritable original, un homme coloré et toujours passionné, qui aimait son sport et ceux qui l'aimaient. Il ne pouvait pas supporter le jeu mou et nonchalant. Il exigeait et respectait le total don de soi. Pourtant, mon souvenir le plus cher de Coach est beaucoup plus personnel.

Coach a quitté les Packers en 1969 pour devenir entraîneur-chef et directeur des Redskins de Washington. En mai 1970, il est revenu à Green Bay pour une visite et passer du temps avec ses complices de golf. Ma femme, Cherry, et moi avons été surpris de recevoir un appel de lui un samedi matin. Il nous a demandé s'il pouvait passer voir notre nouvelle maison, dont l'aménagement avait été récemment terminé. Bien sûr !

Il nous a salués chaleureusement à son arrivée et nous a demandé « une visite guidée » de la maison. Après, nous sommes allés nous asseoir dans la salle familiale pour échanger des blagues et des souvenirs de nos belles années ensemble. Il était clair que Cherry et moi étions ravis de pouvoir passer quelque temps avec lui. Coach semblait détendu et il félicitait Cherry sur les détails de la décoration de la maison et il nous a dit être très heureux pour nous.

« Coach, a dit Cherry, rien de ceci n'aurait été possible si vous n'aviez pas cru en Bart ; si vous ne lui aviez pas donné sa chance. Nous vous sommes très reconnaissants. »

J'ai été étonné de voir les yeux de Coach remplis de larmes. Il s'est levé sur-le-champ annonçant qu'il devait partir. Il nous a étreints tous les deux et il est parti.

Peu de temps après, nous avons appris que Coach souffrait d'un cancer qui devait l'emporter moins de quatre mois plus tard, le 3 septembre 1970.

Cherry et moi n'oublierons jamais cette visite de Coach. Nous avons été privilégiés d'avoir eu l'occasion de dire « Merci » à temps et d'exprimer notre reconnaissance pour ce qu'un vrai grand homme a fait pour changer notre vie.

Bart Starr

Le bon côté de la peur

J'ai eu la chance de m'asseoir avec Joe Montana au stade Jack Murphy de San Diego avant qu'il ne fasse son entrée sur le terrain avec les 49ers de San Francisco contre Denver lors du Super Bowl XXIV (1989). Nous l'ignorions alors, mais ce serait le dernier Super Bowl de Joe, son quatrième championnat et un autre sommet dans une des carrières les plus remarquables, non seulement au football professionnel mais dans tous les sports.

Joe semblait nerveux. Il avait déjà tout raflé dans ce sport – le respect de ses coéquipiers et de ses adversaires, des entraîneurs et des propriétaires et surtout des partisans – sans compter tous les honneurs : plusieurs fois le Joueur par excellence de la ligue (MVP), des Super Bowls et le Joueur par excellence au Super Bowl.

Je lui ai demandé : « Joe, tu n'as pas peur ? »

Sa réponse est à mon avis la clé de son succès et la raison pour laquelle je considère qu'il est le meilleur quart de tous les temps. Il a répondu : « Si tu n'as pas peur de perdre, alors perdre ne veut rien dire. »

Chaque fois que Joe Montana mettait le pied sur le terrain, il avait peur. Cette peur est ce qui l'a tenu si performant pendant toute sa carrière. Si nous voulons être au sommet de nos possibilités, nous avons besoin de cette part de peur à l'intérieur de nous. Cela permet d'aiguiser notre concentration, de garder l'avantage.

Joe Theismann

Jouer contre le préposé
aux voiturettes

J'ai appris à jouer au golf au Tennyson Park Golf Links à Dallas, Texas. J'ai beaucoup travaillé mon jeu et je suis devenu très habile. Je gageais contre tous les gars, et vint un temps où personne ne voulait plus jouer contre moi parce que je jouais autour de 65.

Puis, en 1965, j'ai été invité à me rendre à El Paso pour jouer contre Fred Hawkins, et là j'ai fait la connaissance de Martin Lettage. J'ai battu Fred en deux rondes et ils m'ont demandé : « Pourquoi ne t'installes-tu pas ici ? Tu as battu tout le monde à Dallas. Ici, personne ne te connaît vraiment. » C'est ce que j'ai fait.

Quelques mois plus tard, je travaillais à la boutique du professionnel du Horizon Hills Country Club quand un gars que je n'avais pas vu depuis un an m'a abordé : « On raconte que les gens d'ici ont beaucoup d'argent et qu'ils aiment miser sur toi. »

J'ai répondu : « Eh bien, généralement, ils m'appuient contre n'importe lequel de mes adversaires. » Il a poursuivi : « Crois-tu qu'ils miseraient sur toi contre un professionnel du circuit ? » « Je ne vois pas pourquoi ils ne le feraient pas », ai-je répondu. Il a alors demandé : « Que penses-tu de jouer contre Raymond Floyd ? » Floyd n'avait que vingt-deux ans et il avait déjà remporté sa première victoire sur le circuit de la PGA.

Ils ont donc fait venir Floyd. Je ne connaissais pas Raymond Floyd ; Raymond Floyd ne connaissait pas Lee Trevino, mais il est arrivé au volant d'une rutilante Cadillac blanche. Notre terrain de stationnement n'était même pas asphalté, seulement recouvert de pierre blanche concassée. J'ai pris une voiturette et je suis allé à sa rencontre. J'ai saisi le gros sac Wilson de Raymond Floyd, tous ses souliers et ses bâtons de réserve et j'ai apporté le tout au vestiaire. J'ai ciré ses chaussures et je les lui ai rapportées. Il m'a regardé et m'a demandé : « Au fait, contre qui dois-je jouer aujourd'hui ? » « Moi », ai-je répondu.

Raymond a rétorqué : « Tu blagues ! » Un des golfeurs est entré dans le vestiaire en disant : « Hé, Raymond, veux-tu venir faire le tour du terrain avant de jouer contre ce gars ? » « Non, a répondu Floyd. Je suis un golfeur professionnel et je joue contre le cireur de chaussures. Je n'ai pas besoin d'aller voir le parcours. » Il est allé prendre son déjeuner et je me suis rendu au terrain de pratique.

Pour résumer l'histoire, j'ai joué 65 et j'ai battu Raymond à plates coutures. Il a voulu jouer un neuf de revanche, mais j'ai dit : « M. Floyd, je ne peux jouer un autre neuf trous. Je dois m'occuper des voiturettes. » Il a répliqué : « C'est juste, je joue contre le préposé aux voiturettes. »

Le lendemain, j'ai de nouveau battu Floyd. Puis le troisième jour, Floyd a doublé la mise et nous avons terminé le premier neuf à égalité, mais Floyd a enregistré un aigle au dernier trou pour me battre « 1 up ». Je n'oublierai jamais ses paroles quand il a ramassé sa balle dans le trou. Il a regardé ses partisans et a dit : « Les gars, je peux trouver un match plus facile sur le circuit. »

Quand Raymond est retourné sur le circuit, il a déclaré aux pros : « Je viens de jouer contre un jeune Mexicain à El Paso, au Texas. Vous allez tous devoir lui faire une place quand il s'amènera ici. » Raymond et moi sommes de grands amis depuis ce jour.

Lee Trevino
Tel que raconté à Charlie Jones

Simplicité cruciale

La concentration est la capacité de ne penser à absolument rien quand cela est absolument nécessaire.

Ray Knight

Je me souviens d'une des premières fois où je me suis rendu sur les lignes de touche pour ce « conciliabule d'avertissement-de-deux-minutes à la fin de la première demie » avec le personnel d'entraînement. Don Coryell en était à sa première année comme entraîneur-chef des Chargers de San Diego. Il avait un personnel imposant en plus de superbes receveurs avec lesquels je pouvais travailler. L'entraîneur adjoint Jim Hanifan était au téléphone, discutant avec les autres assistants dans les gradins, Joe Gibbs et Ernie Zampese.

Je me présente donc sur la ligne de touche, m'attendant à ce que Coryell me dise exactement ce qu'il attend de moi. Mais, pas un mot de Coryell ; c'est Hanifan qui ne cesse de parler. Gibbs transmet à Hanifan et Zampese transmet à Gibbs, et les trois s'échangent des propos, canalisant toute cette information à un jeune quart-arrière déconcerté.

Hanifan dit : « Au prochain jeu, nous allons courir un huit-quarante-quatre du côté large. Tu vas regarder le maraudeur du côté court ; s'il reste au centre, tente d'atteindre Charlie Joiner au poteau. Si le maraudeur du côté court reste du côté court, cherche alors à atteindre Kellan Winslow au centre ; et il y aura aussi J.J. (John Jefferson), qui fera un tracé vers le coin. Et si les demis reculent trop, alors lance à Chuck Muncie, qui sera à découvert. Maintenant, tu as compris, Dan ? Tu as compris ? »

Tous les entraîneurs parlent en même temps : « O.K., répétons une autre fois. » « Bon, tu as compris ? Joiner, Winslow, Jefferson et enfin Muncie. Joiner, Winslow, Jefferson, Muncie. »

C'est un moment crucial du match et ils me donnent toute cette information, mais pas un mot de Coryell.

Je rattachais mon casque en pensant : *J'ai devant moi l'entraîneur à l'attaque le plus innovateur du football et il ne m'a pas dit un mot... je n'ai entendu que les assistants...* c'est alors que je sens qu'on tire mon maillot. Je me retourne et j'aperçois Coryell. Je pense : *Enfin, il va me dire exactement quoi faire.*

« Et puis après tout, dit Coryell, lance donc à J.J. »

Dan Fouts
Tel que raconté à Charlie Jones

Je ne savais pas ça

Bristol, Connecticut, 1991. Nous sommes au beau milieu de l'hiver. C'est la nuit. À l'intérieur du siège social de ESPN, il ne reste que le strict minimum de personnel : Tim Kiley, le réalisateur du *SportsCenter* de 2 h 30, le réalisateur à la coordination, Barry Sacks, et une poignée d'assistants à la réalisation qui aident aux fils de presse, aux faits saillants et aux textes de l'émission. Les écrans de contrôle qui plus tôt beuglaient les émissions en cours dans tout le pays étaient maintenant silencieux. Mon coanimateur pour l'émission de 2 h 30, Mike Tirico, énumérait des faits sur les matchs et les informations que nous allions livrer aux téléspectateurs. Il n'y en avait pas assez. Nous avons visionné la vidéo, étudié les résultats et rassemblé notre recherche – nous voulons toujours en savoir plus.

À la fin de l'émission ce soir-là, nous avions du temps à remplir. Mike Tirico a sorti un petit bijou d'information, le genre d'information pertinente et retentissante qui comble notre faim d'en savoir toujours plus. Ravi, j'ai répondu en ondes : « Je ne savais pas ça. » C'est ainsi qu'un de mes héros en dehors du domaine du sport, l'ancien roi des émissions de fin de soirée, Johnny Carson, répondait quand un de ses invités racontait une bonne anecdote.

Dès la fin de l'émission, nous nous sommes réunis dans une salle de conférence, sachant que nous tenions là quelque chose. En vérité, les amateurs de sports ont autant l'esprit de compétition que les athlètes qu'ils admirent. Même dans vos simples conversations sur le sport, vous voulez toujours avoir le dessus. Vous voulez en savoir plus que l'autre gars.

Barry Sacks a suggéré que nous terminions notre émission quotidienne de 2 h 30 par une perle. L'assistant à la réalisation Edwin Van Duesen a suggéré une illustration spéciale. Un autre a suggéré que nous appelions le segment d'émission *Je ne savais pas ça*. Plutôt que de reprendre exactement la phrase de Carson, j'ai suggéré *Le saviez-vous ?* Et c'est ainsi que nous sommes entrés dans l'histoire de *SportsCenter*.

Les réactions ont été enthousiastes. Peu importe la grande manchette de sport de la journée, nous nous efforcions de donner en prime la meilleure information. Nous ne cherchions pas à nous valoriser par rapport à nos téléspectateurs. Nous *étions* les téléspectateurs : prêts à être étonnés, assoiffés d'information, généreux de nos connaissances. Les téléspectateurs nous écrivaient ou nous téléphonaient pour nous faire part de leurs propres informations pour *Le saviez-vous?* – un des premiers liens directs entre les gens qui travaillaient à ESPN et notre public. Nulle part ailleurs qu'à *SportsCenter* pouviez-vous apprendre que le seul lanceur des ligues majeures à avoir effectué assez de retraits sur trois prises dans un match pour égaler son âge a été Bob Feller qui, à l'âge de dix-sept ans, avait retiré dix-sept frappeurs, en 1936? Ou que le record de la NFL pour le moins grand nombre de touchés par la course en une saison a été établi par les Dodgers de Brooklyn – les Dodgers du football – en 1934.

J'ai enfin rencontré Johnny Carson quelques années plus tard lors d'un tournoi de tennis de célébrités à UCLA. Pendant une pause lors du match d'André Agassi, je suis allé voir la légende d'Hollywood et je lui ai raconté comment il avait contribué à la création d'un des slogans les plus populaires du sport américain. Sans hésiter, il a dit en souriant : « Je ne savais pas ça. »

Chris Myers

Un appel important

Speedy Morris, l'entraîneur de l'équipe de basket-ball masculine de l'université La Salle, raconte l'histoire suivante : « Quand j'ai été nommé entraîneur à La Salle, le téléphone a sonné et ma femme m'a dit que c'était *Sports Illustrated*. Dans ma hâte de prendre l'appel, je me suis coupé en me rasant, je suis tombé dans l'escalier. Lorsque j'ai répondu, une voix à l'autre bout de la ligne a dit : *Pour seulement soixante-quinze cents par numéro...* »

M. G. Misanelli

Ce ne sont pas les grandes occasions qui font les héros ou les lâches ; elles ne font que les révéler aux yeux des hommes. Silencieusement et imperceptiblement, en éveil ou en sommeil, nous devenons forts ou faibles ; et au bout du compte, une crise révèle ce que nous sommes devenus.

Brooke Foss Westcott

La cantine

L'écriteau sur la porte se lisait: « Seuls les bénévoles sont admis dans la cantine. » J'ai souri. C'était bien moi – parent bénévole – participant au mieux-être de la Petite Ligue de Baseball à l'échelle du monde. J'ai frappé. La porte s'est entrouverte.

« Ouais? »

« Je suis un bénévole pour la cantine », ai-je annoncé fièrement.

« Où est votre femme? »

« Elle n'a pu venir, ai-je répondu. Je suis là pour la remplacer. »

La porte s'est ouverte juste assez pour me glisser à l'intérieur. Il a fallu un moment pour que mes yeux s'adaptent à la luminosité. C'est alors que j'ai vu trois femmes en tabliers – Rose, Juanita et Theresa.

« Salut », ai-je dit avec entrain. J'ai pris une frite du plat chauffant à l'infrarouge et je l'ai portée à ma bouche. « C'est donc ça la cantine. Elle semble plus grande vue de l'extérieur. » J'ai fait un grand geste des bras et j'ai renversé un étalage de sacs de croustilles partout sur le plancher.

« C'est votre première fois, non? » a demandé Rose.

« Oui… Mais ce ne doit pas être si difficile que ça? »

« Savez-vous rendre la monnaie? » a demandé Juanita.

« La monnaie? Bien sûr! »

« Alors, vous êtes de service au comptoir », a dit Rose.

« Le comptoir ? » dis-je en prenant une autre frite. « N'avez-vous pas besoin de moi aux fourneaux ? »

« Non », ont-elles répondu à l'unisson.

Elles s'affairaient dans le petit local en préparation pour une soirée très occupée. Rose plaçait très habilement des saucisses sur la rôtisserie rotative. Juanita emplissait des gobelets avec des boissons gazeuses. Theresa a démarré la machine à maïs soufflé et versé du sirop vert et mauve dans la machine à *slush*. On a frappé à la fenêtre. Je l'ai ouverte en la glissant.

« Hot-dog, Coke, frites et Smarties. »

J'avais devant moi un appareil dentaire souriant, entouré de joues rosées et un début de double menton.

J'ai fermé la fenêtre. « Où est la liste de prix ? »

« Les friandises, un dollar. Maïs soufflé, cinquante cents. Hot-dogs et sodas, soixante-quinze cents. Frites, cinquante cents. *Slushies*, vingt-cinq cents. » Rose a repris son souffle.

« Croustilles, soixante-quinze, et le café, cinquante. Le deuxième café est gratuit », a ajouté Juanita. Fébrilement, j'ai cherché un crayon.

« Nous ne faisons pas crédit », dit Rose.

« Alors, ça fait combien ? »

« Trois dollars », ont-elles conclu en chœur.

« Bien sûr ! » ai-je répondu.

Des visages venaient et des frites partaient. J'ai trouvé mon rythme – je répétais les commandes à haute voix et j'attendais que le chiffre magique retentisse derrière moi. J'ai fait quelques erreurs mineures, dont deux hot-dogs qui roulaient maintenant sous mes pieds et une portion de frites que je partageais avec un groupe de fourmis ambitieuses.

Ce garçon grassouillet à l'appareil dentaire est revenu pour la troisième fois.

« Encore des Smarties. » Il a glissé par la fenêtre deux billets graisseux de un dollar.

« Je n'ai plus de Smarties. »

« C'est pas vrai! Vous avez quoi d'autre? »

J'ai regardé l'étalage de friandises pour m'inspirer. « J'ai de la tire à saveur de fraise. »

« *Cool.* J'en prends deux. »

Je souriais d'aise à mes talents de vendeur, mais les autres ne semblaient pas très heureuses. J'ai haussé les épaules et habilement passé deux sodas à une petite fille et un hot-dog à son amie. Puis, j'ai servi un groupe de trois, mais j'ai poussé un peu trop fort sur un Coke qui est tombé du comptoir. Mais je me suis repris avec deux *slushies*, sans difficulté.

Une femme s'est présentée.

Je me suis penché avec mon plus beau sourire. Elle m'a attrapé par le col et m'a presque sorti par la fenêtre.

« Vous avez déjà acheté un appareil dentaire? »

« Euh…. non… »

« J'en ai payé deux au cours des six derniers mois. Ce n'est pas donné. »

« Je n'en doute pas… »

« Vous savez ce qui détruit les appareils dentaires? »

« Euh… non… »

« La tire détruit les appareils dentaires. »

Soudain, la ressemblance m'a frappé. Avant que je ne puisse placer un mot, une autre mère est arrivée.

« C'est lui? » a-t-elle demandé à une petite fille à la joue gonflée. Je me souvenais d'elle. Elle n'avait que vingt-cinq cents. Je lui ai fait un prix sur un « brise mâchoire ».

« Vous êtes dentiste ? » a demandé la deuxième mère.

« Non, je... »

« Vous travaillez pour un dentiste ? »

« Bien sûr que non. Je ne... »

Derrière moi, on a frappé à la porte.

« Nous avons déjà surpris un dentiste qui donnait d'énormes sucettes au centre commercial. Nous l'avons chassé de la ville. »

La première mère a relâché son emprise sur ma gorge.

« Je ne suis qu'un bénévole au stand alimentaire... » J'ai senti une main familière sur mon épaule.

« Que fais-tu ici ? » ai-je demandé à ma femme. « Je croyais que tu n'étais pas bien. »

« Elles... » Elle a baissé la voix. « Elles m'ont téléphoné à la maison. »

« Mais... »

« Ça va, mon chéri. Je me sens beaucoup mieux. De plus, il se trouve qu'on a besoin d'un arbitre pour le match de dix-neuf heures. »

Je me suis penché et j'ai regardé de nouveau les femmes en colère à la fenêtre. J'ai embrassé ma femme. Puis, je me suis rapidement dirigé vers la porte arrière, je l'ai déverrouillée et j'ai tendu la main vers la poignée.

« Vous avez déjà arbitré ? » a demandé Rose.

J'ai souri. « Euh, non... Mais ça ne doit pas être si difficile que ça. »

Ernie Witham

« *Écoutez, je vous avais prévenu au début de la saison:*
si nous gagnons, je vous offre la crème glacée,
si nous perdons, je vous emmène ici... »

IN THE BLEACHERS par Steve Moore. © 1991 Tribune Media Services, Inc.
Tous droits réservés. Reproduit avec autorisation.

Voler quoi ?

Cette histoire remonte à plusieurs années quand nos garçons avaient environ huit ans. C'était le premier match de la saison, et le premier match où les garçons commençaient à lancer. Je suis allé voir l'arbitre pour discuter des règlements locaux et j'ai compris que c'était aussi la première année où on permettait aux garçons de voler des buts. Malheureusement, nous n'avions pas pratiqué cet élément du jeu. Je me suis précipité à l'abri, j'ai réuni mes joueurs et je leur ai expliqué les règles locales. En abordant le vol de buts, j'ai dit avec enthousiasme : « Et cette année, nous avons le droit de voler ! » La nouvelle a suscité des cris de joie chez les garçons. Leur réaction m'a donné à croire que tout se passerait bien tout de même. Quand ils eurent cessé leurs cris et en se préparant pour se rendre sur le terrain, un joueur a dit à voix haute : « Voler quoi ?! » J'ai poussé un grognement quand j'ai compris que la question venait de mon propre fils !

Cary McMahon

« Y frappe pas ! »

©2000. *Reproduit avec l'autorisation de Bunny Hoest et de* Parade Magazine.

Un homme de grande classe

En l'absence de vent, rame.

Proverbe latin

Mon père était arbitre au football de niveau collégial et universitaire au sud de la Californie. J'ai commencé à le suivre aux matchs vers l'âge de quatre ans, dès que j'ai été assez grand pour traîner son sac d'équipement. À l'âge de huit ans, j'ai vécu une année excitante – quand j'ai fait la connaissance de Jackie Robinson. Comme nous n'habitions qu'à huit kilomètres du Rose Bowl, où le Pasadena Junior College disputait ses matchs, j'ai accompagné mon père à la plupart de leurs matchs. Jackie Robinson était leur demi-offensif étoile.

Je me tenais sur le banc avec Jackie. Je l'ai regardé jouer et réaliser tous ces exploits sur le terrain. Comment ce grand garçon efflanqué, aux genoux cagneux, qui marchait les pieds tournés en dedans, pouvait-il courir si vite et esquiver les adversaires si bien? Il était beau à voir. Je me laissais pénétrer par sa magie.

J'ai perdu sa trace après mon entrée à l'université, mais j'ai suivi sa carrière qui s'est transformée du football universitaire à UCLA au baseball professionnel. J'ai été enchanté quand Branch Rickey l'a rappelé du club-école des Dodgers, les Royaux de Montréal, à Brooklyn en 1947. Jackie a franchi le marbre *et* la barrière raciale avec tant d'habileté et de grâce.

Après les Séries mondiales de 1952 au cours desquelles les Yankees de New York ont remporté une excitante bataille de sept matchs, Robinson nous a appris à perdre. Mickey Mantle n'était encore qu'un jeune joueur, à sa première ou deuxième saison avec les Yankees. Plusieurs années plus tard, il se souvenait encore clairement de ce que Robinson lui avait appris sur la façon de perdre.

Jackie Robinson est venu à notre vestiaire après le match pour me féliciter. Il a dit: « Tu es un grand joueur. Tu as un bel avenir devant toi. » J'ai cru que c'était un geste très gracieux dont j'aurais été incapable. J'étais un mauvais perdant. Mais, plus important encore est ce que Jackie a déclaré à la presse: « Mantle nous a battus. Il a fait la différence entre les deux équipes. DiMaggio ne leur a pas manqué. » Je dois admettre que je suis immédiatement devenu un admirateur de Jackie Robinson. Quand je repense à ces Séries mondiales, son geste me revient à l'esprit. Ce joueur avait, sans l'ombre d'un doute, souffert de plus d'abus, d'insultes et de haine que tout autre joueur de l'histoire du baseball. Pourtant, il a fait un effort spécial pour féliciter et encourager un jeune garçon blanc de l'Oklahoma.

Cette description correspond en tout point au Jackie Robinson que j'ai regardé jouer au collège – améliorant ses talents, débordant d'ambition, mais toujours courtois, même à l'égard d'un petit garçon aux yeux écarquillés qui avait le droit de s'asseoir sur le banc parce que son père était l'arbitre. Papa et moi savions tous les deux que Robinson deviendrait une vedette un jour.

Jim Tunney

L'inoubliable Jim Valvano

Jim Valvano était l'une de ces rares personnes capable d'égayer une réception. J'ai fait sa connaissance alors que nous étions tous deux entraîneurs de basket-ball universitaire. J'ai fini par devenir commentateur de matchs télévisés. Jimmy aussi, mais entre-temps, il s'est mérité des honneurs dont je ne pouvais que rêver.

Il était l'homme le plus brillant, le plus énergique et le plus inspirant que j'ai jamais connu. Notre amitié comprenait une bonne dose de taquineries sans méchanceté. En 1988, j'étais « l'invité d'honneur » d'un « bien cuit ». Jimmy, alors entraîneur-chef à l'université North Carolina State, ne m'a pas épargné quand son tour est venu. Mais, il n'avait pas encore abordé mon secret le mieux gardé, un secret que je croyais qu'il ignorait : j'avais, moi aussi, postulé à North Carolina State – mais la direction avait préféré Jim.

Au moment où Jim semblait en avoir fini avec ses gentilles taquineries, il a tiré une lettre de sa poche. « J'ai ici quelque chose que vous devriez savoir à propos de notre vedette, Dickie V. », a-t-il annoncé à l'auditoire. « Cher Dick, nous sommes désolés de vous informer que nous avons nommé Jim Valvano comme entraîneur-chef à North Carolina State... »

Je croyais que cette lettre était restée secrète. Il semble que Jim l'avait conservée pendant des années, attendant l'occasion de s'en servir. La foule a tellement ri que Jimmy n'a pu terminer sa lecture. Dans la courte mais merveilleusement riche histoire des farces de « Jimmy V. », celle-ci est un classique.

Le basket-ball était le premier amour de Jimmy. Très tôt, il a décidé qu'il deviendrait entraîneur. Il a débuté comme assistant l'année de sa graduation de Rutgers, et

à vingt-trois ans, il était entraîneur-chef à Johns
Hopkins, qui n'avait pas connu une saison gagnante en
vingt-cinq ans. Dès la première année de Jim, ils ont affiché un dossier de 10 victoires contre 9 défaites. De là, il
est passé à Bucknell, puis à Iona – une petite école catholique de la banlieue de New York. À chaque équipe, il
savait motiver ses joueurs. Il leur apprenait l'amour du
jeu et le goût de la victoire. Au cours des cinq années à la
tête des Gaels de Iona, il a accumulé une fiche de 95-46
et deux participations au championnat de la National
Collegiate Athletic Association (NCAA).

En 1980, alors que Jim n'avait que trente-quatre ans,
il a reçu l'appel de North Carolina State. Contre toute
attente, North Carolina State a battu North Carolina et
Virginia pour participer au championnat de la NCAA de
1983. Pendant les éliminatoires, Jimmy ne cessait de
répéter à ses joueurs : « Nous méritons d'être ici. Nous
pouvons gagner. Ne lâchez pas ! »

Le Wolfpack s'est rendu jusqu'à Albuquerque,
Nouveau-Mexique, pour les finales contre l'université de
Houston. Les journalistes croyaient que ce serait un véritable massacre. « S'il pleut, ce sera parfait, a écrit l'un
d'eux. Il pleut toujours lors des exécutions. »

À la mi-temps, le Wolfpack menait par huit. Jimmy
s'est adressé à son équipe : « Jamais, au grand jamais,
tant que vous vivrez et peu importe votre domaine d'activité, vous ne connaîtrez de telles émotions quand la
sirène finale retentira et que nous aurons gagné. »

Mais Houston est revenu en force et a égalé le pointage en deuxième demie. State a marqué à la sonnerie
finale. Le Wolfpack l'a emporté 54-52. Champions nationaux ! Plus tard, Jimmy a mené ses équipes à deux titres
de conférence et sept participations au championnat de
la NCAA. Un nuage noir est apparu en 1989 – un livre

prétendait que le programme de North Carolina State avait violé un certain nombre de règles de la NCAA.

Une enquête exténuante a blanchi Jimmy de toute faute personnelle et n'a retenu que trois violations de l'équipe. Malgré cela, North Carolina State a été mise en tutelle pour deux ans, et il était temps pour Valvano de passer à autre chose.

Après avoir négocié une entente avec l'école, il a reçu plusieurs offres lucratives comme entraîneur, mais il a décidé d'aller travailler à la télévision. Il y avait aussi une autre raison. S'investissant complètement pour devenir le meilleur de sa profession, il était tellement occupé par les victoires et les défaites qu'il ne lui restait plus de temps pour sa famille. « Je me souviens d'une fête des Pères où je me trouvais par bonheur à la maison et personne n'avait prévu quoi que ce soit, a-t-il raconté à un journaliste. Comment auraient-ils pu? Il est probable que je n'aie jamais été à la maison auparavant pour la fête des Pères. Je pouvais être à Atlanta pour prononcer un discours de la fête des Pères, ou à Chicago où on me remettait le prix du « Père de l'Année », mais vous pouvez être assurés que je n'étais pas à la maison. »

Les choses allaient changer désormais. Jim avait maintenant du temps pour des dîners en tête à tête avec sa femme, Pam, et du temps à passer avec ses filles, Lee Ann, Jamie et Nicole. C'est ainsi que Jim et moi sommes devenus partenaires pour des matchs diffusés sur ESPN et ABC. Nos admirateurs nous appelaient « V et V ».

À mesure que le basket-ball universitaire gagnait en popularité, notre visibilité à l'échelle nationale augmentait de façon spectaculaire. Jimmy était de nouveau au sommet, mais cela n'a pas duré.

Un jour de juin 1992, j'ai appelé Jimmy chez lui et il m'a dit qu'il attendait un appel du médecin.

« Coach, lui a annoncé le médecin, je suis certain à 90 % qu'il s'agit d'un cancer. » Les tests ont confirmé un cancer des os. Jimmy avait quarante-six ans. Il a attaqué sa maladie de la seule façon qu'il connaissait – avec toute son énergie. Pendant qu'il recevait de la chimiothérapie, il lisait tous les livres qu'il pouvait trouver sur le cancer. Il avait passé sa carrière à dire à ses joueurs de ne jamais lâcher. Aujourd'hui, il se le répétait chaque jour.

Il a également rendu publique sa lutte et il a voulu continuer à travailler malgré sa maladie. En octobre de la même année, dans notre chambre d'hôtel la veille d'une réunion de planification de présaison ESPN, il prenait des anti-douleurs pour soulager ce qu'il a décrit comme un mal de dents qui affligeait tout son corps. Pourtant, le lendemain, il a enduré sa douleur avec tant de dignité qu'il était facile pour ceux qui l'entouraient d'oublier son état. Je me suis plaint une fois de mon horaire fou du lendemain.

« Tu veux m'accompagner demain ?, a-t-il répliqué. Tu me conduiras en chimiothérapie, tu me regarderas vomir et tu verras des gens qui affrontent de vrais problèmes. »

Cela m'a saisi. Il a ajouté quelque chose que je n'oublierai jamais : « Dickie, tu rates l'important. Tu bouges trop vite. Ralentis, mon gars. » J'ai une photo de lui dans mon bureau et je me souviens de cet instant chaque fois que je la regarde.

Lors du American Sports Awards en mars 1993, j'ai présenté Jimmy Valvano comme récipiendaire du prix Arthur Ashe du Courage. Le cancer avait progressé et Jim a pensé qu'il ne pourrait se rendre à la cérémonie. Il est venu – en fauteuil roulant.

J'étais triste au moment où, avec Mike Krzyzewski, l'entraîneur de basket-ball de l'université Duke et grand ami de Jimmy, nous l'avons aidé à prononcer son discours de remerciement.

« Je n'ai jamais vu Dick Vitale aussi déprimé depuis que le propriétaire des Pistons de Détroit lui a suggéré de se recycler dans la télévision ! »

La salle a croulé de rire. Vingt-quatre heures plus tôt, il pouvait à peine parler et voilà qu'il faisait des blagues. Quand les rires ont cessé, Jimmy a puisé dans ses dernières réserves d'énergie, tout au fond de son cœur, comme si sa vie ne serait pas complète sans une dernière formulation de son message.

« Selon moi, il y a trois choses que vous devriez faire chaque jour. Tout d'abord, riez. Vous devriez rire chaque jour. Ensuite, pensez – passez du temps à réfléchir. Enfin, laissez-vous émouvoir aux larmes. Si vous riez, pensez et pleurez, vous aurez vécu toute une journée. »

Il a fait une pause avant d'annoncer que, grâce au soutien de ESPN, on avait créé la Fondation Jimmy V. pour la recherche sur le cancer. Sa devise est : « Ne lâchez pas, ne lâchez jamais. »

Jimmy V. a regardé son auditoire avant d'ajouter une autre pensée à retenir : « Le cancer peut m'enlever toutes mes capacités physiques. Il ne peut pas toucher mon esprit, il ne peut pas toucher mon cœur et il ne peut pas toucher mon âme. Et ces trois choses ne mourront jamais. »

Le 28 avril, moins de deux mois plus tard, Jim Valvano est décédé, sa femme et sa famille à son chevet. Le discours qu'il avait prononcé a été diffusé sur un écran géant le jour du premier match de la saison au Yankee Stadium, où Jimmy avait espéré lancer la première balle, et dans d'autres villes partout au pays.

Au cours des mois qui ont suivi, le discours de Jimmy a suscité beaucoup de soutien à la recherche sur le cancer et il a inspiré des milliers de victimes du cancer qui ont entendu le message que Jimmy Valvano avait répété pendant toute sa carrière à ses joueurs :

Ne lâchez pas, ne lâchez jamais.

Dick Vitale

Je n'ai jamais vu personne réussir quoi que ce soit sans avoir surmonté des obstacles.

Lou Holtz

6

SURMONTER LES OBSTACLES

Transformez vos blessures en sagesse.
Vous serez blessés plusieurs fois au cours
de votre vie. Vous ferez des erreurs.
Certains... diront que ce sont des échecs,
mais j'ai appris qu'un échec est vraiment
la façon de Dieu pour dire : « Excuse-moi,
mais tu vas dans la mauvaise direction. »

Oprah Winfrey

C'est à vous
de faire la différence

Quand le *deuxième* médecin m'a annoncé que ma carrière au baseball professionnel était terminée, j'ai senti comme un coup de poing au ventre. Je venais de terminer ma meilleure saison dans la ligue AAA, à la porte du « grand cirque ». Je menais la ligue pour le nombre d'apparitions (cinquante-deux) et une moyenne de points mérités de 3,30 pour la saison. On disait que je pourrais être appelé avant la fin de la saison. Chaque jour, j'espérais et j'étais heureux... sauf lorsque j'étais en présence du médecin de l'équipe et des spécialistes en orthopédie. Il était alors question « d'accrocher les crampons ». Deux interventions chirurgicales n'avaient pas réussi à régler le problème à mon bras lanceur. Je devais dépendre de la cortisone en de plus grandes doses et de plus en plus fréquemment. Mon rêve de vingt ans prenait fin dans le désappointement et l'apitoiement.

Je suis rentré chez moi à Fresno, en Californie, morose et irascible. Linda, ma femme depuis deux ans et demi, n'était pas désemparée par la fin de ma carrière au baseball; elle ne souhaitait qu'une chose, me voir heureux de nouveau. Elle m'a rappelé que Dieu veillait sur nous, que nous avions eu une vie merveilleuse jusqu'ici en lui faisant confiance, et que nous devions être confiants que quelque chose de meilleur nous attendait. Elle m'a suggéré de postuler pour un emploi d'entraîneur, en me demandant: « Pourquoi ne consacrerais-tu pas ta vie à aider des jeunes gens à développer la leur? »

Une noble idée, sans doute, mais cela ne suscitait certes pas en moi autant d'excitation que le baseball professionnel. Me sentant obligé de faire *quelque chose*, j'ai postulé et j'ai été embauché.

Encore sous le coup d'avoir tant ruminé sur mon sort, je me suis présenté au travail et, sans surprise, on m'a demandé de devenir entraîneur dans trois disciplines sportives – le football et le baseball, pour lesquels j'avais de l'expérience et de l'assurance, et la lutte, dont je ne connaissais absolument rien, nada, zéro. J'aurais pu plaider ma cause en demandant qu'on me retire la lutte, mais je n'ai même pas essayé. Morose, j'ai choisi de me dire que c'était le destin qui me torturait une nouvelle fois, me forçant à « prendre ma pilule ». Ce n'est que plus tard que j'ai compris que la main de Dieu me guidait.

Je savais que je ne pouvais duper les jeunes qui s'étaient présentés pour l'équipe de lutte. Le moins expérimenté d'entre eux en savait *énormément* plus que moi. Je leur ai donc dit la vérité : l'école n'avait pas le budget nécessaire pour embaucher un vrai entraîneur de lutte ; j'étais l'entraîneur et j'aurais besoin de leur aide.

Les garçons ont accepté leur sort mieux que je ne l'aurais cru. Ils ont mis sur pied un système où les meilleurs lutteurs enseignaient les prises aux plus nouveaux. Ma contribution s'est limitée à aller chercher Ed Davies, un talent reconnu à l'échelle nationale d'une université voisine, en lui promettant la moitié de mon salaire.

Parce que j'avais été honnête avec eux dès le début et que j'avais accepté de partager mon salaire pour recruter de l'aide, l'équipe a immédiatement fait preuve d'appréciation. Nous étions un bon groupe – plein d'énergie, concentré, et apprenant à chaque jour – mais un seul lutteur, Alan Katuin, s'était qualifié pour le match le plus important de la saison.

L'adversaire d'Alan était Major Edwards, un lutteur invaincu, plus expérimenté, d'une plus grande école. Les deux lutteurs étaient réputés pour leur forme physique exceptionnelle et leur habileté, mais on disait qu'Edwards allait gagner par immobilisation ; il était simplement plus expérimenté.

Alan était motivé, intelligent et concentré. Calme de nature, il parlait peu dans le vestiaire pendant les préparatifs d'un match. J'ai donc été surpris quand il est venu à moi avant son match contre Edwards. « Où est l'entraîneur Davies ? » a-t-il demandé.

« Retenu par une urgence, ai-je répondu. Il ne pourra pas être ici. » Anxieux, j'ai ajouté : « Mais il a confiance en toi, tout comme moi. »

Un arbitre est entré dans le vestiaire. « Prêt ?, a-t-il demandé. C'est à ton tour. »

On nous a escortés jusque dans le gymnase – plein à craquer, dans la pénombre, sauf le matelas qui était éclairé par un projecteur. J'étais figé. Je n'avais pas senti une telle poussée d'adrénaline depuis le jour où j'avais lancé un match de quatre coups sûrs contre l'équipe de premier rang aux championnats régionaux de la NCAA, les Trojans de USC. Mes quatorze retraits au bâton de ce match ne signifiaient pas plus que le match d'Alan aujourd'hui.

Soudain, Alan s'est arrêté, a saisi mon bras et m'a dit, à sa manière calme et douce : « Coach, pensez-vous que je peux l'emporter ? Avez-vous un conseil pour moi ? »

Pendant ce qui m'a semblé une éternité, je suis demeuré sans voix. « Alan », ai-je dit, sachant que ce n'était pas le moment de commencer à mentir, « tu connais la lutte mieux que moi. Tu le sais. Mais je connais ton cœur. Je crois en toi. Si tu luttes comme tu l'as toujours fait, tu peux l'emporter. »

Ce qui a suivi a été le match du tournoi. La foule s'est animée dès le départ, le chahut qui en a résulté ajoutait à l'excitation. Alan a perdu trois à deux.

J'étais émotionnellement démoli. Comme la plupart des spectateurs, je croyais que l'arbitre aurait dû accorder des points à Alan parce qu'Edwards, après avoir pris les devants, avait finement utilisé une tactique qu'on appelle « perdre du temps ». Je pensais que j'aurais dû être en mesure de donner à Alan des conseils tactiques qui l'auraient aidé, mais j'en avais été incapable.

Quand l'arbitre a mis fin au match en levant le bras du vainqueur, comme le veut la tradition, j'ai ressenti un autre coup de poing au ventre. Cela n'a pas duré quand j'ai vu Alan aller vers Edwards pour le féliciter. La défaite aurait pu rendre Alan amer, mais il n'a manifesté aucun ressentiment, aucune rancœur.

Il s'est ensuite dirigé vers moi et a dit : « Merci, Coach. » Pas d'excuses, pas de justification, seulement une solide poignée de main et le regard d'un gagnant dans ses yeux. J'ai senti les larmes monter dans les miens. J'ai eu peur de l'embarrasser en laissant voir des émotions aussi fortes.

Ce fut la seule défaite d'Alan au cours de la saison. Dans les jours qui ont suivi, je l'ai observé attentivement. Il n'a jamais broyé du noir. Il était un modèle pour tous les membres de l'équipe, y compris pour son entraîneur débutant.

Alan a continué à s'améliorer en gagnant en force et en astuces sur le matelas, et au cours de sa dernière année, il a été le lutteur dominant de la section centrale. Il a ensuite fréquenté l'université d'État Fresno, où il a continué d'impressionner ses adversaires et ses entraîneurs par son caractère exemplaire et son talent exceptionnel.

Le geste d'Alan ce soir-là – sa poignée de main et son sincère *Merci, Coach*, malgré la défaite – a éveillé en moi un enthousiasme qui dure encore aujourd'hui, trente-trois années plus tard. Son exemple m'a inspiré à m'investir en tant qu'entraîneur, à accepter les défis ainsi que les récompenses, à vouloir faire une différence dans la vie des gens.

L'expérience a changé ma vie en me montrant l'impact direct que peut avoir une seule personne. Il y a eu des moments de déprime, bien sûr, surtout quand je laissais les souvenirs d'un rêve évanoui monter comme une affreuse fumée qui brouillait ma vision de ce que je pouvais faire pour changer les choses. Ces défaillances sont de courte durée et elles ne menacent jamais mon enthousiasme. Je n'ai qu'à me souvenir de la grâce et de la maturité d'Alan Katuin.

Dieu m'a mis en présence d'un jeune homme de qualité dont le sens inébranlable de ce qui est important m'a guidé vers une vie saine – une vie de *don*, où j'ai pu faire une différence.

Tout ce que je peux dire, et je le dis chaque jour, c'est : *Merci, Linda. Merci, Alan. Merci, Seigneur.*

Jack Hannah

Le deuxième départ de Lyle

Quand j'étais entraîneur des Raiders en 1982, Cleveland nous a approchés en vue d'un échange possible pour Lyle Alzado. Après l'avoir regardé jouer sur des enregistrements, je n'étais pas très impressionné, mais le propriétaire des Raiders, Al Davis, croyait que nous pourrions insuffler un peu de vie à Lyle si nous l'entourions du bon climat. Nous avons donc procédé à l'échange.

Pendant le camp d'entraînement de cet été-là, avant notre première année à Los Angeles, Lyle éprouvait des difficultés. Il avait ce regard dans les yeux, comme dans ceux de plusieurs recrues et de certains vétérans, lorsque les choses ne vont pas bien. C'est un air apeuré, un peu vitreux, qui n'est pas de bon augure pour un entraîneur.

Un matin, Lyle est entré dans mon bureau et a fermé la porte. On aurait dit qu'il n'avait pas dormi. C'était un énorme géant, dont la tête ne pouvait pas être plus basse. Nous avons parlé, ou plutôt j'ai écouté. En résumé, Lyle croyait que sa carrière était terminée et qu'il vaudrait mieux pour lui et pour l'équipe qu'il prenne sa retraite. Il s'est dit désolé de nous décevoir parce que venions tout juste de l'embaucher lors d'un échange, mais...

Lyle a toujours été un grand émotif. C'est une des raisons qui ont fait de lui un bon ailier défensif. Il avait constamment cette énergie émotive, et il était prêt à la libérer dès la mise en jeu du ballon. Aujourd'hui, il était là devant moi, au bord des larmes.

J'ai réfléchi pendant un moment, voyant bien que nous devions raviver cette flamme. J'ai alors calmement énuméré les raisons pour lesquelles il ne devrait *pas* prendre sa retraite. Il jouait sur la deuxième ligne défensive. Je lui ai promis que cela allait changer s'il s'améliorait, mais que cela ne serait pas possible tant qu'il serait dans cet état d'esprit. J'ai conclu notre conversation en disant : « Tu vas jouer là-bas et donner le meilleur de toi-même, et laisse-nous décider si tu as encore ta place. Personnellement, je crois que si. »

Passons maintenant au mois de janvier 1984. Le stade de Tampa Bay, le Super Bowl XVIII. J'arpente les lignes de côté. Il reste moins de deux minutes à jouer, nous menons par 38 à 9. C'est la fin ! Nous sommes les champions du monde du football professionnel. C'est ma deuxième victoire au Super Bowl en tant qu'entraîneur-chef. En marchant, je voyais les entraîneurs et les joueurs prêts à exploser de joie, ayant de la difficulté à se retenir le long des lignes de touche en attendant la fin officielle du match. Puis, j'ai vu Lyle, debout près du banc et pleurant comme un enfant. J'ai dû me retourner rapidement, sinon j'aurais été en larmes, moi aussi.

Je me suis souvenu de ce matin-là dans mon bureau et de ce que Lyle et les Raiders avaient accompli depuis son arrivée chez nous : 8-1 en 1982, l'année de la grève, et 12-4 en 1983, directement en finale pour le titre de l'AFC contre Seattle, et aujourd'hui une victoire contre Washington au Super Bowl XVIII, qui faisait de nous les champions du monde. Si Lyle n'avait pas élevé son jeu d'un cran pour relancer sa carrière, il n'aurait pas connu cette victoire. Il est possible que les Raiders n'auraient pas connu cette victoire, non plus. C'est à ce moment, parmi la joie quasi hystérique de toute l'organisation des Raiders, que j'ai ressenti une des plus grandes satisfactions de ma carrière d'entraîneur.

Lyle est décédé maintenant, victime d'une tumeur au cerveau qui l'a emporté trop tôt, mais pas avant d'avoir été un champion du monde.

Tom Flores

Courir par amour

Plus que tout, lance-toi des défis. Tu seras peut-être surpris de constater tes forces et ce que tu peux accomplir.

Cecile M. Springer

Cent quarante coureurs du secondaire s'agitaient nerveusement sur la ligne de départ, évaluant la rude course de cross-country de cinq kilomètres et leurs chances de terminer le Championnat de niveau secondaire de cross-country du Michigan.

C'était la dernière course de Bill. Il était pâle et semblait nerveux. Je me suis demandé s'il était vraiment à sa place. Chose certaine, les autres étaient doués de plus de force et de vitesse que lui. Par contre, personne n'a jamais créé une échelle pour mesurer la force intérieure d'un jeune homme ou les limites de son désir. Les qualités morales de Bill suffiraient-elles pour lui permettre de réaliser son rêve d'être un des « meilleurs coureurs de l'État »? Pour mériter cet honneur, il devait terminer parmi les quinze premiers.

En théorie, si on comparait ses temps de qualification à ceux des autres coureurs, il aurait dû terminer en fin de peloton. La défaite semblait inévitable. Déjà à dix-huit ans, Bill avait connu plus que sa part de revers.

À l'école primaire, il avait vécu un long cauchemar. Quand il a été décidé qu'il devait reprendre sa première année, il ne s'est pas plaint; il a simplement redoublé d'efforts. Au cours des années, ses instituteurs nous ont convoqués pour discuter de ses difficultés scolaires. En sixième année, une institutrice nous a convoqués à une rencontre. « Je regrette de vous apprendre ceci, a-t-elle dit, mais Bill ne fait plus d'efforts – il a complètement abandonné. » Ses paroles m'ont attristé. Je craignais que mon fils ait perdu à jamais toute confiance en lui-même, cette image de soi si précieuse et pourtant si fragile qui, à elle seule, pourrait plus tard lui éviter des échecs.

Au coucher, je lui ai parlé de ma propre expérience au primaire, comment j'avais été le plus stupide de la classe, mais que, grâce à l'amour et à la compréhension de mes parents et de mes instituteurs, j'avais tout de même réussi à traverser ces années pour m'inscrire en droit. Je lui ai aussi dit qu'il était facile de penser que les autres réussissaient facilement sans efforts, mais que la vie n'était habituellement pas ainsi. La plupart des triomphes naissent des cendres de la défaite. « Bill, ai-je dit en terminant, je suis convaincu qu'un jour, d'une manière ou d'une autre, tu arriveras à surmonter tes défaites. »

Il a répondu : « Tu sais, papa, ne pas réussir très bien n'est pas si mal quand quelqu'un t'aime et te soutient. »

Crack ! Le coup de départ a lancé la course. Mes genoux tremblaient et une voix qui me semblait distante et rauque est sortie de ma gorge dans le vent froid de novembre. « Allez, Billy Blue ! » ai-je crié à mon fils qui portait le maillot bleu de l'école secondaire Kimball de Royal Oak. J'ai couru avec la foule vers un plat au bas d'une colline d'où nous pourrions apercevoir les coureurs. Nous y sommes arrivés tout juste comme le premier coureur passait. Je ne pouvais pas voir son visage, mais à son style, ce n'était pas Bill.

Enfin, il est apparu au sommet de la colline, très droit, son épaule droite vacillant de haut en bas à chaque balancement de ses bras très lâches. Sa foulée était bien reconnaissable. Il y avait trente-neuf coureurs devant lui. Soudain, Bill est sorti du peloton et a commencé à dépasser des coureurs.

Cela m'a rappelé qu'à l'école il ne lâchait jamais malgré les difficultés. Il s'est avéré que les problèmes scolaires de notre fils étaient dus à la paralysie d'un nerf optique qui causait occasionnellement une vision double et de sérieuses difficultés de perception. Au moment d'entrer au secondaire, Bill a commencé à travailler avec un ophtalmologiste et un tuteur en lecture. À force de volonté, il a fait de tels progrès qu'il s'est retrouvé au tableau d'honneur de l'école.

En huitième année, il s'est inscrit en athlétisme – discipline course –, un sport où personne n'est jamais exclu. Au cours de la première saison, Bill a perdu toutes les courses. Cependant, chaque défaite augmentait sa détermination. L'automne suivant, il a fait partie de l'équipe de cross-country. Il n'a pas connu de bons résultats, mais il a toujours donné tout ce qu'il avait. Le capitaine et meilleur coureur de l'équipe, Phil Ceeley, a vu sa détermination et l'a aidé. Bientôt, notre fils est devenu un personnage familier de nos rues, courant jusqu'à 25 kilomètres par jour, tous les jours. Ces milliers de kilomètres d'entraînement ont commencé à donner des résultats à sa dernière année de secondaire. Il est devenu le coureur le plus rapide de son équipe de cross-country et ses coéquipiers l'ont choisi comme un de leurs cocapitaines. Pour faire partie de l'élite de l'État, il devrait battre des milliers de coureurs.

J'ai couru avec les autres spectateurs vers la borne de 1,2 km d'où nous pourrions voir les coureurs de nouveau. Un coureur solitaire est arrivé au sommet de la colline – ce n'était pas Bill – et a gracieusement descendu la pente gazonnée. Puis, un essaim de garçons maigres et soufflants est arrivé. Dix… treize… seize… dix-neuf… Le voilà! Mon cœur s'est serré. Il était en vingtième place et coincé à l'intérieur du groupe. *Tu dois faire quelque chose maintenant! Après, il sera trop tard,* ai-je pensé. Comme s'il m'avait entendu, Bill s'est soudainement amené vers l'extérieur et est passé de la vingtième à la sixième place en moins de cent mètres.

« Go, Ba-ee », ai-je crié alors qu'il passait. « Ba-ee » – notre petit surnom affectueux pour Bill – m'avait échappé. Quand ses deux jeunes frères, Dave et Jim, avaient commencé à parler, « Ba-ee » était leur façon la plus intelligible de dire « Billy ».

Mon allégresse s'est soudainement transformée en peur au moment où il se dirigeait vers les arbres. Il lui restait plus de trois kilomètres à parcourir. Je ne pouvais qu'attendre, m'inquiéter et me poser des questions. Il est sorti de la forêt à la borne de 3,2 km en quatrième place, presque côte à côte avec un garçon qui l'avait facilement battu toute l'année. Mon cœur n'a fait qu'un tour – quatrième place, même cinquième – c'était assez pour faire partie de l'élite de l'État. Le visage mince de Bill était déformé par la douleur, l'anxiété et son intense désir.

« Allez, Billy Blue ! Allez, Ba-ee ! » M'entendait-il ? Pouvait-il sentir le cri de mon amour ?

En courant rapidement au-delà de la borne de 4 km, j'ai rejoint le corridor d'arrivée où deux longues cordes formaient un « V ». Ma femme attendait là, pleine d'espoir. « Il est quatrième », ai-je dit, essoufflé, me tournant rapidement pour ne pas montrer mes larmes.

J'ai alors vu un coureur détendu et confiant de Grosse Pointe traverser la ligne d'arrivée aux cris des spectateurs. Puis, les deuxième et troisième coureurs ont traversé la ligne.

Une éternité plus tard, Bill, toujours au coude à coude avec son concurrent, est apparu. Les deux coureurs exténués ont franchi le fil d'arrivée ensemble. J'ai examiné attentivement le visage de Bill. Ses traits de jeune homme étaient déformés par la douleur et il chancelait.

Croyant qu'il allait s'écrouler, j'ai instinctivement passé sous les cordages, j'ai couru vers lui et j'ai mis son bras sur mon épaule pour le soutenir. Cherchant désespérément son souffle, il s'est écrasé contre moi, vidé de toute énergie. Quelques secondes plus tard, il s'est redressé. « Je vais bien maintenant, papa », dit-il en faisant ses exercices pour se détendre. Il s'était remis.

Ce n'était pas mon cas. J'étais submergé. J'ai tenté de retenir mes larmes, mais sans succès. Je devais les laisser couler. J'ai tenté de regarder Bill, mais je ne voyais pas. J'ai tenté de parler, mais les mots ne venaient pas.

Pendant un instant, j'ai eu honte. Le masque habituel était tombé, sans crier gare, et, pendant une seconde, je me suis demandé ce que les autres penseraient. Cependant, au fond de moi, je savais que mes larmes étaient tout à fait appropriées en une telle occasion ; oui, on aurait même pu dire empreintes de bonheur.

Juge Keith J. Leenhouts

Une performance parfaite

*Il faut se lever déterminé chaque matin si l'on veut
se coucher satisfait.*

George Horace Lorimer

Elle est sortie de la patinoire de pratique en titubant,
soutenue par quelques-unes de ses amies du club de patinage. Je me suis précipitée pour apporter à Heidi sa
veste et pour la soutenir en attendant de trouver un
siège. Elle avait quinze ans et vivait avec un cancer
depuis un an. Nous avions appris la nouvelle en rentrant
de Chicago où elle avait remporté sa première médaille
d'or en compétition internationale.

Puis vinrent les tests, les traitements invasifs et
l'opération. À travers toutes ces épreuves, ce qui lui
importait le plus était de pouvoir continuer à patiner.
Heureusement, son médecin lui avait permis de patiner
tant qu'elle en serait capable.

Greg, l'ami de Heidi, m'a aidée à lui retirer ses patins.
Au début, tous les jeunes étaient effrayés par l'épreuve
de Heidi, mais peu à peu, ils y ont mis du leur pour la protéger.

« Comment va-t-elle? » a demandé Greg.

« Bien. Elle n'a besoin que d'une bonne sieste avant
que nous l'emmenions à la voiture », ai-je répondu.

Des enfants heureux tourbillonnaient autour de moi
pendant que Heidi dormait. Ils essayaient de rester
calmes, mais l'enthousiasme à la veille des Jeux du
Keystone State (surnom de la Pennsylvanie) était évident. J'aurais tant voulu que Heidi puisse revivre de tels
moments.

Heidi avait travaillé fort à ses programmes et elle était bien décidée à participer à la compétition, mais la date limite pour les inscriptions était passée. Je l'ai réveillée et nous nous sommes dirigées vers la voiture. « Maman, Coach Barb dit que mes programmes sont bons. Je veux participer aux Jeux de l'État. »

Ce fut comme un coup au cœur. Quand je lui ai dit que la date limite des inscriptions était passée, elle a répondu que son entraîneuse pourrait probablement l'inscrire encore. « Maman, dit-elle, je ne m'attends pas à une médaille. Je veux juste y aller et être normale pour quelques jours. C'est trop demander ? » Un sanglot lui a échappé.

« Parlons au médecin », dis-je, incertaine.

Le lendemain, lors de sa visite de contrôle, elle a donné au médecin une longue explication détaillée des Jeux de l'État.

« Voici ce que j'en pense, a-t-il répondu. Je suis d'accord si ta mère l'est également, mais tu devras obtenir l'autorisation de manquer tes traitements de radiothérapie. »

J'ai ajouté ces autres conditions : « Tu devras bien t'alimenter, bien dormir et bien prendre soin de toi. »

« Promis ! » a-t-elle répondu.

Après avoir reçu l'autorisation de l'oncologue et fait parvenir son inscription de dernière minute, Heidi était prête à se rendre aux Jeux de l'État. C'était maintenant la grande soirée, et Heidi s'apprêtait à sauter sur la glace pour son numéro de style libre. Je priais.

Les haut-parleurs ont fait entendre son nom et j'ai maintenu la caméra dans ma main pendant qu'elle glissait gracieusement sur la glace, comme aux meilleurs jours. Fièrement, elle a pris sa pose. La chanson-thème du film *Steel Magnolias* [Potins de femmes] a rempli l'aréna, et Heidi a débuté son programme long.

Elle a piqué la pointe de son patin dans la glace et s'est envolée dans un saut. Son élévation était si haute que, l'espace d'un instant, on a vu la peur sur son visage. « Oh, mon Dieu, faites qu'elle ne se casse rien en retombant. »

Elle a fait un atterrissage parfait, la jambe tendue derrière elle, tout comme les pros. Un grand sourire a illuminé son visage comme pour dire *Je l'ai eu!* Elle a enchaîné le mouvement suivant sous un tonnerre d'applaudissements de la foule. Partout dans l'aréna, on entendait *Allez Heidi!* Elle a débuté son dernier mouvement, un grand aigle intérieur-extérieur, qu'elle a parfaitement réussi.

Les spectateurs ont explosé de joie. Nous ne pouvions le croire. Un autre magnifique saut! Elle accumulait des points pour son équipe. Elle a entrepris une magnifique spirale, son pied bien haut comme l'étendard de la victoire. Les joues rosies par l'effort, elle arborait avec fierté un grand sourire épanoui. Heidi avait réussi sa meilleure performance!

Elle est sortie victorieusement pour tomber dans les bras de son entraîneuse. Barb lui a fait une grosse accolade, toutes deux savourant en larmes ce moment incroyable. Puis, la joie de son entraîneuse s'est transformée en stupéfaction. Heidi était tombée inanimée dans ses bras.

La foule s'est tue. J'ai accouru.

Je les ai rejointes au moment où le poids de Heidi commençait à être trop lourd pour Barb. J'ai reculé dans les estrades pour m'y appuyer. Des bras ont offert leur aide. J'ai allongé Heidi doucement et j'ai cherché son pouls. Je l'ai senti.

Le public abasourdi retenait son souffle pendant que je l'examinais.

Le silence a été rompu par un bourdonnement! Puis, ce fut une explosion de joie. Les applaudissements résonnaient jusqu'aux poutrelles de l'aréna glacial. Les parents de ses rivales nous prêtaient leurs couvertures pendant que Heidi faisait une sieste bien méritée. Elle était encore endormie quand ses coéquipières sont arrivées pour la féliciter. Elle avait remporté la médaille d'or dans le programme libre!

Nancy E. Myer

La plus merveilleuse histoire de baseball de tous les temps

Un héros est celui qui a donné sa vie pour quelque chose de plus grand que lui-même.

Joseph Campbell

En 1937, on a demandé à Lou Gehrig, le premier but étoile des Yankees de New York, de se rendre à l'Hôpital pour enfants de Chicago – alors qu'il se trouvait dans la ville pour disputer un match contre les White Sox – afin de rendre visite à un garçon atteint de polio. Tim, dix ans, avait refusé tout traitement. Lou était son héros et les parents de Tim espéraient que Lou accepte de rendre visite à leur enfant afin de l'inciter à entreprendre le traitement.

Tim a été stupéfait de rencontrer son héros. Lou lui a dit : « Je veux que tu guérisses. Suis le traitement et réapprends à marcher. »

Le jeune a répondu : « Lou, si tu frappes un coup de circuit pour moi aujourd'hui, je vais réapprendre à marcher. » Lou a promis.

En route vers le stade, Lou se sentait responsable et craignait de ne pouvoir tenir sa promesse. Il n'a pas seulement frappé un coup de circuit ce jour-là, mais il en a frappé deux.

Deux années plus tard, alors que Lou Gehrig se mourait de la redoutable maladie des muscles qui porte aujourd'hui son nom, on célébrait la Journée Lou Gehrig au Yankee Stadium le 4 juillet 1939.

Quatre-vingt mille spectateurs, le gouverneur, le maire et plusieurs personnalités étaient venus lui rendre hommage. Lou était un des grands héros de l'Amérique.

Juste avant qu'on donne le micro à Lou pour son allocution de remerciements, Tim, qui avait alors douze ans, est sorti de l'abri, a laissé tomber ses béquilles et, avec son appareil orthopédique, a marché vers le marbre pour prendre Lou par la taille.

C'est à cela que pensait Lou Gehrig quand il a prononcé ces paroles immortelles : « Aujourd'hui, je me considère comme l'homme le plus chanceux sur terre. »

Mack R. Douglas

*Vous prêcherez un meilleur sermon
par votre vie que par vos paroles.*

Oliver Goldsmith

Une simple gentillesse

Vince Desmond a pris l'appel. Un appel parmi des centaines auxquels il avait répondu pendant sa carrière de directeur des relations communautaires des Tigers de Détroit – un père qui demandait s'il était possible que son fils rencontre un des joueurs des Tigers de Détroit. Mais cette demande était particulière. Le garçon allait mourir, une semaine à vivre, peut-être. Vince l'a assuré qu'il ferait de son mieux et qu'il le rappellerait.

Vince s'est rendu sur le terrain. C'était la pratique au bâton de l'équipe. Il s'est dirigé vers un des joueurs partants et lui a parlé du jeune homme. La réponse attendue est venue: « Okay. Je le verrai. »

Vince a rappelé le père. Pourrait-il venir avec son fils le lendemain vers onze heures? Bien sûr.

Le père et le fils sont arrivés une heure avant le temps. À la fin de la pratique au bâton, Vince s'est approché du joueur pour lui dire que le jeune garçon l'attendait. *Je n'ai pas le temps* fut la brève réponse. *Je dois pratiquer ma défensive*, et le joueur est parti vers l'avant-champ. Il y a une règle non écrite, mais très stricte. Dès qu'un joueur a traversé la ligne blanche, on ne peut aller le voir. Vince a approché quelques autres joueurs. Ils étaient « trop occupés ». Le temps passait; l'heure du match approchait.

En sortant de l'abri, Vince se demandait comment il allait annoncer au garçon qu'il n'avait pu trouver personne pour venir le saluer. Il a passé devant le vestiaire. Il n'y avait qu'un seul joueur, et celui-ci a remarqué que Vince avait peine à retenir ses larmes. « Hé, Vinnie, t'as un problème? »

« Tu es le partant aujourd'hui, je ne peux pas t'embêter », a-t-il répondu.

« Demande toujours. »

Vince lui a parlé du jeune garçon. Pourrait-il, voudrait-il prendre une minute pour le saluer?

Le lanceur a souri et est parti rencontrer le garçon. Vingt minutes plus tard, le lanceur est revenu dans le vestiaire, a ouvert son casier, a sorti deux billets de vingt dollars, s'est rendu chez le gérant de l'équipement, a acheté un blouson neuf des Tigers et est allé le porter au garçon.

Ce jour-là, le lanceur a remporté la victoire, après avoir gagné le cœur de son plus récent admirateur.

Le lendemain, le père a rappelé Vince pour lui dire que son fils avait porté son blouson pour dormir et qu'il n'avait pas si bien dormi depuis longtemps. Il avait un dernier vœu : « Serait-il possible que le joueur lui donne une photo autographiée? »

Vince a répondu qu'il ferait de son mieux. C'était toujours ce que répondait Vince, et il le faisait toujours.

Photo en main, Vince s'est approché du joueur, qui, en le voyant venir, a dit en riant : « Alors, Vince, de quoi s'agit-il maintenant? »

« Accepterais-tu d'autographier cette photo pour le jeune garçon que tu as rencontré hier? »

« Sans problème », a-t-il répondu. Le lanceur a inscrit : *À mon nouvel ami, pour toujours. Jack Morris.*

Le jeune garçon est décédé moins d'une semaine plus tard. Son blouson des Tigers et la photo autographiée se trouvaient dans son cercueil.

John Gross

Le pouvoir albinos

Avec le temps, on n'atteint que ce qu'on a visé. En conséquence, même si vous deviez échouer, il est préférable de viser haut.

Henry David Thoreau

Je suis né albinos, à Scranton, Pennsylvanie, en 1945. Personne dans ma famille ne savait ce qu'était un albinos auparavant, ce que cela comportait, ni ce qu'il fallait faire différemment parce que j'étais un albinos.

Mes parents, ma famille et mes amis me traitaient comme ils traitaient tous les autres. C'était la meilleure chose à faire. Cela m'a aidé à avoir confiance en moi. Ainsi, lorsque des désagréments survenaient, je pouvais y faire face.

Il est vrai que sur mes photos d'écolier j'avais l'air d'une boule de neige avec deux morceaux de charbon pour les yeux. Comme la plupart des albinos, ma vue était très faible, mais le fait que je pouvais à peine voir ne m'a jamais beaucoup contrarié.

Les jeunes m'agaçaient, me demandaient quand j'allais entrer au cirque et m'appelaient « blanchon ». J'avais de la difficulté dans mes études jusqu'au moment où, surmontant ma timidité, j'ai compris que j'avais le droit de demander de m'asseoir au premier rang pour mieux voir au tableau. Les gens me dévisageaient quand je tenais mes feuilles près de mon nez pour les lire. Même à l'âge de huit ou neuf ans, les commis au cinéma me demandaient d'acheter un billet d'adulte parce que « j'avais l'air plus vieux ».

Ce qui me chagrinait le plus était que je ne pouvais être bon en sport à cause de ma vue. Mais, je n'ai jamais renoncé à essayer. Je pratiquais mes tirs au panier chaque jour et, l'été, je jouais au « whiffle ball » (parce qu'une *whiffle ball* frappée en flèche ne peut vous tuer). Et j'étudiais encore plus fort.

Finalement, mes résultats scolaires se sont améliorés, et j'ai adoré ça. Au moment d'entrer à l'université, je me spécialisais doublement : j'allais à l'école l'été et je pratiquais toutes sortes d'activités parascolaires. J'avais appris à être fier d'être albinos. Je faisais de grands efforts pour que le mot « albinos » ait une consonance positive. Et j'ai décidé de gagner ma vie avec mes yeux – dans le domaine du *sport*.

Ma vue ne me permettait pas de pratiquer les sports, mais une bonne éducation et une grande détermination me permettraient de gagner ma vie dans le domaine que j'adorais. C'est ce que je fais depuis maintenant trente ans dans l'imprimé et la vidéo, et maintenant dans le cyberespace. Les gens blaguent en me disant que je suis le seul « éditeur aveugle » qu'ils connaissent, mais ces blagues sont en fait des sourires verbaux, certaines sont même des marques de respect. De plus, je fais moi-même des blagues sur les albinos. J'ai même développé un numéro « tout blanc », si on peut appeler cela ainsi.

Je n'étais qu'un fier garçon albinos né dans la région du charbon en Pennsylvanie. Je comprends aujourd'hui que le fait d'être né albinos m'a aidé à surmonter les obstacles, à acquérir de la confiance en moi, et à être fier de mes réussites personnelles, et humble par rapport à mes réalisations professionnelles.

John A. Walsh

Un cœur d'or

Ses amis et sa famille ne cessaient de lui répéter que son jour viendrait. Elle répondait toujours par un demi-sourire et un petit hochement de tête, mais elle ne semblait jamais vraiment y croire. C'était pour ainsi dire compréhensible, car même au sommet de sa carrière, elle semblait toujours être celle qui ratait la célébrité de peu. La célébrité était presque toujours réservée aux gymnastes vedettes de son époque, comme Shannon Miller et Kim Zmeskal. Cependant, l'ombre qui la tenait juste derrière la célébrité était aussi reliée à des résultats. Elle était toujours à une position de la qualification. Aux Olympiques de 1992, elle a raté la grande finale par quatorze millièmes de point. Ce serait presque un euphémisme de dire que Kerri Strug était donnée perdante pour les Jeux olympiques de 1996.

Après les Jeux de 1992, son entraîneur, Bela Karolyi, a pris sa retraite, ce qui a forcé Kerri à errer d'équipe en équipe à la recherche d'un remplaçant de qualité. En plus du stress de la recherche du bon entraîneur, elle était accablée par des blessures – déchirure d'un muscle à l'abdomen et sévère entorse lombaire. Elle qualifie ces années entre les Olympiques comme « les pires années de ma vie ». La meilleure chose qui soit arrivée pendant cette période fut la décision de Karolyi de sortir de sa retraite à la fin de 1994. Une année plus tard, quelques mois à peine avant les Jeux d'Atlanta, Kerri a repris l'entraînement sous la gouverne de Bela et visait les Olympiques de 1996.

Au début des Jeux, les médias se concentraient sur les « valeurs sûres », comme Dominique Dawes et Shannon Miller. Le moment de Kerri est venu alors qu'elle était la dernière gymnaste américaine, à la dernière rotation de la dernière journée de compétition par équipes. De son

saut dépendait la médaille d'or de l'équipe. Un atterrissage trop court sur son premier saut lui a causé une blessure sérieuse à la cheville. On sentait maintenant la
tension. À ce moment-là, Kerri ainsi que ses coéquipières
et son entraîneur croyaient qu'elle devait effectuer un
deuxième saut pour l'emporter. Ils ne savaient pas que
son premier saut avait été noté suffisamment haut pour
la victoire.

Kerri est allée voir Bela pour lui dire qu'elle ne sentait plus sa jambe. Bela lui a répondu qu'elle devait faire
un autre saut. « Faut-il que je recommence ? » a-t-elle
demandé. « Le peux-tu ? Le peux-tu ? » a répliqué Bela.
Kerri a hésité : « Je ne le sais pas encore. » Puis, elle a
conclu : « Je le ferai, je le ferai. » Kerri savait que c'était
le moment ou jamais de se prouver à elle-même, à ses
coéquipières et à tous ceux qui doutaient, sa volonté
d'être une championne. Elle était sur le point de gagner
ce titre.

Elle a donc effectué son second saut, malgré une blessure terriblement souffrante, et a remporté le championnat. Le saut de Strug représentait, selon le compte rendu
de *USA Today*, la « plus grande victoire d'une équipe
américaine aux Olympiques depuis que l'équipe américaine de hockey avait battu l'Union soviétique en 1980 ».

À la cérémonie de remise des médailles, Bela, son
entraîneur, a porté Kerri dans ses bras jusqu'au podium,
où ses coéquipières l'ont soutenue alors qu'elle se tenait
sur une seule jambe pendant l'hymne national. Pour la
première fois de l'histoire, l'équipe féminine de gymnastique des États-Unis remportait l'or. C'était aussi la première fois dans l'histoire que Kerri Strug était la vedette.

Chris Tamborini

Le garçon qui voulait devenir entraîneur

« Comme une pile de dix cents ». C'est ainsi que son père le décrivait. Maigre, trop grand pour son poids et une seule passion – tout ce qui comportait un ballon, un panier, un bâton ou un gant.

Son calendrier comprenait trois saisons – le football, le basket-ball et le baseball. Ces trois sports occupaient l'année entière de ce garçon.

Une année, au début de la saison de football, il devait avoir douze ans, le garçon a compris que son corps n'allait pas se gonfler et lui donner la masse requise pour devenir un athlète vedette. Il était beaucoup trop léger pour le football, même au poste de quart. Il était assez grand pour le basket-ball, du moins pour l'instant, mais il sentait qu'il n'aurait jamais la taille de l'Empire State Building.

Pendant un temps, il a songé au baseball. Pour sûr, personne d'autre n'aimait plus ce sport, lui qui arrivait plus tôt et qui partait plus tard à chaque entraînement, lui qui avait toujours des questions, des questions, des questions, et qui faisait même des *suggestions* à l'entraîneur.

Pourtant, dès l'âge de douze ans, le garçon savait au fond de lui-même, tout comme il lui était impossible de deviner l'état d'âme d'un lanceur, qu'il ne deviendrait jamais un athlète professionnel. La question était donc: *Comment allait-il garder les sports dans sa vie?*

Il y a réfléchi et réfléchi. Pendant un bon bout de temps. Puis l'idée est venue, aussi simplement et aussi clairement qu'il l'avait imaginée – il serait entraîneur!

Sa décision d'abandonner l'idée de devenir le prochain Babe Ruth ne l'a pas empêché de donner le meilleur de lui-même au sport. Au contraire. Son objectif atteignable l'a aiguillonné encore plus. Maintenant, il avait plus que sa propre performance à étudier – les rouages d'une organisation, les différentes façons dont les entraîneurs abordaient les stratégies et la motivation. Il a commencé à *tout* observer.

Une leçon l'a surpris : il a découvert qu'il pouvait apprendre autant d'un mauvais entraîneur que d'un bon. *Je m'y prendrais autrement,* se disait-il, étonnamment souvent, et il réfléchissait à ce qu'il ferait ou ne ferait pas dans cette situation. C'était une toute autre dimension du jeu !

Pour les dix années suivantes, sa *décision* n'a pas changé. Il a pratiqué le plus grand nombre possible de sports, remportant des prix mineurs, et il a dirigé ses cours universitaires vers le domaine de l'enseignement pour être prêt à devenir entraîneur dès la fin de ses études. Il a réussi. On lui a offert de devenir entraîneur-chef de l'équipe d'élite de basket-ball d'une école secondaire d'un quartier défavorisé.

Au cours de cette première saison, ils – lui et son équipe de batailleurs désordonnés qui avaient plus d'énergie que de discipline – gagnaient quelques matchs mais ils en perdaient plus encore. Il avait horreur de perdre ! Les jeunes avaient horreur de perdre ! Ils étaient très affectés, comme s'il s'était agi d'une disgrâce.

Un jour, il en a parlé à un autre entraîneur, qui lui a ri au nez ! « Personne n'aime perdre, mais ouvre les yeux !, a-t-il dit. On apprend plus de leçons dans une défaite que dans une victoire. Tu apprends sur quoi tu dois concentrer tes efforts et, de plus, les jeunes doivent apprendre à perdre et comment se relever. Pour eux, le sport est une école de vie. »

Un mardi vers la fin de la saison, l'équipe s'apprêtait à prendre l'autobus pour se diriger vers l'autre bout de la ville afin de disputer un match contre une équipe qui leur avait infligé une bonne raclée lors de leur dernière rencontre. Bien sûr, l'équipe s'était améliorée depuis, mais il en était certainement de même pour leurs adversaires. L'entraîneur pensait à son plan de match et il n'a pas immédiatement vu l'agitation près de l'autobus. Un garçon hispanophone, trop âgé pour être un élève, bousculait Cheo, leur avant-étoile. L'entraîneur s'est précipité et, en arrivant sur la scène, il a constaté que le garçon titubait, soûl comme une grive.

Cheo, un junior, était déjà leur joueur le plus rapide, le meilleur pour les lancers extérieurs. Il marquait en moyenne vingt points par match, et était un joueur exemplaire – toujours à l'heure pour les entraînements, il travaillait fort, aidait ses coéquipiers, était généreux au jeu, le meilleur passeur, le meilleur dribbleur, et totalement familier avec tous les aspects du jeu. Il semblait craindre de s'éloigner de l'intrus, mais à la suite d'un signe de tête de l'entraîneur, Cheo s'est défait de l'emprise du gars et est monté dans l'autobus.

L'entraîneur a pris le gars par les épaules dans le but de le contrôler s'il tentait quelque chose, et lui a demandé ce qui se passait. Le gars était trop ivre ou ne parlait pas assez l'anglais pour répondre. L'entraîneur l'a conduit au bureau du gymnase et a demandé au directeur des sports de régler le problème.

Quand l'entraîneur est revenu dans l'autobus, Cheo était à sa place habituelle, au fond. Il semblait calme. L'entraîneur a donc pris sa place et s'est concentré sur son plan de match.

Plus tard, au moment de descendre de l'autobus, le gérant de l'équipe a demandé à l'entraîneur: « Que va-t-il arriver de ce gars ? »

« Pourquoi cette question ? »

« Parce que ce gars est le frère aîné de Cheo », a-t-il répondu.

L'entraîneur était stupéfait. Cheo n'avait rien dit.

Après que les joueurs eurent enfilé leur uniforme et alors qu'ils se préparaient mentalement au match, l'entraîneur a pris Cheo à part. Il avait vu juste : Cheo était gêné de la conduite de son frère. C'était un garçon fier, qui travaillait fort pour réussir à l'école. Sa famille habitait un de ces complexes d'habitations pour faibles revenus que les jeunes avaient surnommé « Dogtown ». Les jeunes peuvent être cruels entre eux.

Ils ont parlé de l'esprit de famille et des restrictions sociales que Cheo appelait des « barrières ». Ils ont parlé de ce qui rendait Cheo unique et pourquoi, malgré le fait que son frère méritait de la compassion et de l'aide, cela n'entachait en rien la réputation de Cheo. L'entraîneur a amené Cheo à se concentrer sur le match, sur le présent et sur ce qu'il avait à faire. Ils ont parlé de la façon dont Cheo pourrait s'aider lui-même et aider sa famille en ne se laissant pas abattre, mais plutôt en restant fort et en jouant comme lui seul le pouvait.

Cheo a marqué vingt-neuf points lors de ce match. Et ils ont gagné.

L'entraîneur n'a jamais revu le frère de Cheo, mais il a gardé contact avec Cheo dont le nom complet était Eliseo Nino. Il a terminé ses études secondaires avec la mention « Joueur de la ligue » en basket-ball. Il a continué à jouer au basket-ball au collège, puis à une université d'État. Il a obtenu son diplôme avec de fortes notes, et il est devenu professeur adjoint et entraîneur de basket-ball au collège qu'il avait fréquenté. Quelques années plus tard, il est allé dans un autre collège de la ville en tant qu'entraîneur-chef de l'équipe d'élite de basket-ball.

Cette histoire a d'abord parlé d'un garçon maigre qui a fini par comprendre qu'être un entraîneur n'est pas en compensation d'être un joueur; c'est le même sport mais à un tout autre niveau. Mais c'est surtout l'histoire de Cheo, de la détermination d'un garçon à réussir malgré le sort qui jouait contre lui, du fait d'avoir grandi dans un *barrio*, et d'une détermination tout aussi grande de donner ce qu'il avait reçu.

Bien sûr, « la pile de dix cents », c'était moi. D'abord enseignant et entraîneur sportif au secondaire, je suis ensuite devenu arbitre au basket-ball et au football collégial, pour finir dans la Ligue Nationale de Football où j'ai passé trente et un ans. Ma passion pour le sport n'a jamais faibli.

Jim Tunney

Les règles du jeu

Sport. Un mot de cinq lettres qui signifie *échec*. Ce n'est peut-être pas ce que dit votre dictionnaire, mais c'était ma définition. J'étais une fille maigre et dégingandée pendant ma jeunesse, dans les années soixante-dix.

À mon école primaire catholique, le sport se limitait à marcher autour du terrain de stationnement pendant la récréation. Plus vieilles, nous revêtions des maillots couleur moutarde et des espadrilles, et faisions des abdominaux sur le plancher froid du gymnase. Il n'y avait pas de cours de danse, d'aérobie ou de natation.

Puis, je suis entrée au secondaire, et c'est là que le sport est devenu horrible. « M. Luther » était un petit homme arrogant qui croyait qu'enseigner à des filles était son châtiment pour une vie antérieure dans le péché.

Premier sport : le baseball. Les séances d'entraînement de M. Luther débutaient toutes de la même façon : « Écoutez-moi bien. Voici les règles : vous faites ce qu'on vous demande de faire. Si vous faites les imbéciles, vous aurez affaire à moi. Compris ? Questions ? » Un silence de mort. « Bien. Allez les femmelettes, à la course – MAINTENANT ! Si ce n'est pas trop vous demander », disait-il d'un ton sarcastique.

Nulle part dans « les règles » il n'y avait d'indications sur la façon de jouer à ce jeu. Nous étions censées le savoir. Si vous ne le saviez pas, vous étiez idiote. Malgré toutes ses années d'enseignement, il ignorait que les enfants ne peuvent apprendre si on ne leur enseigne pas.

M. Luther m'a mis un bâton dans les mains et a aboyé : « Tu ne sais même pas tenir un bâton ? » J'étais trop gênée pour lui dire que c'était la première fois. J'ai tendu le bâton, espérant que par miracle il toucherait sa balle rapide et ne fendrait pas l'air. Le miracle n'a pas eu lieu. M. Luther a secoué la tête de dégoût. Je n'ai pas fait partie de son équipe d'élite.

La pratique au champ fut pire encore. On m'a finalement reléguée au champ droit. Je n'ai pas protesté. Je restais plantée là en espérant qu'aucune balle ne viendrait dans ma direction. Je plissais les yeux dans le soleil, je regardais ma montre, j'attendais simplement que cela finisse. J'ai attendu pendant tout mon secondaire la fin des cours d'éducation physique et de tous les sports.

Quitter l'école secondaire signifiait quitter tous ces souvenirs d'échecs. C'est du moins ce que je croyais.

Quelque vingt ans plus tard, un autre jour, une autre ville. Mon fils avait six ans et il voulait jouer au baseball.

Qu'on veuille l'admettre ou non, nos enfants nous font revivre notre passé. Leurs expériences réveillent nos vieilles blessures – des choses que nous croyions oubliées depuis des années. J'ai juré que mon fils ne subirait pas le même sort que moi.

Le premier jour de pratique, j'attendais l'entraîneur – qui qu'il fût. Il n'était aucunement question qu'il mine la confiance de mon fils avant qu'elle ait eu le temps de se développer. J'étais prête à me battre. Si vous avez déjà observé une maman ours avec son ourson, vous savez ce dont je parle. L'entraîneur n'avait aucune idée de ce qui l'attendait s'il jetait la confusion dans la tête de mon fils.

L'entraîneur s'est présenté et s'est adressé aux parents. « Écoutez-moi bien, voici les règles de l'équipe. » Mon cœur a tressauté. *Pas encore. Est-ce que tous les hommes doivent parler ainsi?* Il a alors poursuivi: « Il n'y a pas de compétition dans notre ligue – nous ne comptons pas les points. Toute personne qui criera après un enfant sera expulsée. N'oubliez pas que le but de ce jeu est que les enfants s'amusent. »

J'étais abasourdie ! Qu'avait-il dit ? Avais-je bien entendu ? Les entraîneurs avaient-ils changé à ce point ? Ou était-ce juste leur discours pour les parents ? Je n'étais pas encore prête à relâcher de ma vigilance.

Mon fils s'est présenté au bâton. J'ai retenu mon souffle. L'entraîneur a lancé la balle doucement – en plein sur le marbre. Il a lancé, lancé et lancé encore. Après dix lancers et aucune frappe, il a donné la balle à l'entraîneur adjoint. Mon cœur s'est figé alors qu'il s'approchait de mon enfant. *Oh, non! C'est l'heure des remontrances*, ai-je pensé, me retenant pour rester sur mon siège.

L'entraîneur est passé derrière mon fils et a mis ses bras autour de lui. Il a signalé un lancer. Ensemble, l'entraîneur et mon fils ont frappé la balle. Mon fils a crié de joie et s'est élancé vers le premier but. Les parents criaient et l'entraîneur arborait un large sourire. « BRAVO! » a-t-il crié.

À la fin de la partie, tous ceux qui avaient frappé la balle ont eu le droit de courir tous les buts. Avec l'aide de l'entraîneur, tous les joueurs ont frappé la balle. Des coups de circuits pour tous! Les enfants étaient ravis. Ce soir-là, ils sont rentrés à la maison transportés par l'excitation d'avoir joué au baseball.

Je suis retournée à chaque séance d'entraînement, et j'étais éblouie par la patience et la douceur de l'entraîneur. Certaines mères étaient visiblement contrariées par cette ligue. Une ancienne meneuse de claque tentait désespérément de tenir le pointage pour prouver à son fils qu'il avait gagné et qu'il était la vedette. Elle n'était pas heureuse. Quelqu'un avait changé les règles sans lui en parler.

À la fin de la saison, tous les enfants avaient amélioré leur habileté. L'année prochaine, ils en apprendraient plus sur les autres règles « officielles ». Mais au cours de cette première saison, ils avaient appris à aimer le base-ball.

Malgré notre nostalgie du « bon vieux temps », nous oublions que certaines choses se sont améliorées aujour-d'hui. Et c'est en cela que réside l'espoir pour nos enfants.

Merci, monsieur l'entraîneur, pour avoir donné à mon fils – et à moi – l'amour du baseball.

Laura Ishler

Ce n'est pas nécessairement la quantité de temps que vous passez à l'entraînement qui compte; c'est ce que vous mettez en pratique.

Eric Lindros

Mauvais bond

La balle a résonné sur le bâton d'aluminium et s'est dirigée entre l'arrêt-court et le troisième but, le genre de roulant que l'arrêt-court en deuxième année du secondaire, mon fils Chris, avait attrapé du revers des milliers de fois. Cependant, la balle a cette fois frappé un caillou et a étrangement bondi vers sa tête. Dans un craquement inquiétant, la balle l'a frappé directement dans l'œil gauche et il s'est écroulé. Mauvais bond et malchance.

L'ambulance est arrivée sur le terrain et on l'a amené, un événement plutôt rare dans le monde merveilleux du baseball au secondaire. À l'hôpital, on a diagnostiqué que Chris avait subi une fracture avec enfoncement des os de l'orbite oculaire – une blessure classique de sport facilement traitée par une simple intervention chirurgicale.

Sauf qu'il y a eu un problème et quand le chirurgien a finalement trouvé le courage de nous dire, à ma femme et à moi, ce qui s'était produit – un caillot de sang non décelé avait privé son nerf optique d'oxygène – en bref, Chris serait aveugle de l'œil gauche, probablement pour le reste de sa vie. En un instant, les espoirs de bourses universitaires et les rêves d'une carrière au baseball professionnel se sont envolés.

Chris était encore étourdi des suites de la chirurgie quand nous sommes entrés dans sa chambre à l'hôpital, son œil couvert de bandages recelait un secret que nous devions maintenant lui révéler. Nous avons parlé de tout et de rien jusqu'à ce qu'il soit suffisamment éveillé pour poser la question inévitable : « Est-ce que tout s'est bien passé ? »

Ma femme, Sue, a serré ma main pendant que je lui disais que, non, ça ne s'était pas bien passé. Il y avait eu des complications. Que les médecins avaient fait de leur mieux, que la médecine était encore plus un art qu'une science.

Chris m'a interrompu au milieu de mon discours à demi préparé :

« Papa, est-ce que je vais perdre mon œil ? »

« Oui, mon garçon, j'en ai bien peur. »

« Pourrai-je quand même voir un peu ? »

« Nous l'ignorons – les médecins l'ignorent. Peut-être un peu. Un jour. Pas pour le moment. » C'était la chose la plus difficile que j'avais jamais eu à dire.

Chris a secoué la tête et s'est tourné pour regarder vers la fenêtre. Dehors c'était le printemps, et nous avons écouté le chant d'un merle dans un arbre tout près.

« Puis-je avoir un breuvage ? »

L'infirmière en service a apporté à Chris une canette de boisson gazeuse avec un verre et des glaçons. Sa mère a versé la boisson et il s'est redressé pour en boire un peu avec une paille, puis il a regardé la canette sur la table de chevet.

« Papa, pourrais-tu voir s'ils ont du papier et un crayon pour moi ? »

Je me suis rendu au poste des infirmières et j'ai emprunté une tablette de papier et un crayon. Quand je suis revenu à la chambre, ma femme et Chris parlaient à voix basse. Je lui ai donné le papier et le crayon, et nous avons relevé sa tête de lit. Il a redressé ses genoux pour y appuyer la tablette, a regardé la canette et s'est mis à dessiner. Sue et moi sommes restés silencieux pendant de longues minutes. Finalement, il a détaché la feuille et me l'a remise. Nous l'avons regardée – une reproduction fidèle d'une canette de Coca-Cola. Chris avait toujours eu un talent artistique surprenant. Si ses yeux pouvaient le voir, sa main pouvait le dessiner. Nous avions toujours pensé que les arts seraient le deuxième amour de sa vie, après le baseball. Pendant un court moment, Chris a été victime d'un mauvais bond, a pris une décision et a changé pour toujours le cours de sa vie.

« Allez, ça va. Je peux encore dessiner. »

Cela dit, nous avons rabaissé sa tête de lit, il s'est tourné sur le côté et s'est endormi.

C'était il y a onze ans. Depuis, Chris a retrouvé environ 40 pour cent de vision dans son œil gauche. Malgré son handicap, qui affecte lourdement sa perception du relief, il a réussi à frapper pour .385 et à être choisi arrêt-court d'une équipe dans un championnat de l'État dès la saison suivante, se méritant de ce fait des honneurs.

Mais ses objectifs avaient changé. Grâce à une bourse d'études, Chris a reçu son diplôme universitaire en aménagement des pêches et de la faune, comme toile de fond à sa carrière d'artiste animalier et de sport. Aujourd'hui, ses toiles et ses dessins au crayon ornent les pages et les couvertures de magazines et de plus d'une douzaine de livres, et sont accrochés dans les musées et les galeries de New York et du Tennessee. La liste d'attente de ses clients qui lui ont commandé un tableau peint à l'huile ou une aquarelle est toujours d'au moins un an.

Le courage humain se manifeste d'innombrables façons à d'innombrables reprises chaque jour, dans chaque ville et village de chaque continent du monde entier. Un mauvais bond, un roulant de routine, un instant de douleur auraient pu se transformer en des mois de désespoir. Au lieu de cela, ce mauvais bond – et le courage d'accepter les choses qu'on ne peut changer – ont modifié pour le mieux le cours d'une vie.

En sport, de telles choses s'appellent des *retours remarquables*. J'imagine que, dans le cas de Chris, il n'y a pas de raison de lui donner un autre nom. Cela prouve, à mon avis, que certains mauvais bonds peuvent être attrapés avec précision, après tout.

Steve Smith

7

EN FAMILLE

Une vie n'est importante que dans la mesure
où elle a un impact sur d'autres vies.

Jackie Robinson

Les meilleurs sièges en ville

Ce n'est pas la chair et le sang qui nous identifient comme père et fils, mais le cœur.

Friedrich von Schiller

Le meilleur achat que j'ai fait dans ma vie a été un billet de saison. En fait, c'étaient trois billets de saison.

J'avais treize ans à l'époque et j'étais un fervent partisan de l'équipe de football des Giants de New York. En ce temps-là, on les appelait les « Football Giants » pour les différencier des Giants au baseball, qui venaient de déménager à San Francisco.

Comment un garçon de treize ans peut-il amasser assez d'argent de poche pour acheter trois billets de saison? Grâce à son intelligence.

Ma bar-mitsva approchait et tout le monde dans ma grande famille téléphonait pour demander ce que je voulais comme cadeau. Je savais exactement ce que je désirais, mais je savais aussi que personne n'allait me le donner. J'ai donc proposé le marché suivant à mon père : j'achèterais autant de billets de saison que je le pourrais avec l'argent que je recevrais en cadeau pour ma bar-mitsva, s'il promettait de renouveler les billets chaque année jusqu'à ce que je sois assez vieux pour occuper un emploi. Mon père a accepté. Après tout, il était aussi un partisan des Giants. Donc, j'ai dit à toute ma famille que je voulais de l'argent.

À la fin du grand jour, j'ai compté l'argent; ça représentait trois billets de saison et environ quinze dollars en surplus. J'ai souhaité secrètement que mon père comble la différence et achète un quatrième billet pour faire un compte rond, mais il ne l'a pas fait. Un marché est un

marché, j'imagine, et je suppose qu'il a pensé m'enseigner une leçon. De toute façon, au moment de la saison
1958, nous avions trois billets sur la ligne de cinq verges
à l'étage supérieur, dans la partie couverte du Yankee
Stadium.

Ce fut l'année où les Giants ont joué la fameuse partie
de championnat en prolongation contre les Colts de Bal-
timore, la première prolongation dans toute l'histoire de
la NFL. Par la suite, le football professionnel a connu une
énorme popularité et, soudain, tous les grands avocats et
les cadres de maisons de courtage voulaient des billets.
Ils ne pouvaient plus s'en procurer. Les billets avaient
tous été vendus et les billets de saison devenaient maintenant comme un héritage à être transmis de père en fils.
Moi, j'en avais trois. Plutôt, *nous* en avions trois.

Les deux années suivantes, le trio était toujours
formé de moi, de mon père et de mon meilleur ami Richie,
et ensuite de mon meilleur ami Bob, puis de mon
meilleur ami Philly, et encore de mon meilleur ami
Richie. Toujours, par contre, mon père et moi étions là.

Nous portions des chandails bleus – du même bleu
que ceux des Giants – avant même que des commerçants
se mettent à en vendre. Grand-maman nous les avait tri-
cotés. Nous étions des enthousiastes, mon père et moi,
criant à nous époumoner les jours où nous étions au
stade. Je ne sais pas si nous vivions alors des années de
grand froid ou si je n'étais pas vêtu assez chaudement,
mais je me souviens d'avoir grelotté pendant ces parties
d'hiver, même avec le chandail. Nous avons tout essayé.
Du café chaud, des couvertures de laine, un réchaud à
méta qui brûlait à nos pieds. J'ai pris ma première gorgée
de brandy à même un flacon. J'adorais ces parties avec
mon père.

Puis, il y a eu la guerre – le Vietnam – et je me suis
enrôlé pour conduire un char d'assaut avec la Troisième

Division blindée. Devinez ce que mon père a fait ? Il a donné les trois billets à mon cousin Bernie ! Non pas pour qu'il les garde, mais pour qu'il les réserve jusqu'à ce que je revienne. Nous n'en avons jamais parlé, mon père et moi, et je ne sais toujours pas si c'était par superstition ou s'il ne voulait simplement pas aller à une partie si je n'étais pas là.

Peu après mon retour, je me suis marié. Nous avons repris les billets au cousin Bernie. Le groupe du dimanche était devenu moi, mon père et ma femme. En fait, mon père, ma femme et moi qui venions avec un panier à pique-nique et des questions sans fin.

Ce n'était pas la période la plus heureuse pour nous, car les Giants étaient au beau milieu d'un creux de vague qui allait durer longtemps. En fait, ils étaient nuls. Ma femme ne pouvait pas comprendre pourquoi mon père et moi nous mettions dans cette agonie de la défaite semaine après semaine, surtout lorsqu'il faisait froid. Papa ne pouvait pas se mettre dans la tête que ma femme ne puisse pas comprendre.

D'une manière ou d'une autre, nous avons survécu. Mon père aimait ma femme, et même si elle ne s'intéressait pas beaucoup au jeu, elle nous aimait. Elle a tricoté deux foulards des Giants, cent pour cent laine, avec un superbe logo de l'équipe, alors que ma grand-mère décédée n'avait jamais tenté de le faire. Les gens nous approchaient et nous demandaient où nous avions trouvé les foulards. Nous pointions ma femme et ils lui demandaient s'ils pouvaient lui en commander un.

Puis, j'ai eu un fils. Ivan a assisté à sa première partie de football à l'âge de six ans. Il a passé la moitié de la partie sur les genoux de mon père, et l'autre moitié sur les miens. Sans aucun doute, c'était la plus belle période pour les billets de saison, les trois générations assises dans la première estrade – toujours à la ligne des cinq verges, mais maintenant nous étions dans le nouveau stade des Giants au Jersey Meadowlands, et l'équipe débutait son ascension vers deux Super Bowls.

Chaque dimanche, nous nous réunissions, le grand-père, le père et son fils, soit au stade, soit devant l'un de nos appareils de télévision (si la partie se jouait à l'extérieur). Et nous encouragions. Et nous applaudissions. Et nous parlions des joueurs.

Qu'est-ce qui fait que des hommes, des hommes de six ans, de trente-six ans ou de soixante-six ans, trouvent plus facile de partager leur intimité, pas directement mais à la troisième personne, à travers un écran protecteur de vieilles histoires et de réflexions? En parlant du membre de l'équipe que nous admirions (le quart-arrière, le centre, le receveur éloigné), nous nous disions qui nous pensions être ou, plus probablement, qui nous souhaitions être. En réagissant aux décisions des arbitres qui étaient contre nous, nous nous parlions de notre sens de la justice, de notre croyance que le monde était juste ou injuste. En restant fidèles à l'équipe alors qu'elle était dans la dèche, nous nous disions à chacun, et à nous-mêmes, l'importance de la loyauté et de la confiance.

Je me rappelle qu'une fois j'ai hué un joueur des Giants qui s'était sorti du jeu. Je l'ai fait pour faire comprendre à Ivan (ou peut-être à mon père) que je croyais qu'un vrai homme joue toujours, malgré la douleur.

Une autre fois, nous avons tous les trois prouvé notre attachement à l'équipe en restant sur nos sièges pendant une violente tempête de grêle. Après cela, nous étions des héros. Et lorsque les Giants ont battu les Eagles ce jour-là, nous sentions que nous faisions autant partie de l'équipe que tout demi de coin.

Puis, il y a eu la crise cardiaque de mon père. Giants-Rams, 1984. Il faisait un froid mordant cet après-midi-là.

Au deuxième quart, j'ai remarqué que les lèvres de papa étaient bleues.

« Est-ce que tu vas bien ? » lui ai-je demandé.

Lentement, comme s'il ne voulait rien briser, il a secoué la tête négativement. J'ai regardé mon fils de neuf ans et je lui ai dit doucement : « Grand-papa fait une crise cardiaque. J'ai besoin de ton aide. »

C'est ce qu'Ivan a fait. Pendant que j'accompagnais mon père vers la salle des toilettes où il pourrait se réchauffer, Ivan s'est rendu à la sécurité. Il est revenu avec deux grands gaillards et un fauteuil roulant. « Est-ce que le docteur Untel voudrait bien se rapporter au... ? »

Nous avons descendu mon père en fauteuil roulant jusqu'à la salle d'entraînement, où un médecin attendait. J'avais raison, c'était son cœur. Nous l'avons mis dans l'ambulance qui transporte généralement à l'hôpital des joueurs blessés pour des radiographies. J'ai pris mon automobile pour suivre l'ambulance. Mon fils est monté avec mon père. Lorsqu'ils ont démarré, Ivan a levé le pouce pour dire que tout allait bien et j'ai souri à travers mes larmes.

Mon père s'en est sorti, mais il n'est jamais retourné voir une partie. Il avait peur du froid. Et il avait peur de la longue ascension que nous devions faire pour arriver à nos sièges.

Pendant les quelques années qui ont suivi, chaque fois que les Giants étaient sur la route, nous nous réunissions chez mon père pour regarder la partie à la télé. Au stade, le troisième siège était occupé par ma sœur et une rotation d'amis. Mais, nous avons tous regardé ensemble le Super Bowl XXI, mon père, mon fils et moi. Lorsque les Giants ont battu les Broncos de Denver, nous avons crié, hurlé et sauté dans la pièce.

Papa est mort peu après – une autre crise cardiaque. Mon fils et moi avons partagé les trois billets depuis ce temps, en évoquant des souvenirs et en partageant ces moments intimes privilégiés que nous avions connus pendant ces neuf saisons.

Maintenant, mon fils part pour l'université, et je constate tout à coup que, pendant les trente-cinq dernières années, ces trois billets, ces billets magiques, ont représenté une sorte de lien spécial, en premier pour mon père et moi ; puis pour mon père, moi et mon fils ; et ensuite pour moi et mon fils ensemble. Cette année, pour la première fois de l'histoire des trois billets de saison, il n'y aura que moi.

Je me retrouve à me demander ce qui a poussé mon père à donner les billets au cousin Bernie pendant que j'étais à la guerre. Je pense que je pourrais bien donner les billets à mon cousin Sam.

Ivan remarque alors qu'il sera à la maison pendant une des parties des Giants sur leur terrain. Il me dit : « Je peux assister à celle-là, papa ! » Et je crois que je vais conserver les billets pour peut-être une autre saison. Peut-être une autre partie. Peut-être.

Barney Cohen

Elle a créé un souvenir

La confiance y est pour beaucoup dans ce jeu ou tout autre jeu. Si vous ne croyez pas que vous pouvez y arriver, vous n'y arriverez pas.

Jerry West

En songeant au passé, il est facile de faire un mélodrame à propos de ma seule et unique expérience comme arbitre.

Le fait que c'était aussi une merveilleuse expérience parentale me donne une excuse pour être juste un petit peu sentimental. Si j'embellis les faits, je m'en excuse.

Je blâmerai mon orgueil.

Mes enfants, Nikki et Dean, sont des aspirants joueurs de baseball dans la ligue Pee Wee de l'Association des jeunes sportifs de Racine (Wisconsin). Comme la plupart des enfants de sept-huit ans, ils aspirent aussi à devenir des cascadeurs sur planche à roulettes, des ingénieurs aux Legos et des crack de jeux vidéos. Nul besoin de se précipiter vers une spécialisation.

Nikki et Dean jouent pour les Pirates. Leur entraîneur, un homme d'une très grande patience, n'a pas eu l'avantage de diriger une équipe de futurs Sammy Sosa et Mark McGwire. Nous parlons ici d'enfants qui peuvent à peine lacer leurs souliers, sans parler d'attraper une balle à l'arrêt-court, ou expédier une glissante à l'extérieur au champ opposé.

Nikki, en particulier, avait eu des problèmes au marbre. Même si chaque frappeur avait droit à cinq élans, les lobs envoyés à Nikki faisaient en sorte que les entraîneurs ressemblaient à Sandy Koufax cet été-là.

Dean est le meilleur frappeur, mais sa moyenne au champ est, j'en suis presque certain, quelque 300 points plus bas que sa moyenne au bâton. Peu importe. La Ligue Pee Wee insiste sur la participation et l'esprit sportif, et c'est tout ce qui compte.

Pourtant, lorsque vous perdez 39-1, comme l'ont fait les Pirates plus tôt dans la saison, il est difficile de garder la tête haute. Tout le monde aime gagner de temps à autre. Ou du moins frôler la victoire.

Je crois que le terrain est prêt pour raconter ce qui est arrivé récemment : les Pirates contre les Yankees, et votre serviteur comme arbitre au marbre. On m'a promu à ce poste, surtout parce que j'étais le premier parent arrivé.

Heureusement, la partie s'est déroulée sans problème. Il n'y a pas eu de jeux serrés au marbre, je dirais plus, il n'y a pas eu de jeux au marbre. Il n'y avait pas de bâton trafiqué avec du liège, pas de lancers intentionnels à l'intérieur, pas de balles éraillées, et les bancs ne se sont pas vidés pour une bagarre.

Le seul moment tendu a eu lieu lorsque j'ai dû avertir le receveur de ne pas faire de dessins dans la terre pendant le déroulement du jeu.

Nikki, embourbée dans une mauvaise passe que j'évaluerais à trois-en-trente ou à peu près, a réussi à frapper tôt dans la partie. Par contre, son exubérance s'est vite transformée en larmes d'embarras lorsqu'elle s'est trompée de direction sur les buts et qu'elle a été retirée sur un ballon au champ.

Je voulais la consoler, mais je craignais que les Yankees pensent que les Pirates m'avaient embobiné. J'ai donc ravalé.

Les Pirates traînaient de l'arrière 16-12 à leur dernière présence au bâton. Sur le banc, il régnait un optimisme prudent, car généralement l'équipe tirait de l'arrière de 10 à 15 points à ce stade du match.

Étonnamment, ils se sont ralliés.

Ils ont compté quatre points pour égaliser le pointage, le coup fatal ayant été une balle frappée par Dean qui a rebondi douze fois et évité trois ou quatre gants pour sautiller dans le champ gauche.

Avec le point gagnant au troisième but et deux retraits, Nikki s'est présentée au marbre. C'était maintenant ou jamais, mais plus important, il y avait aussi l'ego fragile d'une enfant de huit ans.

Oubliez les poupées Barbie, les chemisiers roses et la marelle. Cette petite fille se mourait d'en frapper une au champ centre.

J'ai demandé un temps d'arrêt et je me suis dirigé vers le marbre, prétextant le nettoyer. J'ai jeté un coup d'œil à Nikki et j'ai vu la peur dans ses yeux.

« Allons, mon cœur », ai-je murmuré en enlevant la saleté imaginaire. « Ne perds pas la balle de vue et frappe fort. Tu peux le faire. »

J'avais le cœur en miettes après deux prises sur élan.

Alors, le lanceur a envoyé une balle à la hauteur de la taille, et Nikki a frappé de toute la force de ses 22 kilos, et a fait un contact solide. La balle a bondi vers l'arrêt-court et a volé plus haut que son gant pour un coup sûr.

J'ai regardé Nikki se diriger vers le premier but, la queue-de-cheval sautant sous son casque, et j'ai ressenti une vague d'émotions indescriptible.

Le point gagnant a croisé le marbre.

Nikki se tenait sur le but, souriante, alors que les autres Pirates envahissaient le terrain en signe de victoire. Nos yeux se sont rencontrés, et elle s'est mise à courir vers moi.

J'ai cru que j'avais rempli mon devoir comme arbitre, alors j'ai enlevé mon masque d'impartialité et j'ai serré ma fille dans mes bras. Elle riait et pleurait en même temps.

« Qu'y a-t-il, Nikki? » ai-je demandé.

« Papa, je ne peux pas y croire », a-t-elle dit à travers ses larmes. « Je ne peux pas croire que j'ai frappé! »

Tu as fait plus que cela, Nikki.

Tu as créé un souvenir.

Gary D'Amato

Au baseball, on ne peut pas ressasser une défaite jusqu'au lendemain. Il faut tourner la page.

Don Baylor

Pour les parents d'un joueur des Petites Ligues, un match de baseball n'est qu'une dépression nerveuse répartie sur neuf manches.

Earl Wilson

Mon fils, mon ennemi

Il y a quelque temps, peu après avoir subi une punition, mon fils de douze ans, Marlon, m'a demandé si je voulais jouer avec lui au basket-ball dans l'allée du garage. Je m'étais dit que ce serait une journée de silence courroucé, mais mon fils était là, avec un grand sourire et un défi amical. J'étais tout aussi surpris qu'heureux.

Ce qui prouve en réalité à quel point un père peut être naïf.

Aussitôt que le jeune est arrivé dans l'allée, un changement physique s'est produit en lui. Son corps est devenu tendu et ses yeux se sont transformés en lasers. En peu de temps, un tir en suspension de l'extérieur a glissé sans bruit dans le filet. Un tir déposé a volé au-dessus de mon bras tendu et dans le panier. Il a fait une contorsion, une folle montée au ballon, grimpant à mi-chemin de ma poitrine pour déposer un tir qui, j'en suis certain, a violé les lois de la physique.

Et tout d'un coup, je transpirais, hors d'haleine, perdant trois à zéro, un retard important dans un match de dix points. Me prenant les genoux, respirant avec peine, j'ai compris ce que j'aurais dû savoir : ce n'était pas une partie amicale.

C'était un défi.

Il vient un temps où les fils mettent leur père à l'épreuve. Un garçon sur le point de devenir un homme veut se prouver à quel point il en est proche, et la mesure la plus facile est papa. Le test peut être physique, ou intellectuel, mais tôt ou tard, le jeune lion doit se mesurer au vieux – pour voir s'il est le plus fort.

Je comprenais cela parfaitement pendant que Marlon me lançait le ballon d'un air vaguement méprisant.

Mon fils est tout ce que je ne suis pas : rapide et gracieux, avec un tir mortel et un dribble croisé fatal. Je sais qu'un jour viendra où il me battra à plates coutures régulièrement comme une mule récalcitrante.

Pas aujourd'hui, me suis-je dit.

J'éprouvais moins de difficultés avec Markise, le frère aîné de Marlon. Nous jouions à des jeux de société, pas au basket-ball. Cependant, peu après avoir atteint ses treize ans, les jeux sont devenus une lutte acharnée. Que nous jouions au Monopoly ou au Risk, Markise contestait à voix haute chacun de mes coups. Il sortait le cahier des règlements, le passant au peigne fin pour prouver que je trichais. Il n'est pas surprenant qu'il étudie maintenant en droit.

« Markise, lui disais-je, ce n'est qu'un jeu. » Je ne comprenais pas encore que, justement, c'était tout sauf ça.

Pour être franc, une partie de moi-même n'apprécie pas cette mise à l'épreuve entre le vieux sang et le sang neuf. Je me suis toujours considéré comme le plus *cool* des pères.

La question ici n'est toutefois pas de mesurer à quel point on est *cool*. Si vous êtes un père, surtout si c'est la première fois que vous êtes mis à l'épreuve, vous vous dites – *hein ?* Et qui pourrait vous en blâmer ? Pendant onze ans, l'enfant vous voyait comme un sage de la trempe des Moïse, un prophète et un législateur éclairé. Puis, un jour, vous constatez que vous êtes l'ennemi.

Il me reste encore un autre fils, Bryan, onze ans, et je soupçonne qu'il pourrait bien être le pire. Après tout, c'est ce même enfant qui, à deux ans, m'a regardé dans les yeux et, avec un sourire angélique, m'a annoncé : « Un jour, je vais te tuer pour pouvoir marier maman. » Pendant une année après cette déclaration, je l'ai appelé Œdipe. Ma femme a dû intervenir pour que j'arrête.

Bien sûr, je suppose que nous pourrions nous montrer bienveillants et accepter nos limites. Céder la fierté au jeune lion. Agir avec maturité.

Diable, nous devrions peut-être même en être flattés. Le garçon veut évaluer sa virilité, et le meilleur critère auquel il pense pour se mesurer, c'est son père. Cela fait chaud au cœur.

Ouais, si on veut. Je ne marche pas non plus dans cette combine.

C'est une affaire d'hommes, j'imagine, à la façon dont aurait pu le dire John Wayne: « Tu te défends jusqu'à ce que tu ne puisses plus te défendre. Tu ne capitules pas jusqu'à ce qu'on recouvre ton visage d'une pelletée de terre. »

C'est peut-être la leçon qu'un père enseigne à son fils impatient en refusant d'abandonner dans l'allée du garage, ou au jeu de société, ou n'importe où. Ténacité. Courage. Fierté.

Marlon et moi avons joué un match pour les générations ce jour-là dans cette allée du garage. Un match dont on pourrait écrire une poésie épique. Larry Bird contre Magic Johnson dans la septième partie des finales de la NBA n'aurait pu être plus intense. Je lui ai rendu la pareille. J'ai fait des feintes de tir et des lancers coulés, j'ai fait des pieds et des mains pour attraper les ballons perdus et les rebonds. Marlon occupait toute l'allée, ramenait des tirs extérieurs, me chipait le ballon des mains.

La partie terminée, j'avais arraché la victoire par la plus petite marge: 10-9.

Par la suite, respirant bruyamment comme un fumeur asthmatique, la sueur coulant de mes sourcils, je l'ai appelé près de moi pour lui donner une leçon de vie.

Je lui ai dit que je savais pourquoi il s'était mesuré à moi avec un tel acharnement.

« Tu as joué pour les mauvaises raisons », lui ai-je dit. Il a acquiescé de la tête, comme s'il comprenait.

Quelques semaines plus tard, Marlon m'a proposé une partie amicale de boxe en jeu vidéo. Il m'a battu à plates coutures. Et il l'a fait en riant.

Tout ce temps-là, mon cadet, Bryan, me surveillait avec un sourire serein et entendu.

Leonard Pitts Jr.

*« Un morceau de gâteau des anges ? Non, merci.
J'aimerais mieux un morceau de gâteau court-circuit. »*

THE FAMILY CIRCUS. Reproduit avec l'autorisation de Bil Keane.

Une leçon d'amour

Il était passé minuit et, après presque dix-huit heures d'efforts, Dick Hoyt était à cent mètres de la ligne d'arrivée. Il a resserré sa prise sur le fauteuil roulant de course devant lui et s'est lancé à fond, les jambes comme du coton, vers la ligne d'arrivée.

Dick, quarante-six ans, et son fils Rick (Richard Jr.), dans son fauteuil roulant, vingt-quatre ans et quarante-deux kilos, participaient à la course au Championnat canadien de triathlon Ironman depuis 7 heures le matin. Lorsqu'ils sont arrivés à la fin de la nage de 3,85 km, Dick était pâle de fatigue d'avoir tiré son fils dans un canot pneumatique. Pendant l'éreintante course à bicyclette de 180 km, Rick était attaché à un « panier de course » fixé sur la roue avant de la bicyclette de Dick. Durant la rude épreuve, Rick – atteint de paralysie cérébrale et presque quadriplégique – a résisté à un terrible inconfort alors que son père subissait de fortes crampes qui lui nouaient l'estomac et affaiblissaient ses jambes. Dans le dernier droit de la course à pied de 42 km, Dick a ralenti à un pas de marche.

La course était officiellement terminée – David Kirk, du Canada, avait gagné depuis plus de huit heures déjà – mais il y avait quatre rangées de spectateurs lorsque les Hoyt sont arrivés sur la rue principale de Penticton. Les gens connaissaient les Hoyt – ils savaient que, depuis six ans, le père avait couru avec son fils atteint de lésions cérébrales dans quelque deux cent cinquante courses sur la route, six marathons de Boston et quinze triathlons moins exigeants.

Rick est né le 10 janvier 1962. Alors que Judy venait d'accoucher, un médecin a téléphoné à Dick, un officier de carrière à la Garde nationale, pour lui annoncer qu'il y avait eu des complications à la naissance. À huit mois, on a diagnostiqué une paralysie cérébrale chez le bébé. Dick se rappelle lorsque le pédiatre a dit que Rick était un « légume ». Il n'avait jamais entendu ce mot s'appliquer à une personne auparavant. Dick, un militaire stoïque qui avait toujours caché ses sentiments, a raconté que ce jour-là le retour de l'hôpital vers la maison, en automobile avec Judy, fut une des rares fois de sa vie où il a pleuré. Judy se souvient du médecin leur recommandant de placer Rick dans une institution et de continuer leur vie. « Il a dit que nous étions jeunes et que nous pourrions avoir d'autres enfants. Nous avons répondu : *Bon sang ! Nous allons nous occuper de cet enfant.* »

Judy n'a pas trouvé grand réconfort chez ses amis et ses voisins. Ils croyaient que Rick était attardé ; Judy était certaine que non. Alors qu'il grandissait, elle a pu lui enseigner l'alphabet et elle a commencé à voir en lui le signe d'un être humain pleinement sensible : un sens de l'humour. Lorsque Judy disait quelque chose de drôle, il éclatait d'un rire convulsif. Le temps venu, Judy a essayé d'inscrire Rick à l'école publique et on l'a refusé. Elle a répliqué avec détermination, avec la promesse non seulement de placer son fils dans une école régulière, mais aussi de consacrer sa vie à défendre les handicapés. Pendant que Judy s'impliquait davantage, Dick devenait plus distant. Il restait loin de la maison le plus possible, travaillant, ou jouant dans une ligue locale de hockey.

En 1970, lorsque Rick a eu huit ans, les Hoyt ont trouvé une façon de communiquer avec lui. Des ingénieurs de l'université Tufts ont conçu un ordinateur et développé un logiciel qui a permis à Rick de taper des mots à l'aide d'une commande installée près de sa tête. Si Rick, en voyant une série de lettres, tapait sa tête contre une étroite bande de métal fixée au côté droit de son fauteuil roulant, l'ordinateur enregistrait la lettre choisie sur l'écran. Ainsi Rick pourrait faire des phrases complètes, même si cela lui prenait plusieurs minutes pour épeler chaque mot. Les Hoyt ont commencé à voir l'ordinateur comme la « machine de l'espoir ».

Lorsqu'il était finissant à l'école supérieure Westfield, Rick a composé un essai intitulé : « Ce que signifie être une personne non vocale ». « Au début, je me suis senti frustré et en colère, a-t-il écrit. Même si mes parents me parlaient et me traitaient comme mes frères (Russell, maintenant âgé de dix-huit ans, et Robbie, vingt-deux ans), je sentais et je savais que j'étais différent. Je comprends tout ce qu'on me dit. Être une personne non vocale ne rend pas moins humain. J'ai les mêmes sentiments que les autres. Je ressens la tristesse, la joie, la faim, l'amour, la compassion et la douleur. »

Le jeune homme ne pouvait pas encore expliquer la réserve de son père. En 1978, il a entendu dire qu'une université voisine parrainait une course de 8 kilomètres pour collecter des fonds au profit d'un joueur de crosse devenu paralysé à la suite d'un accident d'auto. Rick a dit à son père qu'il voulait participer et lui a demandé s'il le pousserait. Dick a accepté. Le duo a terminé avant-dernier. De purs étrangers les acclamaient. Ce soir-là, après la course, Rick est allé directement à son ordinateur et a tapé : « Papa, lorsque je suis là-bas à courir, je ne me sens même pas handicapé. »

Dick, qui n'était pas démonstratif envers Rick et ses deux autres fils, a été profondément touché. Il a commencé à s'entraîner. Dès 1980, les Hoyt ont participé à environ cinquante à soixante-quinze courses par année. Cette année-là, ils ont décidé de courir au Marathon de Boston. Ils ont réussi à terminer la course et à se qualifier pour les années suivantes. Depuis ce temps-là, les Hoyt sont devenus une légende de la course sur route dans la Nouvelle-Angleterre.

Il y a trois ans, un promoteur de sports du Massachusetts a demandé à Dick de s'inscrire à un triathlon. Dick a répondu qu'il participerait seulement s'il pouvait le faire avec Rick. Le promoteur ne le voyait pas ainsi. Une année plus tard, les deux hommes se sont parlés de nouveau et ils sont arrivés à une entente. Bien. Tout ce que Dick devait faire était d'apprendre à nager et à faire du vélo de façon compétitive. « Je suis entré dans l'eau un après-midi et je ne pouvais pas nager 30 mètres, raconte Dick. Eh bien, j'ai pensé que j'avais commencé à courir alors que je ne savais pas courir. Je ne peux pas nager, mais je peux l'apprendre. J'avais acheté une maison au bord d'un lac. En moins de deux semaines, je pouvais nager assez bien. » Leur premier triathlon consistait à nager 1,6 km, à rouler à bicyclette 64 km et à courir 16 km.

Aujourd'hui, le lieutenant-colonel Hoyt fait ce que, plusieurs années auparavant, il n'aurait jamais pensé faire : il lave Rick, le nourrit et change ses vêtements. Presque tous les soirs, il le prend dans ses bras robustes et le transporte dans sa chambre, en le déposant doucement sur son lit d'eau.

Après avoir poussé leurs limites au maximum dans l'épopée Ironman de la semaine dernière, rien ne semblait hors de portée des Hoyt. Ils ont trinqué au champagne lors d'une célébration privée de « victoire », et Judy en a joyeusement aspergé sur la toute nouvelle coiffure à l'iroquois de Rick. Pendant qu'ils se détendaient dans le spa, Dick s'est tourné vers son fils et a dit : « Félicitations, mon homme. » Rick irradiait de joie alors que son paternel autrefois si distant a pris une de ses mains noueuses en affirmant : « Tu as très bien travaillé là-bas, vraiment bien. »

William Plummer

Deux dix sous

Un père est beaucoup plus qu'un être humain pour son fils.

Thomas William Simpson

Pendant la saison de football 1966-67, Bart Starr, le quart-arrière de Green Bay, avait un plan pour motiver son fils aîné. Pour chaque devoir parfait que Bart Jr. rapportait de l'école, son père lui donnait dix sous. Après un match particulièrement difficile, dans lequel Starr avait l'impression d'avoir donné une piètre performance, il est revenu à la maison tard le soir, épuisé et abattu après un long trajet en avion. Mais, il n'a pu faire autrement que de se sentir réconforté lorsqu'il est entré dans sa chambre à coucher.

Là, épinglée sur son oreiller, il y avait une note : « Cher papa, je pense que tu as joué un match formidable. Je t'aime, Bart. » Collées à la note avec du ruban adhésif, il y avait deux pièces de dix sous.

The Christian Athlete

La vie est un mélange de rires et de larmes, une combinaison de pluie et de soleil.

Norman Vincent Peale

Ma carte de baseball préférée

*De tous les cadeaux de la nature faits à la race
humaine, qu'y a-t-il de plus doux pour un homme
que ses enfants?*

Cicéron

J'ai été un fervent collectionneur de cartes de baseball
dans ma jeunesse. Afin de me procurer ces cartes, je
ramassais souvent des bouteilles pour les vendre. Je me
souviens de m'être retrouvé assis par terre pendant des
heures à trier ces cartes, plaçant les joueurs en position
sur un terrain imaginaire, les empilant par ordre numé-
rique ou par équipes. Comme il en va de plusieurs joies
de l'enfance, j'ai mis ce passe-temps de côté au moment
d'entrer à l'université et de travailler.

En 1990, j'ai appris que ce passe-temps était revenu à
la mode, au point de presque devenir une fièvre nationale. Je me trouvais dans une station d'essence en ville
lorsque j'ai vu une boîte de cartes de baseball près de la
caisse enregistreuse. Je me rappelle à quel point j'ai dû
travailler fort pour acheter mes cartes il y a vingt ans.
Maintenant, tout ce que j'avais à faire était de mettre la
main dans ma poche pour prendre de la monnaie. J'ai
acheté quelques paquets et je les ai apportés à la maison.

Avec les cartes Topps que j'avais achetées, il y avait
toujours un morceau de gomme à mâcher, contrairement
à plusieurs des nouvelles marques. L'odeur de la gomme,
du carton, de l'encre et du papier paraffiné a fait rejaillir
en moi ces souvenirs de baseball de ma jeunesse aussi
sûrement que le faisait cette première odeur de gazon
fraîchement coupé au printemps. J'ai regardé les cartes,

j'ai reconnu le nom de quelques joueurs, puis je les ai rangées.

À ma visite suivante au magasin, j'ai encore acheté quelques paquets. J'ai donné certaines cartes à mon fils de huit ans, qui était aussi amateur de baseball. Nous jouions souvent dans la cour, frappant une balle de caoutchouc mousse avec un gros bâton en plastique. Nous avions maintenant un « sport » intérieur que nous pouvions partager tous les deux.

Je continuais à acheter des paquets de cartes et, bientôt, j'essayais de compléter un jeu complet de 792 cartes. Graduellement, je me suis mis à acheter une boîte à la fois. Mon fils et moi, assis sur le plancher, séparions les cartes, en vérifiant la liste afin de savoir quels joueurs nous manquaient pour compléter la série. Mon fils a commencé sa propre collection avec les cartes que j'avais déjà en double.

Puisque les cartes étaient assemblées au hasard dans les paquets, il était facile d'avoir les doubles de certains joueurs alors que d'autres étaient difficiles à obtenir. J'ai dû avoir une demi-douzaine de Ozzie Smith, et probablement dix Steve Bedrosian, mais je ne réussissais pas à trouver une carte de Ken Griffey Jr. Celle-ci était de loin la carte la plus populaire chez les collectionneurs, cette année-là.

J'aurais pu aller à la boutique de cartes du quartier et dépenser quelques dollars pour en acheter une et compléter la série, mais j'étais décidé à en trouver une dans un paquet. Pour accroître davantage mon infortune, il y avait une réplique de la carte de Griffey sur la boîte, une publicité de la marque Topps montrant une reproduction de la carte. C'est comme si ce Griffey sur la boîte se moquait de moi, me défiant d'acheter un autre lot de cent paquets.

La fois suivante où mon fils et moi avons ouvert des paquets, je lui ai expliqué à quel point je voulais une carte de Ken Griffey Jr. D'un air déterminé, mon fils a soigneusement ouvert un paquet après l'autre, en s'excusant presque de ne pas avoir trouvé la carte. Maintenant, il ne manquait que quelques cartes à ma série, Griffey étant la plus importante de toutes.

Nous avons ouvert le dernier des paquets que j'avais achetés ce jour-là, mais Griffey n'y était pas. J'ai trié les cartes, donné les doubles à mon fils, et j'ai rangé les autres dans une boîte. Je les ai ensuite oubliées pour me consacrer à d'autres activités.

Plus tard ce soir-là, mon fils est venu vers moi, la main derrière le dos. « J'ai quelque chose pour toi, papa », a-t-il annoncé.

Il m'a remis une carte Griffey Jr. Il avait pris une paire de ciseaux et coupé une des répliques de Griffey sur la boîte. « Tu n'as plus besoin de la chercher maintenant », a-t-il dit.

L'étreinte que je lui ai faite a été le meilleur prix que j'ai jamais payé pour une carte.

J'ai continué à collectionner et je me suis retrouvé avec de vieilles cartes qui valaient beaucoup d'argent. Il y a cependant une carte que je n'échangerais jamais, même pas pour une carte de Mickey Mantle lorsqu'il était une recrue. J'ai toujours cette carte de Ken Griffey Jr., celle où les bordures ne sont pas égales et où les coins sont cornés, celle qui n'a qu'un carton gris au dos au lieu de statistiques.

Cette carte représente pour moi tout ce qu'est le baseball. Elle représente aussi tout ce qu'est l'amour.

Scott Nicholson

J'en aurai une autre

Aux funérailles de son père, l'américain Carl Lewis a placé sa médaille d'or du cent mètres gagnée aux Olympiques de 1984 dans les mains de son père. « Ne t'en fais pas, a-t-il dit à sa mère, surprise. J'en aurai une autre. »

Une année plus tard, dans la finale du cent mètres aux Jeux de 1988, Lewis était en compétition avec le détenteur canadien du record mondial, Ben Johnson. À mi-chemin dans la course, Johnson avait une avance de 1,50 m. Lewis était convaincu qu'il pouvait le rattraper. Par contre, à quatre-vingts mètres, il tirait encore de l'arrière par 1,50 m. *C'est terminé, papa,* s'est dit Lewis. Alors que Johnson franchissait la ligne d'arrivée, il s'est retourné pour fixer Lewis, a levé son bras droit dans les airs, l'index pointé.

Lewis était exaspéré. Il avait remarqué les muscles saillants de Johnson et ses yeux teintés de jaune, deux signes d'utilisation de stéroïdes. « Je n'avais pas la médaille, mais je pouvais encore donner à mon père en agissant avec classe et dignité », a rappelé Lewis plus tard. Il a serré la main de Johnson et a quitté la piste.

Vint ensuite l'annonce que Johnson avait été testé positif pour stéroïdes anabolisants. On lui a enlevé sa médaille. L'or est allé à Lewis, qui a remplacé la médaille qu'il avait donnée à son père.

David Wallechinsky

Tout compte

Dans le plan de la vie, le football YMCA n'a pas beaucoup d'importance. Les résultats ne sont pas rapportés dans les journaux. Les papas et les mamans en sont les partisans. Dans mon cas, en 1974, les matchs du samedi avaient lieu tôt le matin afin que les adultes puissent revenir à la maison à temps pour regarder le football universitaire à la télévision.

Mais le fait que les mamans et les papas assistaient aux matchs me rappelle un bref et mémorable moment de gloire du football chez les jeunes.

J'ai joué pour les Cougars de l'école élémentaire L.M. Smith, et même si les entraîneurs et certains joueurs étaient talentueux, nous n'étions pas vraiment bons. Je jouais receveur éloigné à l'attaque et demi de sûreté en défensive. J'ai même joué une partie non glorieuse comme quart-arrière. Cependant, après la partie où je n'avais complété aucune passe et avais subi une défaite de 14-0, je suis retourné à mon poste habituel à l'extérieur alors que les Cougars sans victoire affrontaient les Warriors de l'école élémentaire Wright, également sans victoire.

Lorsque l'on a treize ans et que l'on rêve de jouer un jour pour Alabama ou Auburn, avant d'être promu à la NFL, puis élu au panthéon du Football universitaire et de la NFL, puis d'ouvrir un restaurant dont le thème est le sport, et de devenir un analyste à la télévision – les saisons sans victoire ne font rien pour développer notre confiance. Mais puisque nous ne gagnions pas et qu'ils ne gagnaient pas – et comme je savais que c'était le match où je devais me démarquer – c'était comme participer au Super Bowl.

Mon père – Pop – assistait à tous les matchs, et chaque fois que j'étais sur le terrain, je jetais un coup d'œil vers les gradins instables pour m'assurer qu'il était là. Une fois que je l'avais repéré, je savais que je jouais plus qu'un match, je faisais ce que la plupart des fils veulent faire – rendre papa fier.

J'ai été chanceux que Pop n'ait jamais été le genre d'amateur de sports que nous, les jeunes, détestons tous. Il ne mettait pas l'arbitre en doute. Il ne criait pas après moi lorsque j'échappais une passe. Il ne me disait pas ce que j'avais fait de mal lorsque nous perdions – et, croyez-moi, nous perdions souvent.

Plutôt, il souriait et applaudissait, et il le faisait chaque fois que je rentrais au banc. Que j'aie bien ou mal joué, marqué un touché ou une perte de possession, Pop était toujours un partisan discret, applaudissant poliment et demeurant silencieux la plupart du temps.

Tout cela a changé par une chaude soirée d'automne à Birmingham.

Après notre botté d'envoi à Wright, et après trois jeux au sol sans gain, les Warriors ont dû botter.

Le botteur de Wright était très fort et il a envoyé un botté de dégagement à notre ligne de vingt verges où, après un haut bond, le ballon est sorti en touche.

Keith, notre quart-arrière, et moi étions de bons amis et invariablement, lors des premiers essais, il me lançait toujours le ballon. Parfois, je l'attrapais ; parfois, je l'échappais ; parfois, je me retournais pour voir Keith couché sur le dos avec quelques joueurs de la ligne défensive empilés sur lui.

Mais cette fois-ci, on avait commandé une course à l'aile.

Puisque j'étais rapide, on m'a fait jouer comme receveur éloigné. Par contre, comme j'étais petit, je n'avais pas souvent la chance de jouer demi-offensif. Nous n'avions jamais fait une course à l'aile auparavant, et l'entraîneur a pensé que le jeu aurait pris les Warriors au dépourvu.

Il avait raison.

Après que Keith a pris la remise, j'ai reculé de mon poste vers le côté droit de la ligne et pendant qu'il roulait vers la droite, je suis allé à gauche, j'ai attrapé le ballon et me suis dirigé vers la ligne de côté.

Dix joueurs de défense des Wright ont cru à la feinte et ont suivi Keith dans l'autre direction. Mais il y avait un demi de coin qui avait flairé le jeu et il m'a suivi dans ma course latérale. Juste avant d'arriver à la ligne de touche, j'ai fermement planté mon pied gauche et me suis arrêté soudainement. Le demi de coin ne s'attendait pas à cela et il s'est retrouvé en touche. Je n'avais plus que le ciel bleu et le gazon vert devant moi ; j'ai serré le ballon sous mon bras droit et j'ai couru seul jusqu'à la ligne des buts.

Je m'attendais à entendre des applaudissements assourdissants. Zut ! Je m'attendais à ce que les meneuses de claques accourent sur le terrain et déposent un gros baiser sur ma joue.

Mais en traversant la ligne des buts et en me préparant à remettre le ballon à l'arbitre, j'ai jeté un coup d'oeil vers ceux que j'avais laissés dans mon sillage. Bien que je les aies vus se tenir à distance, j'ai aussi vu un drapeau jaune par terre sur le terrain.

Il n'y a pas eu de touché parce que l'arbitre nous avait donné une punition pour avoir bloqué par l'arrière, ce qui explique pourquoi il n'y a pas eu de clameur assourdissante de la foule.

J'étais déconfit. J'avais déjà réussi quelques convertis de deux points pendant la saison, mais cela aurait été mon premier six points. Au lieu d'une galopade de quatre-vingts verges pour six points, j'ai dû faire un voyage de retour de quatre-vingts verges vers mes coéquipiers, qui venaient de me regarder marquer un faux touché.

Alors que je me mettais en place pour un difficile premier jeu et vingt-cinq verges, j'ai entendu un faible bruit provenant des estrades. En m'approchant, j'ai constaté que c'étaient les applaudissements rythmés d'un homme.

Cet homme, c'était Pop.

Alors que la foule criait contre les arbitres ou restait assis en silence, mon père – mon héros – donnait seul à son fils une ovation debout.

Je n'oublierai jamais ce moment-là. Je n'étais qu'un enfant ayant beaucoup d'aspiration mais peu de talent, et son grand moment avait été ruiné par un morceau de tissu jaune. Pourtant, aussi décevant qu'ait été le jeu, papa en a fait un événement que je n'oublierai jamais.

Il y a six ans, alors que papa se mourait d'un cancer, lui et moi avons parlé des grands moments passés ensemble. Je lui ai demandé s'il se souvenait du faux touché, et il s'en souvenait.

« Papa, pourquoi applaudissais-tu?, lui ai-je demandé. Cela ne comptait pas. » Il a souri et a pris ma main.

« Tout compte, a-t-il répondu. Je savais l'importance de ce touché pour toi. Puisqu'il était si important à tes yeux, il le devenait encore plus pour moi. De plus, c'était la plus jolie course que j'ai jamais vue. »

Scott Adamson

8

LA SAGESSE
DU JEU

*L'important n'est pas de gagner
aux Jeux olympiques mais de participer...
L'essentiel dans la vie n'est pas
de vaincre, mais de bien se battre.*

Baron Pierre de Coubertin,
fondateur des Jeux olympiques modernes

Le magicien de Westwood

On ne peut pas former un caractère en le rêvant; il faut le marteler et le forger soi-même.

James A. Froude

Alors étudiant, j'ai été témoin de deux des grandes années de John Wooden avec l'équipe de basket-ball de UCLA. J'étais présent et j'ai crié au moment où la dynastie est née pour monter en flèche pendant plus de dix ans dans les années 60 et 70. Gail Goodrich, Lew Alcindor et Bill Walton l'appelaient « Coach ». Les journalistes sportifs l'avaient affectueusement surnommé le « Magicien de Westwood » et lui avaient rendu hommage en l'appelant « l'architecte du meilleur programme de basket-ball universitaire dans l'histoire de ce sport ». Ses équipes de UCLA détiennent des records que peu de gens s'attendent à voir battus. Wooden a mené les Bruins à dix titres nationaux en douze ans. Il a remporté un record de sept championnats de suite de la NCAA, entre 1966 et 1973. Entre 1971 et 1973, ses équipes ont établi un record de quatre-vingt-huit victoires consécutives. L'entraîneur Wooden demeure le seul entraîneur de niveau universitaire à avoir mené ses équipes pendant quatre saisons consécutives sans défaite.

L'homme est une véritable légende. J'oserais dire que tous les amateurs de basket-ball universitaire d'Amérique de plus de quinze ans d'âge ont entendu parler de ses succès exceptionnels et de son influence durable sur ce sport. Peu de ces amateurs connaissent la vie privée de l'homme, ou de la femme aimante qui l'a soutenu pendant cinquante-deux ans de mariage. Ceux qui ont vu cet homme humble diriger ses joueurs savaient qu'il était un homme de valeurs et un homme de constance. Avant chaque match, Wooden roulait son programme et se tournait vers les estrades pour recevoir un sourire d'encouragement et un signe de la main de sa femme, Nell, qui a toujours occupé le même siège. Il y avait dans leurs yeux un tel amour que cela réchauffait le cœur, même celui d'un étudiant. Pour ceux qui le connaissaient, il y avait quelque chose de plus important encore pour le Magicien de Westwood que de gagner des matchs de basket-ball, et son nom était Nell Wooden.

Des années plus tard, je dirigeais alors une série de programmes à l'hôpital St-Vincent de Los Angeles. Pendant une discussion sur l'importance des valeurs dans le leadership, j'ai glissé quelques mots à propos de la Pyramide du Succès de l'entraîneur Wooden, laquelle était la pierre angulaire de sa philosophie d'entraîneur à UCLA. Deux infirmières surveillantes qui participaient au programme m'ont approché durant la pause. Elles m'ont dit qu'elles connaissaient peu l'histoire du basket-ball à UCLA, mais qu'elles en connaissaient beaucoup sur John Wooden, l'homme.

Nell Wooden s'était retrouvée dans un coma prolongé à la suite d'une crise cardiaque survenue lors d'une opération pour une prothèse de la hanche en 1982. Les infirmières avaient vu cet homme, jour après jour, venir visiter Nell. Il passait dix heures par jour à son chevet, lui tenant simplement la main. À d'autres moments, il priait à côté de son lit. Les médecins lui ont recommandé de parler à Nell parce qu'il était possible que son subconscient puisse l'entendre. Après trois mois dans le coma, il lui a serré la main et elle a répondu. Nell était de retour !

À peine quelques mois plus tard, elle était une nouvelle fois aux portes de la mort, après une opération pour retirer sa vésicule biliaire. Pourtant, défiant les pronostics, Nell s'était remise suffisamment pour profiter de quelques mois de plus auprès de sa famille et de ses amis.

Pendant cette période, Coach Wooden était à ses côtés tout comme elle l'avait toujours été. Jusqu'au dernier moment, il a affiché la même attitude, la même courtoisie, la même foi et le même amour profond pour sa femme. Au premier jour du printemps, le 21 mars 1985, son amour depuis soixante ans, Nell Wooden, est décédée. La femme qui l'avait accompagné pendant la plus grande partie de sa vie ne serait plus à ses côtés.

Je n'ai pas été étonné d'entendre parler de la force de caractère et de l'amour de John Wooden. C'était une nouvelle preuve de l'intégrité de l'homme qui avait toujours prêché par l'exemple. Après tout, ne disait-il pas : « C'est ce que vous apprenez après que vous savez tout ce qui importe. »

En 1998, j'ai revu Coach Wooden à un match de basket-ball de UCLA. Je me suis rendu à son siège et je lui ai raconté ce que les infirmières de St-Vincent m'avaient dit. Les larmes aux yeux, il m'a répondu : « C'est le plus beau compliment que j'ai jamais reçu. »

Les trophées de championnats finissent toujours par perdre de leur lustre, mais l'héritage de l'amour perdure de sorte que les souvenirs de cet amour nous incite à faire de même pour ceux que nous aimons.

Terry Paulson, Ph.D.

Le ballon en cuir, réglementaire de la NFL, identifié aux Bears de Chicago de 1963

Nous étions en 1964. À Chicago. Un compagnon de travail avait acquis quelques ballons en cuir, réglementaires de la NFL, identifiés aux Bears de Chicago de 1963, et il les vendait à très bon prix. Nous attendions la naissance de notre premier fils. J'ai donc acheté un ballon. J'avais un cadeau de « bienvenue à la maison » pour mon fils, et c'était vraiment quelque chose de spécial.

Plusieurs années plus tard, le jeune Tom fouillait partout dans le garage, comme seul peut le faire un jeune garçon de six ans, quand il a trouvé le ballon en cuir, réglementaire de la NFL, identifié aux Bears de Chicago de 1963. Il m'a demandé s'il pouvait jouer avec. Me fiant à toute la logique dont je le croyais capable à son âge, je lui ai expliqué qu'il était encore un peu trop jeune pour jouer prudemment avec un ballon aussi spécial. Cette conversation s'est répétée à plusieurs reprises au cours des mois qui ont suivi, et bientôt les demandes se sont espacées.

L'automne suivant, après avoir regardé un match de football à la télévision, Tom m'a demandé : « Papa, tu te souviens du ballon de football dans le garage ? Puis-je le prendre pour jouer avec mes amis maintenant ? »

J'ai levé les yeux au ciel en répondant : « Tom, tu ne comprends pas. Tu ne peux tout simplement pas aller dehors et lancer de manière insouciante un ballon en cuir, réglementaire de la NFL, identifié aux Bears de Chicago de 1963. Je te l'ai déjà dit, c'est un ballon bien spécial. »

Finalement, Tom a cessé complètement ses demandes à ce sujet. Mais il n'avait pas oublié et, quelques années plus tard, il a parlé à son frère cadet, Dave, du ballon en cuir, réglementaire de la NFL, identifié aux Bears de Chicago de 1963, qui était bien spécial et qui se trouvait quelque part dans le garage.

Un jour, Dave est venu me voir et m'a demandé s'il pouvait prendre ce ballon de football spécial pour le lancer pendant un moment. Il me semblait que j'avais déjà répondu à cela, mais je lui ai patiemment expliqué, une nouvelle fois, qu'on ne peut tout simplement pas jouer avec un ballon en cuir, réglementaire de la NFL, identifié aux Bears de Chicago de 1963. Bientôt, Dave a cessé ses demandes, lui aussi.

Il y a quelques mois, alors que j'étais dans le garage pour chercher du lubrifiant, j'ai vu une boîte sur laquelle était inscrit « salopettes ». Je ne me souvenais pas d'avoir apporté des salopettes quand nous avions déménagé de Chicago à Albuquerque. J'ai donc ouvert la boîte. J'y ai trouvé, oublié depuis longtemps, le ballon en cuir, réglementaire de la NFL, identifié aux Bears de Chicago de 1963.

Mais, il n'était plus spécial.

Je me tenais là, seul dans le garage. Les garçons avaient depuis longtemps quitté la maison, et j'ai soudainement compris que ce ballon n'avait jamais été à ce point spécial. Voir des enfants jouer avec lorsque c'était de leur âge l'aurait rendu spécial. J'avais raté ces moments précieux, ceux du présent qui ne reviennent jamais, et j'avais sauvé un ballon de football. Pour quoi ?

J'ai pris le ballon et je l'ai apporté de l'autre côté de la rue à une famille qui avait de jeunes enfants. Quelques heures plus tard, j'ai regardé par la fenêtre. Ils lançaient, attrapaient, bottaient et laissaient glisser sur le ciment mon ballon en cuir, réglementaire de la NFL, identifié aux Bears de Chicago de 1963.

Maintenant il était spécial !

Tom Payne

Pressentant une confrontation, l'arbitre pénètre dans la sécurité relative de la nouvelle « cabine anti-Lasorda ».

IN THE BLEACHERS par Steve Moore. © 1993 Tribune Media Services, Inc. Tous droits réservés. Reproduit avec autorisation.

La conversation d'un parent avec son enfant avant le premier match

C'est ton premier match, mon enfant. J'espère que
    tu gagneras.
J'espère que tu gagneras pour toi, et non pour moi.
Car c'est bon de gagner.
C'est une merveilleuse sensation.
Comme si le monde t'appartenait.
Mais elle passe, cette sensation.
Et ce qui reste, c'est ce que tu as appris.

Et ce que tu apprends, c'est la vie.
C'est ce pour quoi le sport existe. La vie.
Tout est joué en un après-midi.
Le bonheur de la vie.
Les misères.
Les joies.
Les peines.

On ne sait pas ce qui va arriver.
On ne sait pas si tu seras renvoyé au cours des cinq
    premières minutes, ou si tu resteras jusqu'au bout
    du voyage.

Impossible de savoir comment tu vas t'en tirer.
Tu seras peut-être un héros, ou rien du tout.
Impossible de savoir.
Beaucoup dépend de la chance.
De la façon dont la balle rebondit.

Je ne parle pas du match, mon enfant.
Je parle de la vie.
Mais le sport, c'est la vie.
Comme je te l'ai dit.

Car chaque match est la vie.
Et la vie est un match.
Un match sérieux
Terriblement sérieux.

Mais c'est ce que tu fais avec les choses sérieuses.
Tu fais de ton mieux.
Tu prends ce qui arrive.
Tu prends ce qui arrive
Et tu cours en l'emportant avec toi.

Gagner est amusant.
Bien sûr.
Mais l'important n'est pas de gagner.

L'important est de vouloir gagner.
L'important est de ne pas abandonner.
L'important est de ne jamais être satisfait de ce que tu as
     fait jusqu'à maintenant.
L'important est de ne pas abandonner.
L'important est de ne jamais laisser tomber les autres.

Joue pour gagner.
Bien sûr.
Mais accepte la défaite comme un champion.
Car gagner n'est pas ce qui compte.
Ce qui compte, c'est d'essayer.

Steve Jamison

Ce n'est pas fini tant que ce n'est pas fini.

Yogi Berra

Lettre à un entraîneur

La bonté est plus facile à reconnaître qu'à définir.

W. H. Auden

Cher entraîneur,

Merci des cadeaux spéciaux que vous avez donnés à mon enfant. Vous avez appris son nom et vous l'avez prononcé souvent. Vous lui avez enseigné les bases du sport et des façons spéciales de s'améliorer et d'exceller. Même si vous deviez vous occuper d'une équipe entière d'enfants, vous avez pris le temps de donner des leçons individuelles quand il le fallait.

Sous votre gouverne, je l'ai vu se transformer d'un enfant timide et hésitant en un joueur fort et heureux, prêt à tout donner pour son équipe. Pendant la saison complète, quand il faisait de son mieux, même si ce n'était pas assez pour aller chercher ce point supplémentaire, vous avez reconnu ses efforts par une tape dans le dos et des paroles d'encouragement.

Votre sage approche lui a appris que même si la victoire est un but, il y a d'autres buts tout aussi valables. Il a appris le mérite de terminer ce qu'il entreprend et la joie des réalisations personnelles. Ces qualités l'ont accompagné durant une saison remplie de dur labeur et de plaisir, de découragement et de détermination, de défaites et de victoires.

Et, à la toute fin, à ce championnat lorsqu'il a rapporté à la maison la médaille de la première place, vous étiez parmi ceux qui étaient si fiers de ses progrès. Ce fut une victoire pour nous tous. Ce qui m'impressionne, c'est ce que vous faites, année après année, pour tant d'enfants. Vous leur avez inculqué des principes qui leur serviront pendant toute leur vie. Vous avez éveillé en eux le désir d'exceller. Il est possible qu'aucun de nous ne puisse même saisir toute l'étendue de votre contribution à ces jeunes personnes et au monde qu'ils façonnent pour eux-mêmes. Mais, dans les décennies à venir, je sais que ma famille reviendra sur ces années incroyables de croissance et d'émerveillement. Nous regarderons les rubans, les trophées et les médailles, et nous y verrons de simples symboles des vrais cadeaux. Des cadeaux qui sont certainement venus tout droit de votre cœur.

Avec toute ma reconnaissance,

Un parent

Anita Gogno

NOTE DE L'AUTEUR : Gabi Johnson, l'entraîneur qui a inspiré cette lettre, est décédé le 6 janvier 2000, après une lutte de sept ans contre le cancer.

L'inspiration du caucus de football

Voici ma Règle d'Or en cette époque ternie : soyez juste envers les autres, mais ne les lâchez pas tant qu'ils ne seront pas justes envers vous.

Alan Alda

J'ai assisté à mon premier match de football professionnel à l'âge de douze ans lorsque les Rams de Los Angeles jouaient au Coliseum. Cette expérience a éveillé mon rêve de jouer au football professionnel un jour. Je voulais ressembler à mes héros – les quarts Bob Waterfield et Norm Van Brocklin, et le demi Kenny Washington, qui est devenu un des premiers Afro-Américains à jouer dans la NFL.

Pratiquer des sports m'a appris très tôt qu'il n'arrive rien de remarquable sans discipline, transpiration et inspiration. Mon inspiration m'est venue le jour où, alors que j'étais étudiant de première année à Occidental College, l'entraîneur Payton Jordan m'a convoqué dans son bureau. « Jack, a-t-il dit, je t'ai vu jouer à Fairfax (une école secondaire de Los Angeles) et maintenant ici à Occidental. Tu as beaucoup de potentiel. En toute confidentialité, tu devrais savoir que, si tu travailles fort, *vraiment fort*, tu pourrais te rendre à la NFL un jour. » Je suis sorti de son bureau au septième ciel, en me promettant de travailler plus fort que jamais. Pas question de laisser tomber l'entraîneur Jordan, ou moi-même.

Des années plus tard, j'ai appris que l'entraîneur Jordan tenait le même discours « de confidentialité » à la plupart de ses joueurs, mais cela m'importait peu. Non seulement m'avait-il inspiré, mais il avait inspiré toute l'équipe. Nous étions *tous* d'accord pour jouer sous les ordres de l'entraîneur Jordan, et grâce à cette motivation, mon rêve s'est réalisé : j'ai été repêché d'Occidental par les Lions de Détroit. J'étais un choix de dix-septième ronde, mais c'était sans importance. J'avais la chance de faire mes preuves au football professionnel.

Dans mon cas, j'y ai vu une occasion de persévérer et de réaliser mon rêve d'adolescence. Par contre, je voyais clairement que tous n'avaient pas les mêmes chances. Le rêve américain de chances égales pour tous n'était pas à la portée de chacun. Mes coéquipiers afro-américains devaient composer avec l'attitude ignorante et haineuse de beaucoup de gens, ce qui signifiait qu'ils étaient injustement traités. Ces préjugés allaient à l'encontre de ce qui était bien pour notre nation, et de notre déclaration d'égalité et de liberté de choix.

En 1961, j'étais quart et capitaine des Chargers de San Diego. Nous devions affronter les Oilers à Houston pour le championnat de l'AFL (American Football League). Traditionnellement, le soir précédant le match, l'entraîneur Sid Gilman emmenait toute l'équipe au cinéma. Après avoir pris nos sièges, j'ai remarqué que Paul Lowe, Ernie Wright, Ernie Ladd et Charlie McNeil n'étaient pas là. Je me suis informé autour de moi et on m'a répondu qu'ils avaient été relégués au balcon « réservé aux Noirs ». Quand j'en ai parlé à l'entraîneur Gilman, il s'est immédiatement levé et a dit : « Rassemble l'équipe. Rappelle tous les gars. Nous sortons d'ici. » Dans une manifestation silencieuse et puissante de notre croyance en l'égalité, vivant et travaillant en équipe, nous sommes sortis en équipe. J'étais très fier de l'entraîneur Gilman, mais il restait tant de choses à faire.

Quatre années plus tard, après avoir joint les Bills de Buffalo et avoir été élu capitaine, nous participions au match des étoiles de 1965 de l'AFL à la Nouvelle-Orléans. Nos coéquipiers noirs avaient de la difficulté à trouver un taxi ou même à se faire servir dans les restaurants. Une fois encore, la sagesse de l'unité de l'équipe et, admettons-le, la popularité du football professionnel, nous ont donné l'influence nécessaire pour combattre la discrimination. Nous avons discuté de la situation lors de notre rencontre d'équipe et nous avons décidé de boycotter le match, en protestation contre le climat racial de la ville. Il en a résulté que le match a été transféré à Houston, qui, à cette époque, avait fait des progrès vers un traitement plus égalitaire dans les établissements d'hébergement. C'était la première fois de l'histoire qu'une ville était boycottée par un événement sportif professionnel.

Nous ne tolérions pas la bigoterie sur le terrain non plus. Toutes les différences de race, de religion et de classe sociale disparaissaient devant le but commun d'une victoire d'équipe. La division ne fait qu'affaiblir une équipe. Elle n'a pas sa place dans un petit groupe, que ce soit à l'intérieur ou à l'extérieur du terrain.

Toute équipe doit être unie. Une équipe doit fonctionner comme un seul ensemble, une seule force, chacun comprenant et aidant ses coéquipiers dans leurs rôles. Si une équipe ne le fait pas, quelle qu'en soit la raison, elle est vouée à la défaite. Vous gagnez ou perdez en tant qu'équipe, en tant que famille. Une équipe qui réussit se présente sur le terrain après avoir ramené les questions de race, de religion et de pression sociale à leur juste niveau grâce à la force de buts communs.

Ce fut le cas en 1947 quand Branch Rickey, propriétaire des Dodgers de Brooklyn, a informé son équipe qu'il ramenait des ligues mineures Jackie Robinson – le premier homme noir à avoir joué dans les ligues majeures. Rickey voulait le talent de Robinson au marbre et sa vitesse sur les buts. Certains joueurs ont lancé une pétition disant qu'ils refuseraient de se rendre sur le terrain avec un Noir. Pee Wee Reese, l'arrêt-court et capitaine des Dodgers, a refusé de signer la pétition et l'a déchirée, mettant fin efficacement à une idée stupide, née de l'ignorance, qui était non seulement injuste, mais aussi mauvaise pour l'équipe.

Plusieurs fois pendant cette saison, Reese a démontré sa vraie nature. À un moment, il en a eu assez des amateurs qui insultaient Robinson, lui crachaient dessus et lui lançaient des objets. Pendant un match à Cincinnati, Pee Wee s'est dirigé vers Jackie, a mis son bras autour de ses épaules et ils sont restés là, immobiles. Ils ont fixé la foule jusqu'à ce qu'un silence presque complet se fasse dans le stade. Puis, le match a repris. Robinson était peut-être le premier Noir à jouer dans le baseball majeur, mais pour Pee Wee, le plus important était « qu'il était un Dodger, notre coéquipier ».

La force d'un homme ou d'une femme posant le bon geste pour les bonnes raisons, et au bon moment, est ce qui influence le plus notre société. Individuellement, nous ne sommes peut-être pas les capitaines de notre équipe, mais nous sommes *toujours* les capitaines de notre âme et, collectivement, de l'âme de l'Amérique. L'âme de l'Amérique repose entre nos mains, alors que nous cherchons la réconciliation et la paix raciale en Amérique, à l'aube de ce nouveau siècle si excitant.

Jack Kemp

Tout le monde a la volonté de gagner, mais peu de gens ont la volonté de se préparer pour gagner.

Bobby Knight

Le remède contre la déception

En 1992, Jeff Sluman participait au tournoi Pro-Am national AT&T de Pebble Beach. Derek, mon fils de dix-sept ans, et moi étions très excités. Lors d'une conversation avec Jeff la semaine avant son arrivée, nous avions convenu de nous rencontrer. En réalité, Jeff avait promis à Derek qu'il passerait du temps avec lui pour l'aider dans son golf.

La semaine du tournoi est arrivée et les imprévus se sont malheureusement multipliés, mais pas le temps. Les chances d'une rencontre entre Derek et Jeff devenaient peu probables. Le vendredi, Jeff a téléphoné à Derek. « Voici ce que je propose, a-t-il dit. Après la ronde de dimanche, nous nous verrons et je te donnerai des conseils pour ton jeu. » Nous nous sommes laissés là-dessus.

Le dimanche, ronde finale du tournoi, Jeff a réussi un incroyable roulé de vingt-deux pieds pour un oiselet au dix-huitième, ce qui lui permettait de rejoindre Mark O'Meara en tête. Ils sont allés en prolongation en commençant au seizième trou.

Derek, mon ami Bobby Rahal et moi étions dans la chambre de Bobby à l'hôtel *The Lodge*, et nous regardions le drame se dérouler en direct à la télé. Nous n'étions qu'à quelques centaines de verges du dernier vert, mais grâce à la télévision, nous étions près de chacun des trous, même du seizième, où Jeff et Mark ont débuté la prolongation.

Jeff et Mark ont tous deux atteint la frise du vert en deux. Mark a calé son approche pour un oiselet. Le coup roulé de quarante pieds de Jeff est resté à court. Mark a remporté le AT&T au premier trou de prolongation.

Derek, Bobby et moi avons gémi en sympathie pour notre ami Jeff. Il n'avait remporté aucun tournoi depuis sa victoire au PGA, quelque dix années auparavant.

Bobby, vainqueur du Indy 500 en 1986, trois fois champion du monde de la série CART PPG, sait ce que signifie manquer d'essence à un tour de la victoire. Pour un compétiteur, la défaite ne peut être que l'ennemi.

« Derek, a dit Bobby, ce fut une journée difficile pour Jeff. Je ne crois pas que vous pourrez vous rencontrer. »

Nous sommes partis tous les trois vers Cypress Point pour y jouer quelques trous. Nous étions sur le vert du quinzième et voilà que Jeff se pointe dans l'allée. « Salut, les gars, dit-il. Je savais que je vous trouverais ici. » J'ai été renversé par son calme apparent et par le sourire dans sa voix.

« Derek, viens avec moi, dit-il. Prends tes bâtons. Nous allons jouer le seizième, le dix-septième et le dix-huitième. Je veux voir ton élan. »

Bobby et moi les avons accompagnés. J'ai porté fièrement le sac de mon fils qui prenait une leçon de Jeff Sluman ! Ils ont joué trois trous au cours desquels Jeff a évalué et corrigé chaque coup, chaque amélioration minime dans la position et l'élan de Derek.

Jeff venait tout juste de terminer dix-neuf trous dans un tournoi professionnel, il avait perdu l'AT&T par un coup en prolongation, et il avait accepté volontiers de passer du temps à aider un jeune golfeur. Plus tard, j'ai mentionné à Jeff que nous aurions tous compris s'il avait oublié la leçon de golf. « Pas question, dit-il. Il n'y a rien de mieux pour se guérir d'une déception que d'aider quelqu'un qui adore la même chose que toi. »

Clay Larson

Les cartes de baseball
à 50 000 $

Je suis entré au All-Pro Sports Cards avec un sac si lourd que j'avais de la difficulté à marcher. Je me sentais comme un de ces vieux prospecteurs titubant en entrant dans un saloon du Far West pour montrer aux copains les pépites qu'il a trouvées dans les collines.

J'ai déposé mon sac sur le comptoir de la boutique située dans un centre commercial et j'ai expliqué : « Il y a plusieurs années, j'ai montré ces cartes à un ami qui est collectionneur. Il m'a dit qu'elles valaient 200 $. Je les ai retrouvées aujourd'hui. Valent-elles quelque chose ? »

Les minutes qui ont suivi restent toujours floues dans ma mémoire. En quelques secondes, un attroupement s'était formé. Des appels téléphoniques ont été faits. Des hommes adultes m'ont entouré, regardant au-dessus de mon épaule, manipulant mes cartes. Ils ont dit des choses inouïes. « Regarde, des Mantle à l'état neuf. Mon Dieu, il doit y avoir une bonne douzaine de Mickey. Mays, Koufax, Maris. Il a des centaines de vedettes », a mentionné l'un d'eux. Les propriétaires du magasin, sans me demander mon avis, ont commencé à placer mes cartes dans des boîtiers ou dans des étuis individuels en plastique. Ils plaçaient chaque carte dans son étui avec un soin extrême, une minutie de chirurgien.

« Papa, je dois aller à la toilette », a lancé une voix.

« Pas maintenant, Russell », ai-je répondu à mon fils de quatre ans.

« Papa, j'ai vraiment envie. »

Nous sommes allés à la toilette à l'arrière pendant que des mains inconnues manipulaient mes cartes (ou les frais de scolarité de première année d'université de Russell, selon ce que vous en pensez). Quand je suis revenu, Vince Chick, le copropriétaire du magasin, marmonnait.

« Qu'avez-vous dit ? » lui ai-je demandé.

« Peut-être cinquante », a-t-il répété.

« Cinquante quoi ? »

« Cinquante mille dollars. »

J'ai frissonné pendant que les experts locaux spéculaient sur la valeur, 42 000 $ étant la somme la moins élevée.

Tout cela a commencé parce que j'essayais d'aider un ami. Il voulait acheter une boîte de cartes pour le fils nouveau-né de son ami – un cadeau qui combinait le plaisir éventuel de l'enfant avec un léger potentiel de placement d'un jeune professionnel. Après avoir trouvé un magasin qui vendait des cartes, j'ai demandé incidemment : « Que valent de nos jours les vieilles cartes des années 50 ? »

« Un Mantle abîmé – au moins 180 $. »

J'ai sauté dans mon camion sans tarder et me suis rendu tout droit à la maison de mon enfance sur Capitol Hill. « Bonjour papa », ai-je dit, et je suis entré dans mon ancienne chambre. Mes cartes étaient dans un sac de papier brun au fond de la penderie, où je les avais laissées plusieurs années auparavant. Les cartes de sport ont été le premier bien matériel que j'ai acheté avec l'argent que j'avais gagné et dont je me suis occupé avec beaucoup d'intérêt.

Je suis retourné une deuxième fois à la maison paternelle après l'évaluation de 50 000 $. Mon père doit se compter chanceux que je n'aie pas démoli les murs de briques car, dans les vieilles maisons en rangée, il y avait des cartes de baseball partout. Lors de cette visite, j'ai

trouvé Mantle qui servait de signet dans un roman policier. J'ai trouvé des cartes Fleer de Hank Greenberg et de
Charlie Gehringer dans le grenier, sous une pile de sol-
dats de caoutchouc miniatures. Hank Aaron, frappant de
la gauche à cause d'une inversion du négatif, se trouvait
sous une pile de billets d'estrade populaire des Nats.
J'avais gardé la carte dans mon portefeuille pendant tellement d'années (imaginez, un Aaron gaucher!) que le
visage de Hank était effacé, ce qui effaçait du même coup
sa valeur « aux livres » de 240 $. Horrifié, j'ai découvert
que les quatre coins arrondis de Willie Mays avaient été
coupés avec des ciseaux en 1957 pour en améliorer
l'apparence – chaque coup de ciseaux me coûtant environ
50 $ en 1991.

Une Roy Sievers de 1957 avait été totalement recou-
verte de ruban adhésif clair afin que, sans doute, je
puisse être enterré avec la carte, au cas où je serais renversé par un camion à l'âge de neuf ans.

Après que j'ai eu terminé mes fouilles de la cave au
grenier, j'étais tellement sale qu'on aurait dit que je sor-
tais d'un puits de mine. J'étais cependant énormément
soulagé, car il ne pouvait en rester encore beaucoup à
découvrir. Je pouvais désormais passer à autre chose.
J'aurais rendu ma famille et moi-même malheureux en
me transformant en « avare de cartes, sorti tout droit de
l'enfer ». Pendant des semaines, j'ai passé tous mes
temps libres à étudier le monde du commerce des cartes.

Mon fils semblait perplexe, comme s'il se demandait
Qui est l'enfant ? Ma femme était en colère. Invariablement, la valeur estimée de mes cartes baissait, et j'étais
beaucoup plus déçu que j'aurais dû l'être. En moins de
trente-six heures (passées principalement en compagnie
de Vince Chick, d'une calculatrice de poche, et du guide
Beckett sur la valeur et l'état des cartes, j'ai compris que
l'estimation de 50 000 $ n'était qu'une fièvre du chercheur
d'or. Quels que fussent mes spéculations et le bénéfice du

doute que je m'accordais, la vérité ressemblait plus à 25 000 $. Valeur au détail. La plupart des marchands de cartes ne vous offriront que 50 % de la valeur des cartes « ordinaires » et peut-être 67 % pour celles des membres du Temple de la renommée.

En un clin d'œil, j'étais passé de 50 000 $ à 15 000 $. John McCarthy, l'autre propriétaire du All-Pro, m'a conseillé : « Vends-les rapidement. Tous ceux qui trouvent leurs vieilles cartes font comme toi. Ils sont furieux de vendre à un marchand pour la moitié de la valeur. Ils vont donc aux expositions de cartes et tentent de les vendre à des collectionneurs à un prix décent. Il est presque certain qu'ils deviendront eux-mêmes des collectionneurs accros. » L'affiche au-dessus de la porte du All-Pro devrait plutôt mentionner : *Que ceux qui entrent ici abandonnent tout espoir.*

Mon château de cartes personnel a commencé à s'effondrer au magasin House of Cards. Tout le monde me conseillait de m'y rendre. Tous disaient que Bill Huggins, le propriétaire apparenté à l'ancien entraîneur des Yankees, Miller Huggins, était intelligent et juste à propos des vieilles cartes. Il me dirait ce que je possédais réellement et peut-être me les achèterait-il.

« Désolé de vous décevoir, dit Huggins en regardant ma mine déconfite. Ce sont de belles cartes. Mais pas si belles que ça. Vous avez joué avec. Fondamentalement, elles valent toutes moins que vous ne pensiez. Les 56 et 57 sont bonnes. Les 58, très bonnes. Les 59, excellentes, et les 60 entre excellentes et parfaites. Seules les 61 et 62 sont presque à l'état neuf, soit 100 % de leur valeur aux livres. »

À combien peut se chiffrer la différence ?

« Elles valent environ 15 000 $ au détail, dit-il. Je vous en offre 10 000 $. »

Je devais avoir l'air aussi dépité que si on m'avait annoncé que mon chien venait de mourir. C'était peut-être parce que, la veille, ma femme m'avait annoncé que nous devrions débourser 7 000 $ pour réparer le plus récent désastre à la maison (un système de chauffage/climatisation qui avait rendu l'âme). J'ai connu mon bas-fond quand je me suis assis avec un marchand respectable qui a trouvé des défauts à peine perceptibles à chacune de mes trois mille cartes, sauf trois. « Conservez-les », dit-il.

« Elles sont *splendides* » – signifiant absolument parfaites et irréprochables. Malgré les avis divergents quant à leur valeur, ce qui m'a vraiment mis sur le chemin de la guérison fut le fait de retrouver, carte par carte, des souvenirs oubliés de mon enfance – des souvenirs dont j'avais besoin plus que je ne le croyais.

Je me suis rappelé que j'avais l'habitude de me retrouver au marché Kendall, à cent mètres de notre maison, dès l'ouverture à 7 heures, pour mon paquet du matin. Au cours de l'après-midi, je traversais le parc vers un autre magasin pour mon paquet de la soirée. Les week-ends, je marchais dix rues pour aller chez Tommy T.

Quelle patience de la part de mes parents ! Ma mère conservait une liste des cartes que je souhaitais obtenir ou dont j'avais besoin pour compléter une série, et elle me demandait si je les avais obtenues. Dans une famille qui avait horreur du gaspillage et où on évoquait occasionnellement des histoires sur la Dépression, je n'ai jamais entendu les mots : « C'en est assez des cartes de base-ball. »

Le premier été que j'ai passé au camp, mes parents achetaient religieusement mes cartes pendant mon absence. C'est pourquoi, encore aujourd'hui, il n'y a pas de trou de six semaines dans ma série de l'année 60.

Le fait d'avoir retrouvé mes cartes – et la vieille boîte de cigares dans laquelle je les gardais, et qui s'était renversée dans ma malle de camp – m'a aidé à rouvrir des portes sur mon passé. Je n'avais jamais compris à quel point la douceur et l'intensité de mes souvenirs d'enfance avaient été effacées par toutes ces démystifications et tous ces compromis qui viennent avec l'âge adulte. Je ne m'étais pas rendu compte que très peu de mes souvenirs d'enfance évoquaient encore en moi autant de fraîcheur.

Jusqu'à ce que je retrouve les cartes.

Grâce à elles, j'ai retrouvé certains de mes plaisirs purs d'enfance – ainsi que la sincérité de l'amour imparfait de mes parents. Le simple fait d'avoir les cartes, de « jouer » avec elles, me donnait une impression de sécurité, d'être aimé et apprécié.

Une telle pierre de touche est rare. Il est même difficile, peut-être même idiot, de la laisser derrière soi. C'est peut-être la raison pour laquelle, un jour d'automne à l'approche des Séries mondiales, j'ai compris que j'étais heureux que mes cartes ne vaillent pas 50 000 $. Si cela avait été le cas, j'aurais dû les vendre.

Pourtant, je ne pouvais pas décider si je devais les garder pour des raisons sentimentales ou les échanger pour un système de chauffage fonctionnel. Puis, un jour, j'ai vu mon fils y aller gaiement avec ses cartes au moment où il s'apprêtait à me battre à plates coutures au jeu de « flip ».

« Montre-moi tes bons joueurs, dit-il. Montre-moi Willie Mays. »

Ce que j'ai fait. « Papa, vas-tu vendre toutes tes cartes de baseball ? » a-t-il demandé.

« Non, ai-je décidé. Je vais garder les meilleures pour toi. »

Thomas Boswell

50 façons de profiter
au maximum du sport

1. Rappelez-vous, ce n'est qu'un jeu.

2. Jouez de toutes vos forces.

3. Placez l'honneur et l'esprit sportif au-dessus de la victoire.

4. Laissez tomber le cynisme et participez avec l'enthousiasme de la jeunesse.

5. N'oubliez pas de vous émerveiller.

6. Appréciez l'excellence.

7. Initiez un enfant à votre sport préféré.

8. Aidez un enfant à entreprendre une collection de cartes de sport.

9. Donnez votre plus précieux souvenir de sport à un enfant qui l'appréciera.

10. Célébrez les héros, mais appréciez aussi les autres joueurs et leur contribution.

11. Revivez en détail et en silence votre moment de sport le plus mémorable.

12. Passez tout un match ou une épreuve sportive à seulement observer la foule.

13. Applaudissez quand personne d'autre ne le fait.

14. Faites plus de bruit que vous ne l'avez jamais fait.

15. Soyez fier d'avoir l'air idiot à l'occasion.

16. Respectez les émotions des autres partisans en contrôlant les vôtres.

17. Encouragez les négligés.

18. Encouragez les favoris.

19. Devenez bénévole aux Jeux paralympiques.

20. Jouez à la balle avec un enfant.

21. Ne soyez pas un parent dominateur dans les sports.

22. Soyez le parent qui encourage et soutient le plus dans votre quartier.

23. Soyez présent après une dure défaite.

24. Faites du sport aussi longtemps que vous le pourrez.

25. Suppléez à votre manque de pratiques sportives en étant un fervent partisan.

26. Lisez d'abord la section des sports.

27. Écrivez à votre station de télévision locale pour leur demander de présenter les nouvelles du sport au début du bulletin de fin de soirée.

28. Téléphonez aux lignes ouvertes sur le sport et dites quelque chose d'intéressant.

29. Étudiez le sport; ce faisant, vous étudierez la vie.

30. Lisez et admirez les héros et les exploits du passé.

31. Passez une journée entière à regarder vos films de sport préférés.

32. Regardez le match du Super Bowl plutôt que les messages publicitaires.

33. Regardez le sport que vous aimez le moins et prenez-y plaisir.

34. Formez votre propre « pool de hockey » pour ramener votre ego sportif sur terre.

35. Remerciez les journalistes sportifs de leur capacité de traduire si éloquemment l'action en émotion.

36. N'oubliez pas que les athlètes, qu'ils soient professionnels ou à l'école primaire, ne sont que des individus qui participent au sport qu'ils aiment.

37. Au lieu de choisir vos héros dans le monde du sport, devenez-en un vous-même.

38. Remerciez l'arbitre pour son bon travail – même s'il y a eu des décisions discutables (il y en a toujours).

39. Imaginez le monde avant les reprises vidéos.

40. Quand le match est fini, il est fini. Passez à autre chose.

41. Célébrez les petites victoires aussi bien que les grandes.

42. Prenez congé et allez assister à un match.

43. Prenez une semaine de congé pour des vacances consacrées à une activité sportive.

44. Si vous mêlez le sport et les affaires, n'oubliez pas que le sport n'est pas le travail.

45. Transmettez votre amour du sport à une personne qui vous est chère.

46. Faites du sport une affaire de famille.

47. Emmenez un enfant méritant à une partie de balle.

48. Célébrez l'universalité du sport.

49. Imaginez quel merveilleux monde ce serait si la vie ressemblait vraiment plus au sport.

50. Rappelez-vous, ce n'est qu'un jeu.

Mark et Chrissy Donnelly

9

LES APPLAUDISSEMENTS
DE LA FOULE

*« Ce n'est pas le critique qui compte; ce n'est
pas celui qui montre comment l'homme
courageux a trébuché ou comment l'auteur
de l'action aurait pu faire mieux. L'honneur
revient à l'homme qui est dans l'arène, dont
le visage est souillé par la poussière, la sueur
et le sang; qui lutte vaillamment; qui se
trompe et fait des erreurs encore et encore;
qui connaît les grands enthousiasmes,
les grands dévouements; qui se dépense
pour une noble cause; qui, au pire,
s'il échoue, aura néanmoins échoué en ayant
risqué, de sorte que sa place ne sera jamais
avec des âmes timorées qui ne connaissent
ni la victoire ni la défaite. »*

Theodore Roosevelt

Maintenant !

Pendant huit ans, j'ai eu le bonheur d'être entraîneur de nage de compétition à San Fernando Valley, Californie, pour United States Swimming Coach. Cela signifiait que je travaillais avec des athlètes, pas seulement pour une saison ou un semestre, mais pendant toute l'année. J'ai entraîné certains jeunes pendant huit années consécutives ; ces jeunes ont vraiment fait partie de ma vie.

J'ai vécu l'un de mes plus grands moments comme entraîneur avec une nageuse qui s'appelait Allison. Même si elle a fait partie de notre équipe pendant plusieurs années, elle n'a jamais récolté de grands honneurs. Elle était petite et délicate mais elle avait un très grand cœur, et ses cheveux étaient d'un roux flamboyant.

Dans la natation par groupe d'âge au niveau local, les enfants avaient comme objectif principal de se qualifier pour les Olympiques Junior. La natation par groupe d'âge ressemblait à des montagnes russes : au moment où les enfants atteignaient l'âge le plus vieux de leur groupe, soit à leur anniversaire, ils allaient dans un groupe plus âgé ; ils se retrouvaient donc au bas de l'échelle encore une fois. Allison était venue près de se qualifier à quelques reprises pour les Olympiques Junior, mais elle ratait toujours de peu, avant d'être transférée dans un groupe plus âgé. Cependant, elle n'a jamais relâché ses efforts !

Finalement, Allison a réussi ! Lors de mon dernier été comme entraîneur, elle s'est qualifiée pour les Olympiques Junior dans le cent mètres papillon. Elle a tout juste réussi à terminer dans le temps requis – un centième de seconde moins rapide et elle ne se serait pas qualifiée. J'étais certain que c'était l'apogée de sa carrière de nageuse, mais j'ignorais à quel point sa réussite allait marquer ma propre carrière d'entraîneur.

Allison était une « sprinteuse qui s'essoufflait ». Elle avait naturellement une bonne vitesse, mais elle « s'effondrait » inévitablement vers la fin de ses courses. À maintes et maintes reprises, je l'ai regardée prendre un solide départ, puis lutter péniblement alors que les enfants la dépassaient dans les dernières brasses. Épuisée, elle sortait avec peine de la piscine et se dirigeait vers moi, découragée.

« Allison », lui disais-je de ma voix d'entraîneur la plus encourageante, « un de ces jours tu ne t'effondreras pas ! » Tout un exploit d'entraîneur, non ? Elle repartait, son corps plein de stress et son esprit voulant « s'effondrer ». Involontairement, j'inculquais constamment à Allison et à moi-même la certitude qu'elle s'effondrerait à la fin de ses courses.

Aux Olympiques Junior, Allison a été l'une des premières à faire la compétition. Soixante-quatre filles au cent mètres papillon signifiait qu'elle serait de la première série, rangée huit, juste à côté du mur latéral de la piscine.

Comme Allison s'approchait du bloc de départ pour son sprint de réchauffement, son excitation était à son comble. Je lui ai fait signe de grimper sur le bloc et j'ai crié : « Prête, oui ! » Elle a passé devant moi plus rapidement et avec plus de puissance que jamais. J'ai cliqué sur mon chronomètre alors qu'elle me regardait à la marque de vingt-cinq mètres, et j'ai vu son sourire lorsque je lui ai dit son temps de sprint. C'était de loin le plus rapide qu'elle avait jamais eu.

Je ne sais pas si c'était la surprise du temps extraordinaire de son sprint, ou cette lueur d'excitation dans ses yeux, mais quelque chose a germé dans mon esprit et une nouvelle idée en a jailli. Il ne serait plus question de penser à s'effondrer dans l'eau.

« Allison, lorsque tu plonges dans l'eau pour ton cent mètres papillon, je veux que tu te souviennes de ce que tu as ressenti dans ce sprint. Je serai juste là, à la marque de soixante-quinze mètres. Lorsque tu arriveras à moi avec vingt-cinq mètres à faire, je crierai *Maintenant!* Dès que tu m'entendras, je veux que tu t'imagines que tu viens de plonger pour faire exactement le même sprint une nouvelle fois. Peux-tu l'imaginer? »

« Oui, Coach! »

« Peux-tu le ressentir? »

« J'ai compris, Coach! »

« Magnifique! »

J'ai envoyé Allison s'inscrire pour son épreuve sportive et j'ai réuni le reste de l'équipe. Comme d'habitude, nous avons envoyé un contingent à l'extrémité de la piscine pour applaudir leurs coéquipières à l'approche du virage. J'ai décidé cette fois de faire quelque chose de différent. J'ai demandé à la moitié des enfants de se diriger à l'autre bout de la piscine pour applaudir Allison. Ensuite, j'ai réuni l'autre moitié des enfants et je leur ai montré le signal de soixante-quinze mètres que j'avais préparé pour Allison. Je leur ai dit qu'à mon signal, je voulais qu'elles crient « MAINTENANT » le plus fort possible de l'histoire! Je voulais que l'édifice en tremble.

Au coup de sifflet, Allison est partie comme une balle. Rendue à vingt-cinq mètres, elle avait presque toute une longueur de corps d'avance sur le reste des concurrentes. Alors qu'elle arrivait au virage, chaque brasse semblait stimuler davantage ses coéquipières. Elles sont devenues complètement exaltées, la saluant de la main et l'applaudissant à tout rompre.

Allison s'est propulsée puissamment après son virage et s'est dirigée vers la ligne d'arrivée avec cinquante mètres à faire. Comme elle s'approchait de la marque de soixante-quinze mètres, elle a continué à nager avec force. Elle avait certainement plus de deux longueurs de corps d'avance sur la plus proche concurrente. Puis, il s'est produit quelque chose de magique. Spontanément, sans aucun signe de ma part, les quelque cinquante filles qui l'avaient applaudie au virage se sont précipitées au bord latéral de la piscine et se sont jointes aux autres filles réunies autour de moi au soixante-quinze mètres. Il y avait presque cent filles folles d'excitation qui s'entassaient pour attendre mon signal : quatre-vingts mètres... soixante-dix-sept... Alors qu'elle levait la tête à l'avant pour respirer au soixante-quinze mètres, j'ai baissé vigoureusement le bras.

Ensemble, cent voix se sont jointes pour un retentissant « MAINTENANT ! » Je n'oublierai jamais la suite. Cette petite fille, qui s'était effondrée course après course, est soudainement sortie hors de l'eau comme un hydroglisseur ! Elle a filé vers la ligne d'arrivée avec plus de vitesse et de force que je croyais possible. Il lui restait huit brasses à faire, et elle a pris sa dernière respiration. Tête baissée et tous les muscles en action, elle a foncé sur la ligne d'arrivée.

J'ai regardé sur mon chronomètre et j'ai été saisi. Elle avait battu son record de plus de dix secondes ! Pendant des années, je l'avais regardée sortir de l'eau avec difficulté, totalement épuisée lorsqu'elle terminait ses courses. Maintenant, alors qu'elle entendait son temps, elle est sortie de l'eau comme une gymnaste olympique.

Le pas chancelant et le regard ébahi, le père d'Allison est venu vers moi. Je le connaissais depuis des années. C'était un homme calme, qui parlait doucement, et qui avait assisté à chaque compétition. Il m'a serré très fort dans ses bras. Des larmes coulaient sur ses joues.

J'ai senti l'émotion me gagner pendant qu'il me regardait avec étonnement et gratitude. La nage remarquable d'Allison avait eu lieu dans la première des huit rondes de qualifications. Les seize filles les plus fortes reviendraient dans la soirée pour les consolations et les finales. Lorsque la dernière des huit rondes fut terminée, Allison était passée de la soixante-quatrième place à la première !

Ce soir-là, Allison est revenue et a nagé merveilleusement. Elle avait encore amélioré son temps de deux dixièmes de seconde sur sa performance incroyable du matin. Elle a été devancée au tout dernier coup de brasse pour terminer deuxième. Mais il n'y a jamais eu de plus vraie gagnante.

Brian D. Biro

Le jour où
LE BUT a été compté

Même aujourd'hui, peu importe où je vais, les Canadiens veulent me remercier d'avoir compté LE BUT. Presque tous ceux que j'ai rencontrés veulent me dire ce qu'ils faisaient au moment où j'ai compté le but victorieux à Moscou dans la dernière partie de la première grande série de hockey Canada-Russie. Plus le temps passe, plus j'apprécie ce moment.

Récemment, je suis allé rencontrer un ami à l'aéroport. Pendant la courte période où je l'ai attendu à la barrière, cinq personnes se sont présentées à moi. J'entendais les autres passants murmurer : « C'est Paul Henderson. »

Josh, mon petit-fils, est probablement celui qui est le plus heureux de cette reconnaissance. Il est né en 1983, mais il n'ignore rien du but et il en possède une photo dans sa chambre.

Josh passe avec nous une partie des vacances d'été, et il adore lorsque les gens me demandent mon autographe. Si nous allons nous balader et que des gens nous abordent, il s'empresse de dire à sa grand-mère : « Ils voulaient l'autographe de papi et parler du but. »

Les histoires que j'ai entendues sont heureuses, drôles et souvent touchantes, et elles en disent long sur l'esprit humain. En voici quelques-unes parmi les nombreuses que j'ai recueillies.

Une dame et son mari venaient de déménager dans une nouvelle maison. Madame déballait de la vaisselle pendant que la partie était télévisée. Au moment où j'ai compté, elle avait une assiette dans chaque main. Perdant le contrôle pendant une seconde, elle les a lancées en l'air. La fine porcelaine a volé et frappé le plafond, puis est retombée, se brisant en mille morceaux. Elle ne savait pas si elle devait crier de joie ou pleurer; le but fut un des plus grands moments d'excitation de sa vie.

Un homme de l'Ontario voulait que je le dédommage pour la perte de sa boîte à leurres et son matériel de pêche. Lui et deux amis pêchaient dans un petit bateau en écoutant la partie à la radio. Lorsque j'ai compté le but, il est devenu si excité qu'il a sauté en l'air et est tombé à l'eau, heurtant sa boîte à leurres qui est passée par-dessus bord. L'homme a été sauvé, mais le matériel était perdu. Il me croyait responsable de cette perte, alors il a pensé que ce serait une bonne idée si je l'aidais à remplacer son matériel de pêche. Bonne chance!

De toutes les lettres que j'ai reçues, l'une des plus belles venait d'une femme de Toronto. Elle et son mari étaient séparés et en instance de divorce. Le jour de la dernière partie, il est allé à la maison pour ramasser quelques effets. Il a remarqué que la partie jouait à la télévision. La troisième période étant sur le point de commencer, il a alors demandé s'il pouvait la regarder. Ils se sont donc assis devant le téléviseur sans dire un mot.

Lorsque j'ai compté, ils se sont mis à sauter, en dansant et en s'étreignant. Alors qu'ils étaient dans les bras l'un de l'autre, ils se sont regardés dans les yeux et ont compris qu'ils étaient encore amoureux.

Elle m'a écrit environ trois mois plus tard pour me raconter l'événement, exprimant que je lui avais donné le plus merveilleux des cadeaux de Noël. Ils ont résolu leurs différends. Si je n'avais pas compté, son mari aurait pu partir sans même la regarder une nouvelle fois. Une lettre comme celle-ci me réchauffe le cœur.

Lors d'un congrès à Kingston, en Ontario, un conférencier invité venu des États-Unis ignorait que plusieurs auditeurs suivaient en même temps la partie sur leur transistor. Lorsque Yvan Cournoyer a compté pour égaliser le pointage à 5-5, il y a eu une légère réaction dans la salle. Le conférencier en fut étonné pendant un moment, mais il a poursuivi sa causerie.

Lorsque j'ai compté, l'auditoire est devenu hystérique. Le conférencier a dû penser que son public était temporairement devenu fou. Il était absolument certain que ce n'était pas à cause de son propos. Finalement, quelqu'un l'a informé de ce qui venait d'arriver. Je me demande s'il a beaucoup apprécié cela.

Près de Stratford, en Ontario, il y avait une compétition de labourage ce jour-là. La clé pour bien réussir ce concours était de maintenir une ligne droite.

Un fermier qui se préparait à la compétition a installé une radio sur le dessus de son tracteur. Quand il s'est trouvé à environ trois quarts du trajet dans le champ, j'ai compté le but.

Le fermier a bondi sur le capot du tracteur et a commencé à danser pendant que le véhicule était toujours en mouvement. Lorsqu'il s'est retourné, ses sillons avaient dévié dans tous les sens. Il n'a pas gagné la compétition mais, au moins, nous l'avons rendu heureux en gagnant la partie.

Des patients ont reçu l'attention médicale la plus rapide de l'histoire de la part d'un médecin de Mississauga. Il les voyait à la hâte de façon à se faufiler dans la pharmacie à la porte voisine, où il y avait un petit appareil de télévision en noir et blanc. Il entrevoyait la partie un bref instant et se dirigeait ensuite vers son bureau pour recevoir son prochain patient. Alors qu'il restait encore environ cinq minutes de jeu, il a dit à sa réceptionniste: « Je ne reçois plus personne jusqu'à ce que la partie soit terminée. Vous devrez leur demander d'attendre. »

De retour à la pharmacie, une foule était maintenant rassemblée pour les derniers moments de la série. Les gens ont commencé à crier : « Nous voulons Henderson ! Nous voulons Henderson ! – probablement parce que j'avais compté les buts gagnants des sixième et septième parties. Lorsque j'ai sauté sur la glace et compté le but, ils ont crié : « Nous vous l'avions dit ! Nous vous l'avions dit ! »

Une mère a raconté que, dans l'excitation de cet après-midi-là, son fils et d'autres jeunes ont décidé qu'ils voulaient jouer au hockey de rue tout de suite après la partie. Les problèmes ont toutefois commencé lorsqu'ils voulaient tous être Paul Henderson. La mère de ce petit homme a dû régler le litige.

Plus tard, il a obtenu de sa mère qu'elle lui achète un casque Paul Henderson. Pas n'importe quel casque ordinaire. À cette époque, peu de joueurs de la LNH portaient des casques. Cet enfant a peut-être été l'un des premiers à imiter un joueur qui en portait un.

La partie finale est devenue un événement international pour une famille. Un jeune homme se trouvait en Angleterre pendant les séries. Avant la dernière partie, il a téléphoné au Canada pour parler à son père. « Écoute, papa, a-t-il dit, téléphone-moi dès que la partie est terminée et dis-moi qui a gagné. » Son père a accepté.

Dès que j'ai compté, le père a téléphoné à son fils outre-mer. Mais il criait si fort que son fils ne pouvait comprendre un seul mot.

« Calme-toi, papa. Qui a compté ? »

Il a fallu un peu de temps avant que son fils puisse obtenir une réponse claire.

Une autre femme m'a dit que le but avait contribué à régler un profond désaccord entre son mari et son fils. Le garçon de quatorze ans n'avait pas parlé à son père depuis plusieurs mois.

Pour une raison ou pour une autre, le père et le fils ont regardé ensemble la dernière partie télédiffusée de Moscou. Après que j'ai placé la rondelle derrière Vladislav Tretiak, ils se sont retrouvés dans les bras l'un de l'autre. La tension de leur relation a semblé s'être dissipée instantanément.

« Vous avez transformé toute l'atmosphère dans ma famille, m'a confié la mère. Je vous en serai éternellement reconnaissante. »

Ma dernière histoire concerne mes propres filles, Heather et Jennifer, qui ont regardé la partie à leur école de Mississauga. Heather était debout sur une table lorsque j'ai compté. Ses camarades de classe ont foncé sur elle, et elle a été projetée sur le dos au plancher. Elles l'ont assaillie jusqu'à ce qu'une amie saute dans la mêlée et lui offre sa protection. Les enfants étaient tellement hors de contrôle que le directeur a dû renvoyer tous les jeunes de l'école.

Heather, neuf ans, a essayé de trouver Jennifer, sept ans, afin de la ramener à la maison, où Wendy Sittler les attendait avec notre autre fille, Jill. Les Sittler – Wendy et son mari, Darryl, mon coéquipier avec les Maple Leafs de Toronto – avaient déménagé dans notre maison pour prendre soin de nos filles pendant que nous étions partis. Heather et Jennifer avaient réussi avec difficulté à revenir à la maison, suivies par une bande d'enfants.

Les gens ont commencé à venir à la porte pour demander des autographes et des photos. Tant de gens sont venus que les filles ont posé une affiche: « Il ne nous reste plus d'autographes. » Le téléphone sonnait si souvent qu'elles ont dû le débrancher. Wendy n'a pas su quoi faire lorsque les gens ont commencé à fixer des affiches comme « Maison de Paul Henderson » et « Nous t'aimons » sur la terrasse. Heureusement, Darryl, qui était sorti, est revenu à temps pour l'aider à s'occuper de la foule.

Partout au Canada, notre victoire à Moscou a spontanément rassemblé les gens. Plusieurs m'ont raconté avoir senti l'obligation d'aller à un endroit où d'autres étaient déjà rassemblés ; certains se sont rendus à leur bar local ou dans un centre commercial, là où une télévision était installée.

Des flots de gens sont sortis dans les rues, arrêtant la circulation et agitant fièrement le drapeau du Canada. Après trois heures remplies de tension qui se sont terminées dans le paroxysme sensationnel d'une partie de hockey et des séries extraordinaires, les Canadiens avaient un grand besoin de manifester leur amour pour leur pays.

J'aurais cru que les souvenirs se seraient aujourd'hui estompés, mais ce n'est absolument pas le cas. La joie de ce moment, le jeudi 28 septembre 1972, est encore gravé dans l'esprit de plusieurs Canadiens.

Paul Henderson et Mike Leonetti

Nixon, Arizona

Christian en était à sa première année à l'université Duke, et nous assistions à un match télévisé à l'échelle nationale au Meadowlands. Duke, neuvième au classement, jouait contre Arizona, deuxième, dans un affrontement entre les équipes qui avaient accédé au Final Four la saison précédente.

La première demie était encourageante pour nous lorsque Arizona a laissé filer une avance de dix-neuf points. Une fois que les Wildcats furent remis sur pied, les équipes sont restées proches, séparées par plus de deux points une seule fois pendant une période de douze minutes, qui s'est terminée lorsque Sean Elliot a réussi un trois points avec cinquante-quatre secondes à jouer, ce qui donnait l'avance à Arizona, 77-75.

Une série de jeux critiques a suivi. Avec six secondes à jouer, Danny Ferry a attrapé un rebond, a pris quelques dribbles et a envoyé une longue passe à mon fils, étudiant de première année. Le match, qui avait été intéressant jusque-là, est soudain devenu mon premier moment de terreur comme mère d'un joueur de basketball.

Avec une seconde à jouer, Christian a été victime d'une faute de Ken Lofton. Cela signifiait que Christian devrait faire deux lancers francs de suite et réussir les deux pour égaliser le match. Arizona a demandé un temps d'arrêt pour le déconcentrer. J'ai mis mon blouson par-dessus ma tête. Christian a raté et frappé l'arrière de l'anneau. Elliott a attrapé le long rebond. Arizona avait la victoire.

Christian a fait le trajet de retour avec l'équipe. Mon mari et moi avons entrepris le long trajet vers la maison, sachant pour la première fois ce que voulait dire subir une grande défaite. « George, ai-je marmonné, Christian a perdu la partie... à la télévision nationale ! Il doit se sentir tellement misérable. »

« Je suis certain, a-t-il répondu, que l'entraîneur K ne laissera pas un lancer franc raté changer son attitude. Tu as vu comment l'entraîneur K a couru vers lui sur le terrain pour l'enlacer après la sonnerie. »

Mon brave mari a regardé la partie sur cassette plus tard. Il m'a fait venir dans le salon. « Regarde », a-t-il dit, arrêtant la cassette sur une section de la foule, « c'est Richard Nixon. »

Quelques jours plus tard, j'ai parlé au téléphone avec Christian et je lui ai fait part de la découverte de son père. « Je sais, maman, a-t-il répondu. Il est venu dans le vestiaire. »

« Tu as rencontré Richard Nixon et *tu ne me l'as pas dit* », me suis-je exclamée.

« Oui, il m'a fait l'accolade. »

Plus tard, j'ai lu le reportage de Wilt Browning dans le *Greensboro News and Record* à propos de la conversation dans le vestiaire :

> *De l'autre côté du vestiaire, une porte s'est ouverte et un homme portant un costume gris à fines rayures est entré. Mike Krzyzewski [l'entraîneur] s'est avancé pour accueillir l'ancien président Richard Nixon, qui cherchait Laettner dans un coin éloigné.*
>
> *« Je sais que tu te sens malheureux, jeune homme, mais tout ira bien. Je le sais. J'en ai moi-même gagné quelques-unes et perdu quelques-unes. Mais je te dirai ceci. C'est la première partie de basket-ball à laquelle j'assiste depuis cinquante-cinq ans,*

et je partirai en me souvenant des lancers que tu as faits. »

Laettner, qui avait réussi chacun de ses six tirs éloignés, tous à des moments critiques dans la partie, a souri.

« Merci, monsieur », a-t-il dit à l'homme qui avait démissionné de la présidence après les révélations sur le Watergate, lorsque Laettner n'était encore qu'un jeune enfant.

Bonita Laettner

Ne regardons pas en arrière avec colère, ou en avant avec peur, mais tout autour de façon consciente.

James Thurber

Donnez la balle au garçon !

La charité voit le besoin, non la cause.

Proverbe allemand

C'était une belle soirée pour regarder une partie de balle dans le Bronx. L'air était frais et Ron Guidry, des Yankees, était le lanceur. Nous étions quatre qui profitions d'une soirée entre gars.

Dans la deuxième manche, une fausse balle a été frappée en notre direction. Un garçon d'environ neuf ans a tendu la main pour l'attraper, mais la balle a été saisie par un homme d'environ trente-cinq ans portant des lunettes à monture en corne. Il était facile de voir la grande déception de l'enfant. Il portait une casquette des Yankees trop grande, qui lui tombait sur les yeux, et un gant de baseball également trop grand. Il semblait le genre d'enfant que tous les autres jeunes du quartier tabassent quotidiennement.

Soudain, quelqu'un a crié : « Donnez la balle au garçon ! » Ces paroles ont été scandées par les autres autour de nous : « Donnez la balle au garçon ! Donnez la balle au garçon ! »

Lunettes de Corne a secoué la tête et a mis la balle dans sa poche. Cependant, manche après manche, les paroles ont continué d'être scandées, et se sont répandues dans les estrades inférieures du champ gauche.

À la septième manche, l'enfant a dû avoir mal au ventre. Les gens qui l'entouraient lui achetaient des arachides, des sodas et de la crème glacée. Alors, Sam, un des compagnons avec qui j'étais, est allé parler à Lunettes de Corne. Je n'ai pas pu entendre ce qu'a dit Sam, mais j'ai vu Lunettes de Corne fouiller dans sa poche, se retourner et donner la balle au garçon. Les yeux de l'enfant se sont illuminés.

Quelqu'un a crié: « Il a donné la balle au garçon! » La foule était debout, applaudissant et scandant: « Il a donné la balle au garçon! » « Il a donné la balle au garçon! » Les joueurs ont regardé vers les estrades. Nous suscitions plus d'excitation que le match lui-même.

Une chose étrange s'est alors produite. Un homme dans la rangée avant, qui avait aussi attrapé une fausse balle, s'est levé et l'a donnée au garçon. Un autre tonnerre d'applaudissements a ébranlé les estrades du champ gauche.

À la fin de la neuvième, un jeune homme avec une moustache à la Fu Manchu s'apprêtait à quitter le stade. En passant près de l'enfant, il a retiré une balle de sa poche. « Tiens, petit – en voilà une autre », a-t-il crié en lançant la balle dans les airs. Étonnamment, le garçon l'a attrapée. Il y a eu d'autres acclamations.

Des centaines de partisans qui avaient regardé sans enthousiasme un match de routine souriaient et donnaient des tapes dans le dos d'étrangers. Et le garçon dans tout ça? Il avait trois balles dans son gant et un large sourire au visage.

John J. Healey

Le concours de la plus longue file de l'univers.

IN THE BLEACHERS par Steve Moore. © 1991 Tribune Media Services, Inc.
Tous droits réservés. Reproduit avec autorisation.

Secretariat

Tout a commencé à se dérouler comme une scène épique d'un drame qui devint soudainement surréaliste, avec les jeux de lumière et d'ombre du soleil de fin d'après-midi, avec les seules silhouettes du cheval et du cavalier flottant dans le décor, désincarnés, vers le grand tournant. À travers le rideau vaporeux de la chaleur. Sans bruit, au loin. Seuls.

Secretariat venait tout juste de traverser la marque de mi-parcours de la piste de 2,4 km du Belmont Stakes en 1:09 4/5, le temps le plus rapide pour six furlongs dans l'histoire de la course, et maintenant il vrombissait dans le quatrième quart en :24 2/5 vers un premier 1,6 km dans un impossible 1:34 1/5. Là, dans cet étrange crépuscule gris, Secretariat a commencé à transformer la plus ancienne de toutes les courses de la Triple Couronne en son propre tour de force, accélérant pour distancer un Sham battu par deux longueurs... quatre... six. Rarement dans l'histoire de ce sport, un compétiteur aussi brillant s'est-il manifesté précisément au bon moment – avec une coordination parfaite quant à l'endroit, l'événement et le temps – et a-t-il marqué le jour en livrant une performance si originale, si étonnante dans sa justesse, que le standard pour tous ceux qui suivaient a été élevé d'un cran. Secretariat, plongeant vers le grand tournant, élevait ce standard à cet instant même.

Nous étions le 9 juin 1973, à 17 h 40, et ce qui avait débuté trente-huit mois plus tôt allait soudainement donner ce résultat. Le soir du 29 mars 1970, Howard Gentry, le gérant du haras The Meadow à Doswell, Virginie, a rapidement abandonné une partie de billard à minuit dans le sous-sol de sa maison et s'est dirigé, dans la noirceur, vers une lumière solitaire qui luisait au-dessus d'une écurie de deux stalles pour juments pleines, dans le coin d'un champ. Something Royal, l'une des juments reproductrices les plus réputées du pays, s'apprêtait à mettre bas la progéniture de Bold Ruler, l'étalon le plus puissant d'Amérique. Un poulain de bonne taille se présentait, avec des hanches si larges que Gentry a craint d'avoir des problèmes à libérer le passage. Malgré tout, dix minutes exactement passé minuit, avec l'aide de Gentry, et d'un ami qui tirait sur les pattes avant, le corps entier alezan est finalement apparu. Gentry s'est reculé et a déclaré : « Voici une bête énorme! »

C'était là une déclaration prémonitoire. Au cours de sa carrière de courseur de seize mois, Secretariat est allé plus loin, plus rapidement, et a fait plus que tout autre cheval américain des temps modernes. À la fin de sa saison 1972, il avait à ce point dominé ses jeunes semblables au pays, gagnant presque toutes les courses importantes de la Côte Est, qu'il a été unanimement élu Cheval de l'Année. C'était la première fois qu'un cheval de deux ans recevait tant d'honneurs. Cet hiver-là, Secretariat est devenu l'animal le plus cher de l'histoire alors qu'il a été vendu à un syndicat d'élevage pour la somme astronomique de 6,08 millions de dollars.

Il avait tout : une lignée impeccable, une éblouissante agilité du pied, et un physique si parfait que Charles Hatton, le vieux doyen des journalistes de turf américains, l'a appelé « le cheval de course le plus parfait que j'ai jamais vu ». Secretariat était la machine de course par excellence, et il n'a jamais été mieux rôdé qu'en 1973, pour le plus grand événement de ce sport, la Triple Couronne. Depuis vingt-cinq ans, aucun cheval n'avait gagné les trois courses – depuis Citation en 1948 – et plusieurs se sont demandé si jamais il y en aurait un autre qui allait y parvenir.

La quête de Secretariat était donc encore plus fascinante. Au Derby du Kentucky, après avoir été bon dernier, il a graduellement devancé un cheval après l'autre, a dépassé Sham au dernier tournant, et a franchi avec force le dernier droit en un temps record jamais égalé de 1:59 2/5. Dans une course de dix furlongs, du jamais vu, Secretariat a couru chaque quart successif plus rapidement que le précédent. Deux semaines plus tard au Preakness, après avoir encore une fois traîné en début de course, il a soudain chargé dans un deuxième quart à :21 et des poussières, et est parvenu à la ligne d'arrivée pour battre Sham par deux longueurs et demie. Le chronomètre Pimlico n'avait pas bien fonctionné, cachant le temps final officiel, mais deux vétérans chronométreurs du Daily Racing Form avaient minuté Secretariat à 1:53 2/5, lui donnant son deuxième record de course en deux semaines. (Le temps officiel a finalement été enregistré à 1:54 2/5, un record de justesse.)

C'était comme si, à l'instar d'un brillant musicien de jazz, il inventait la course à mesure, improvisant quelque chose de différent chaque fois. Tout ce que devait faire le jockey Ron Turcotte, c'était de se cramponner. Il savait qu'il ne devait pas intervenir : silence, génie au travail. Alors que le pays était noyé dans les abysses du Watergate, Secretariat est devenu l'icône le plus divertissant du jour, un Adonis chevalin de six millions de dollars qui, de mémoire d'homme, avait plus de présence que tout autre cheval. Et c'est ainsi que le Belmont, à la télévision nationale, a offert le lieu de rendez-vous idéal pour la plus grande performance dans l'histoire de ce sport.

Le poulain s'y est présenté plus que porté par le vent de l'histoire. Secretariat était un mangeur prodigieux – il dévorait quinze litres d'avoine par jour pendant la saison de la Triple Couronne – et il devait travailler extrêmement fort et être entraîné très rapidement pour brûler les calories et le maintenir en forme. C'était une tornade du matin. À l'entraînement, huit jours avant le Belmont, il a coursé 1,6 km avec une rapidité sensationnelle, 1:34 4/5, et a galopé neuf furlongs en 1:48 3/5, temps de course officiel. Les chronométreurs comparaient leurs montres.

Que se passait-il ici ? La réponse finale ne viendrait que seize années plus tard, le jour où Secretariat est mort, lorsque le Dr Thomas Swerczek, professeur en science vétérinaire à l'université du Kentucky, a enlevé le cœur de l'animal au cours de l'autopsie. Normal à tous les autres égards, le cœur de Secretariat était environ deux fois plus gros que le cœur normal d'un cheval, et un tiers plus large que tout autre cœur chevalin que Swerczek avait jamais vu. « Nous étions tous sous le choc », a-t-il dit.

Pas plus, pourtant, que tous ceux qui ont vu le Belmont. Prenant le grand tournant comme un bolide, laissant Sham derrière, Secretariat a augmenté son avance de sept longueurs, puis de huit. Dix. Douze. Quinze. Vingt. Il se dirigeait seul vers la ligne d'arrivée. Devançant de vingt-deux longueurs. Turcotte n'a pas bougé. Vingt-quatre. Vingt-six. Les plus vieux cavaliers sur le terrain étaient sidérés. Vingt-sept. Vingt-huit. À soixante-dix mètres du fil d'arrivée, Turcotte a jeté un œil sur l'horloge, il a vu 2:19... 2:20. Le record était de 2:26 3/5. Il a regardé au loin, puis il a dû y regarder à deux fois. Il s'est accroché. Vingt-neuf longueurs. Trente. Le poulain a fait un dernier bond. Trente et un. Le chronomètre s'est figé : 2:24. Vingt et un ans plus tard, il est toujours figé là.

William Nack

Au-delà de la race

Des autographes. Des partisans indésirables. Bien des célébrités en arrivent à les détester. Moi, je n'en ai jamais eu l'idée. J'ai toujours aimé l'affection des admirateurs. J'admets que je dois me comporter d'une certaine façon en public. Une attitude réservée, parfois lointaine. Je l'ai développée inconsciemment au cours des années et j'ai appris que plus vous semblez ouvert et abordable, plus les gens profiteront de vous de façon inopportune.

Un jour, j'avais de petites douleurs au ventre pendant un voyage, ce qui nécessitait des arrêts fréquents aux toilettes. Je courais vers les toilettes dans un aéroport lorsque j'ai entendu un homme m'appeler. Je ne pouvais vraiment pas arrêter. J'ai couru vers une cabine de toilette, mais il m'avait vu. Il a glissé un morceau de papier sous la porte. « M. Lemon, je regrette de vous déranger, mais je suis en retard pour prendre l'avion et mon fils ne me pardonnerait jamais si je n'obtenais pas votre autographe. » C'était trop drôle. Il a eu son autographe.

Puis, par bonheur, le temps vient où le fait d'être accessible aux gens compense tous les inconvénients occasionnels. Je me souviens de la fois où nous avons joué en tant qu'équipe composée entièrement de joueurs noirs devant une foule composée entièrement de spectateurs blancs, et lorsque nous nous sommes rendus au terminus d'autobus par la suite, nous avons dû manger à l'arrière d'un petit restaurant réservé aux Noirs. Un homme est venu me voir à l'extérieur, avec sa jolie petite fille blonde d'environ six ans dans les bras. Elle voulait me rencontrer, me faire un câlin et me donner un baiser. Elle a dit : « Je vous aime vraiment, Meadowlark ! » Ses yeux brillaient et elle avait un sourire radieux. Elle a sauté des bras de son père dans les miens et m'a serré très fort. J'ai ri. « Eh bien, je te remercie, mon cœur. C'est très gentil. »

Les yeux de l'homme étaient humides. La joue de la petite étant près de mon oreille, il s'est approché de mon autre oreille et a murmuré : « Merci, Meadowlark. Elle est mourante. » Tout ce que j'ai pu faire a été de la serrer contre moi. Ma force m'abandonnait. Je l'ai tenue tout près pour qu'elle ne me voie pas pleurer.

« Merci, merci, Meadowlark », a dit la petite fille. Tu es si drôle, et je t'aime et je voudrais pouvoir t'emmener à la maison avec moi ! » Les sanglots m'ont étranglé : « Je le voudrais aussi, ma chérie. »

Elle était trop jeune pour voir la couleur de la peau.

Il y a eu aussi la fois où j'ai entendu un petit garçon jacasser près du terrain. Il ne faisait que hurler, crier à tue-tête et pouffer de rire, comme s'il n'avait jamais rien vu d'aussi drôle dans sa vie. Il ne cessait d'appeler : « Meadowlark Lemon ! Meadowlark Lemon ! » Lorsque le ballon est sorti hors du terrain, l'homme à ses côtés l'a ramassé et me l'a rendu ; j'ai fait une passe vers le garçon. Le ballon l'a frappé à l'estomac et est revenu vers moi en roulant. J'ai renvoyé le ballon au garçon. Encore une fois, le ballon l'a frappé et a roulé vers moi. La foule était ravie, mais je me demandais ce qui se passait. L'homme à côté de lui m'a dit en articulant les mots silencieusement : « Il est aveugle. »

J'ai remis le ballon au garçon et je l'ai aidé à le tenir. Il l'a lancé. J'ai serré l'enfant dans mes bras et je l'ai entendu appeler mon nom et applaudir pendant le reste du match. Lui non plus ne voyait pas la couleur de la peau.

Meadowlark Lemon
Soumis par Bill Bethel

Le cœur d'un champion

J'ai appris depuis longtemps que les gens qui réus-
sissent attendent rarement que les choses leur tom-
bent du ciel. Ils provoquent les choses.

Elinor Smith

Au cours de ma troisième année comme entraîneur-chef d'une petite école secondaire, je me suis adressé à un groupe d'adultes et d'étudiants sur les bienfaits du football. C'était le traditionnel discours de recrutement à propos du travail d'équipe et de la coopération; j'ai dit à l'assistance que le football ne s'adressait pas seulement aux athlètes étoiles.

Après avoir terminé, un couple m'a abordé. Leur fils, qui avait vécu son enfance dans la maladie, voulait vraiment jouer au football, même s'ils avaient tenté de l'en dissuader. Lorsqu'ils m'ont appris son nom, mon cœur s'est arrêté. Michael mesurait 1,78 m et pesait environ 49 kg. C'était un solitaire, la cible des blagues et des remarques narquoises des autres enfants. Et, à ma connaissance, il n'avait jamais participé à un sport.

J'ai balbutié à travers mes clichés, essayant de faire comprendre aux parents que ce ne serait peut-être pas une bonne idée. Mais comme je venais tout juste de livrer mon discours « le football est pour tout le monde », j'ai répondu que nous pourrions essayer.

Le jour de la première pratique, Michael fut le premier joueur à se présenter. Nous avons passé trente minutes à faire des étirements, puis nous avons joggé 1,6 km autour de la piste.

Michael a commencé à l'extrémité du terrain. Rendu à la ligne de cinquante verges, il a trébuché et il est tombé. Je l'ai aidé à se relever. « Michael, lui ai-je dit, pourquoi ne te contentes-tu pas de faire les tours de piste en marchant? » Il a eu les larmes aux yeux et a dit en bégayant qu'il n'avait même pas encore essayé. Mon cœur s'est serré, mais je l'ai laissé continuer. Il est tombé à maintes reprises, se relevant chaque fois. Après un tour de piste, je l'ai fait se ranger sur le côté.

La même chose s'est produite tous les jours pendant des semaines. Durant les pratiques, j'avais assigné un entraîneur pour veiller sur Michael et le tenir loin des exercices de contact. Il était difficile de prodiguer ce genre d'attention, mais il était impossible de faire autrement devant le courage et la ténacité de ce garçon.

À mesure que la saison avançait, Michael s'améliorait, physiquement et socialement. Il a commencé à rire et à badiner avec les membres de l'équipe, et je crois que la plupart ont commencé à le considérer comme le petit frère un peu bizarre. Au lieu de le ridiculiser, ils sont devenus protecteurs d'une manière touchante.

Lors de la dernière semaine de pratique, Michael a couru le 1,6 km sans tomber. Nous n'avions gagné qu'une partie pendant la saison, et pourtant l'équipe a applaudi plus fort la course de Michael qu'elle ne l'avait fait lors de notre seule victoire.

Alors que je quittais mon bureau pour la dernière fois de cette saison, j'ai été surpris de voir Michael qui se tenait là ; je lui ai exprimé combien j'étais fier de lui.

« Coach, a-t-il dit, je n'ai jamais joué. »

J'ai commencé par dire que je ne voulais pas qu'il se blesse.

Michael m'a arrêté. « Je sais pourquoi vous ne pouviez pas me faire jouer, mais je veux que vous me le permettiez la saison prochaine. Qu'est-ce que je peux faire? » Je lui ai donc organisé un horaire pour qu'il s'entraîne à lever des poids et à faire d'autres exercices.

Michael n'assistait à aucun de mes cours et je ne l'ai vraiment pas vu beaucoup pendant les deux mois qui ont suivi, mais je le saluais de la main chaque soir en quittant l'école. Il faisait des redressements assis ou il courait. Il était évident qu'il mettait son programme en pratique. Un soir, j'ai entendu frapper à ma porte, et c'était Michael. Il avait pris environ 5 kilos et son teint semblait plus rosé. Il se demandait si je pouvais ajouter des difficultés au programme puisque ça devenait trop facile. J'ai ri et j'ai ajouté quelques exercices supplémentaires tout en doublant la distance de course.

Au début de la saison suivante, Michael a couru le 1,6 km d'ouverture plus rapidement que les autres. Même s'il avait de la difficulté avec les exercices, il faisait un assez bon travail et je l'ai donc nommé garde.

Le lundi suivant, après la pratique, je suis tombé face à face avec un des capitaines de l'équipe. Steve avait du talent, mais il était paresseux et indiscipliné. Il avait été reçu avec mention mais il étudiait rarement, et il était populaire auprès de ses pairs, même s'il pouvait se montrer cruel.

Steve a pointé vers le champ où Michael courait et faisait des redressements, et m'a demandé pourquoi il était encore là. J'ai dit à Steve de le lui demander. Le soir suivant, j'ai été étonné de voir Steve travailler aux côtés de Michael.

Plusieurs semaines plus tard, nous nous préparions pour l'un de nos matchs les plus importants, et la pratique était éreintante. J'ai renvoyé l'équipe et je me suis préparé à rentrer. Seulement deux garçons ont quitté le terrain. Les autres étaient réunis autour de Michael, qui leur donnait une autre séance d'entraînement. Steve avait demandé aux joueurs de se joindre à Michael et à lui pour un entraînement d'après-pratique.

Lorsque le match a commencé, nous avons rapidement tiré de l'arrière par deux touchés, et il était clair que certains garçons avaient déjà concédé la victoire. Mais pas Michael, qui était maintenant garde partant occasionnel. Il travaillait si fort et il implorait tant ses coéquipiers de continuer leurs efforts que peu d'entre eux ont eu le courage de refuser. Nous avons gagné par un point avec dix secondes à jouer.

J'ai choisi Michael comme joueur de la semaine, pas tellement pour son jeu, mais parce qu'il était la raison même pour laquelle les autres joueurs ont continué à se battre. Nous avons terminé la saison comme l'une des meilleures équipes de l'État.

Au banquet de fin d'année, la grande récompense est attribuée au joueur le plus productif, selon un système de pointage très strict. J'aurais aimé la remettre à Michael, mais je savais qu'elle appartenait à Steve. Je l'ai nommé pour qu'il vienne la recevoir.

« Bien que je respecte cette récompense et tout ce qu'elle signifie, a dit Steve, il y a quelqu'un qui la mérite plus que moi. » Toute la foule est devenue silencieuse. « Tout ce que j'ai accompli cette saison, et tout ce que l'équipe a accompli, nous le devons à une personne. »

Il s'est tourné vers Michael. Steve parlait avec beaucoup d'émotion. « Michael, tu avais l'habitude de dire que j'étais ton héros. Si j'étais seulement la moitié de l'homme que tu es, j'en serais fier, parce qu'il n'y a aucun doute que, toi, tu es mon héros. »

Michael a couru au podium et a serré Steve si fort qu'il en est presque tombé. Toute l'équipe a applaudi.

Michael est dans les forces armées aujourd'hui, et je n'ai pas entendu parler de lui depuis des années. Lui et ses parents ont toujours essayé de me dire à quel point je l'avais aidé. Je ne crois pas qu'ils se rendent compte que j'étais plutôt un spectateur. Je sais que je n'ai jamais trouvé les mots pour dire à Michael qu'il a fait plus pour moi que je n'ai fait pour lui.

Il y a beaucoup de Michael dans le monde – des enfants qui ne seront jamais des « étoiles », mais qui donneront et recevront probablement plus de leur association avec les sports que de leur talent athlétique. Ces sports sont pour ces enfants, et pour ceux qui me rendent fier d'être un entraîneur.

Patrick L. Busteed

Dans un jeu sans précédent dans l'histoire de la ligue, Ned Felmley comprend mal les signaux de l'instructeur au troisième but et vole le monticule du lanceur.

CLOSE TO HOME. ©*John McPherson. Reproduit avec l'autorisation de Universal Press Syndicate. Tous droits réservés.*

Les vraies choses

Je marche rapidement vers le monticule, me rappelant Casey Stengel, afin de calmer mon lanceur. Le match est avancé et ma vedette est perturbée. Je replace ma casquette et je fais appel à tout l'esprit et le bon sens dont je dispose.

Non, nous ne sommes pas au Three Rivers Stadium, buts remplis, fin de la neuvième. Ce n'est même pas vraiment du baseball, et mon lanceur n'est pas exactement un lanceur non plus. C'est une petite fille en larmes, chassée du monticule par une abeille en furie. Je la prends par la main.

Je suis entraîneur de T-ball, un vétéran grisonnant qui termine sa dixième saison surréaliste à tenter d'inculquer un certain sens de la discipline – et un minimum d'habileté au baseball – chez des garçons et des filles de six et sept ans.

Pourquoi appelle-t-on cela du T-ball? Pensez au baseball sans lancers, bien qu'un joueur occupe la position. Au marbre, le frappeur affronte un *tee* de frappeur en caoutchouc (d'où le nom du jeu), avec une balle dure qui repose sur le dessus. La hauteur du tee s'ajuste à la taille du frappeur, habituellement à mi-chemin entre la taille et les épaules. À part l'absence de lancers (ce qui serait ridicule chez des enfants de cet âge), les règles normales du baseball s'appliquent. Puis, il n'y a pas de pointage non plus. Chacune des parties, l'une après l'autre, se termine de la même façon: aucun point, aucun coup sûr et aucune erreur ne sont enregistrés.

J'ai enseigné le T-ball dans les collines campagnardes de l'Ohio et sur les terrains vagues des quartiers défavorisés de Pittsburgh. J'ignore ce qui me pousse à faire cela année après année. Il est rare de voir des adultes sains d'esprit entraîner au T-ball plus d'une année – et ce sont souvent les parents d'un enfant de l'équipe. Je suis célibataire, totalement maladroit en matière de discipline. Des élèves des première et deuxième années font ce qu'ils veulent de moi. L'enfant le plus timide devient plein d'audace en ma présence. Imaginez alors la confusion quand je tente de m'imposer face à vingt enfants armés de bâtons en bois et de balles dures, et disposant de tout un champ à parcourir. C'est *moi* qui suis toujours l'objet des taquineries des petits comiques de mes équipes.

Aucun joueur de T-ball ne m'a jamais appelé *Coach* – encore moins « M. Ehrbar ». (Un petit va-nu-pieds qui aime bien les jeux de mots m'a même surnommé « M. Erreur-bar » après ma tentative d'enseigner les rudiments de l'art d'attraper les roulants.) En fait, ils m'appellent tous « Tommy », un nom d'enfant, alors qu'eux portent des noms d'adultes comme « Charles » et « Alexandra ». Pas surprenant que la confusion règne lorsqu'il s'agit de déterminer qui détient l'autorité. La seule responsabilité d'adulte que me confient mes joueurs est au Dairy Queen quand vient le temps de payer la crème glacée.

Cependant, mon rôle est la moindre des bizarreries que le T-ball peut connaître. Des balles ratées qui roulent moins d'un mètre se transforment souvent en coups de circuit à la suite d'une série de mauvais relais. Un jour, mon receveur, Geoffrey, connaissait une mauvaise journée derrière le marbre, chacun de ses relais au premier but ratant la cible par un kilomètre. Lors du petit roulant suivant, au lieu de risquer un mauvais relais, il a couru après le frappeur. Ralenti par le masque, le plastron et les jambières – tenant fermement la balle dans sa main droite levée – il a pourchassé sa proie autour du premier but, du deuxième, du troisième jusqu'au marbre. À ce moment, le frappeur, voyant que Geoffrey courait toujours après lui, a repris sa course de plus belle sur le terrain, toujours poursuivi par Geoffrey. À son arrivée au marbre pour la deuxième fois, épuisé, il a décidé de faire front. Ce qui a suivi est un des plus importants renversements des rôles de l'histoire du sport : le *coureur* protégeait le marbre pendant que le *receveur* arrivait à toute vapeur, déterminé à croiser le marbre. Après la collision, Geoffrey a titubé jusqu'à notre banc. Essoufflé, il a haleté en ma direction, très fier de lui : « Je l'ai retiré, Tommy ! »

Le champ droit est une autre position qui donne au T-ball son amusante folie. Chaque fois qu'un joueur de T-ball est assigné au champ droit, il tombe immédiatement dans une rêverie profonde. Ou pire, je me souviens d'un match où la balle a été propulsée à l'entre-champ droit. En suivant la trajectoire de la balle, j'ai découvert, trop tard, que mon voltigeur, Bartholomew, dormait paisiblement dans les pissenlits. Défiant des probabilités plus grandes que celles de gagner à la loterie de Pennsylvanie, la balle a atterri directement dans le gant de Bartholomew, son premier attrapé au T-ball en carrière, ce dont nous l'avons informé après qu'il a été réveillé.

L'esprit singulier de ce sport est tel que la pluie n'est pas aussi menaçante au T-ball qu'au baseball professionnel. Un jour, un orage violent s'est abattu sur le terrain. Les spectateurs adultes se sont dirigés en foule vers les abris. Pendant ce temps, les joueurs des deux équipes – ainsi qu'un adulte très visible – ont retiré leurs chaussures, jeté leurs gants, et ont dansé au champ centre sous un arc-en-ciel spectaculaire.

Chaque année, toujours d'une façon surprenante, la magie opère pendant l'été, entre le début de juin et la fin de juillet. Un enfant qui en est aux rudiments du jeu et qui, on peut le comprendre, est craintif d'attraper des balles durement frappées commencera soudain à saisir un coup en flèche avec une dextérité et une grâce sans précédent, puis attendra le prochain frappeur dans une attitude qui montrera une plus grande confiance et un nouveau courage. Ou encore, un enfant qui ratait souvent une balle immobile frappera soudain une balle bien au-dessus de la tête de tous les joueurs. Rhonda, la petite fille effrayée par une abeille, est devenue la meilleure athlète que j'aie jamais entraînée. Elle est aujourd'hui une sprinteuse et une joueuse étoile de softball au niveau secondaire.

Le T-ball est un de ces rares moments de vie où il n'y a ni gagnants ni perdants, et où les chances sont égales pour tous. Chaque enfant va au bâton le même nombre de fois; à chaque manche, les joueurs occupent une position différente au champ.

Trop tôt, ceux et celles qui se rendent aux Petites Ligues devront affronter non seulement des balles rapides qui filent, mais aussi la réalité de la compétition : qui sera partant, qui restera sur le banc. On notera les moyennes au bâton, et aussi le pointage du match. *Je* préfère rester au niveau du T-ball.

Pendant des années, j'ai eu une énorme Chevrolet décapotable délabrée. Parmi mes souvenirs les plus heureux, il y a une suite de samedis matin étincelants après le T-ball : ma Chevrolet est bondée de joueurs de T-ball indisciplinés, nous revivons le match, le vent nous caresse le visage, et je me sens aussi jeune et aussi follement optimiste qu'un receveur nommé Geoffrey en route vers le marbre.

Tommy Ehrbar

Le courage, c'est l'élégance sous pression.
Ernest Hemingway

La dernière chance
d'un cow-boy

Assis sur une souche, Joe Wimberly regardait sa maison à Cool, Texas (population : 238).

« Ce n'est pas tout à fait le Ponderosa », avait déjà dit Joe à sa femme, Paula, alors qu'il balayait du regard leurs trois acres de broussailles. « Mais, ils sont à nous. »

Plus tôt dans la journée, la banque avait téléphoné à Joe. Les cartes de crédit avaient atteint leur limite, les paiements retardaient et le compte chèque était à découvert. Mais Joe ne connaissait que le métier de cow-boy. Il montait à cheval, rassemblait le bétail et montait des taureaux depuis son enfance. À dix-huit ans, il est parti pour le dernier pâturage sauvage du vrai cow-boy américain, le rodéo. Il s'y est fait un nom. Certains jours, il avait 1 000 $ dans ses poches. D'autres jours, il n'avait pas de quoi manger. Jamais, par contre, il n'aurait échangé ses « chaps » contre un patron qui aurait regardé au-dessus de son épaule.

Paula avait peur quand Joe montait les taureaux. Malgré tout, elle savait que c'était ce qui allumait l'étincelle dans ses yeux. Ainsi, chaque fois qu'il passait la porte, elle lui donnait un baiser d'au revoir, se croisait les doigts et priait.

Joe passait plus de deux cents jours par année dans les rodéos. Il était à plus de 1 500 kilomètres de la maison la nuit où Paula a donné naissance à une fille, Casey. Ils n'avaient pas d'assurances.

« Comment allons-nous subvenir à nos besoins, Joe ? » avait demandé Paula, d'une voix cassée au téléphone.

« Je vais gagner, lui avait-il répondu. Et je vais gagner encore et encore. »

Il avait tenu parole. Avec la grâce d'un gymnaste et l'audace d'un voleur de banque, Joe avait étonné les foules des petites foires agricoles et des grands stades urbains partout dans l'Ouest. Au cours des années quatre-vingt, il s'était qualifié cinq fois aux finales du Rodéo national. Sa meilleure année, Joe avait empoché plus de 80 000 $ en bourses.

Cependant, avec les dépenses de voyage et les frais d'inscription, les temps étaient durs, particulièrement après la naissance d'une deuxième fille, Sami. Mais les factures étaient payées et quand Paula est allée travailler dans une pharmacie, ils ont pu économiser suffisamment pour la mise de fonds sur leur maison. Puis, Paula et Joe ont eu un fils, McKennon.

Joe s'était toujours sorti des temps difficiles et toujours remis de ses blessures. Mais, plusieurs semaines avaient passé depuis qu'il avait rapporté un chèque à la maison. *Peut-être que je ne fais pas assez d'efforts,* pensait Joe.

Mesquite, près de Dallas, est le site de l'un des rodéos les plus célèbres d'Amérique. Un jour, un cadre de la société de camions Dodge a appelé le propriétaire du rodéo, Neal Gay, et lui a soumis une idée de promotion. Si Gay trouvait le taureau le plus méchant, le plus sauvage possible, Dodge offrirait une bourse de 5 000 $ au cow-boy qui réussirait à le monter pendant huit secondes. Chaque fois que le taureau l'emporterait, la bourse serait augmentée de 500 $. Le taureau porterait le nom d'un nouveau camion, le Dodge Dakota.

Gay a communiqué avec Lester Meier, un producteur de rodéos, propriétaire d'un terrible taureau noir de plus de 770 kilos qui n'avait qu'une seule corne trônant de façon sinistre sur le côté de sa tête blanche. « J'ai ton Dodge Dakota », a dit Meier à Gay.

Parmi les trente participants qui montaient les taureaux à Mesquite chaque week-end, un seul, choisi au hasard par ordinateur, pouvait tenter sa chance sur Dodge Dakota. Semaine après semaine, la bête lançait violemment les cow-boys dans les airs, même un ancien champion du monde. Joe portait un sac de moulée de 25 kilos vers l'enclos des chevaux à son ranch lorsqu'il a entendu la porte claquer. Paula est arrivée à la course. « Quelqu'un du rodéo vient d'appeler, Joe, a-t-elle dit. Ton nom a été tiré pour monter Dodge Dakota vendredi soir. »

Joe a déposé le sac de moulée. La bourse atteignait maintenant 9 500 $.

Quand le temps est venu d'affronter Dakota, Joe faisait les cent pas derrière l'enclos. Il a regardé dans les estrades et a vu sa famille. Lorsque le projecteur fut sur lui, il s'est hissé sur la barrière et s'est installé sur le dos large et courbé de la bête. Il a enroulé la corde autour de sa main droite, l'autre extrémité encerclait le poitrail de la bête.

La porte s'est ouverte. Dakota s'est élancé et Joe a serré fermement les cuisses. La bête ruait fort, envoyait Joe dans les airs avant qu'il retombe lourdement. Le taureau a meuglé et a penché du côté gauche. L'écume lui sortait des naseaux. Le cow-boy est retombé sur son siège, la corde brûlait sa main. Il a été envoyé en l'air, la tête projetée violemment en arrière, le chapeau s'envolant, mais il s'est accroché. Des estrades provenait un véritable tonnerre – six mille partisans, debout, criant, hurlant, tapant du pied. L'horloge affichait cinq, six secondes...

Dakota a émis un meuglement venu de l'enfer et a rué violemment, les quatre sabots en l'air. Soudain, le taureau courait seul. Lorsque tout a été terminé, Joe a essuyé la poussière sur ses vêtements, a cherché Paula dans les estrades et a lentement articulé en silence : « Je suis désolé. »

Joe a été choisi une deuxième fois cet été-là pour affronter Dakota. Seulement, il n'a fallu qu'un instant pour que ses rêves mordent la poussière. Joe avait maintenant vraiment besoin d'argent. Il ferrait les chevaux. Il participait à des compétitions de taureaux avec des gros lots à gagner. Il a mis sur pied une école de rodéo. Mais rien de tout cela ne réduisait ses dettes. Il a finalement dû mettre une annonce dans le journal pour vendre sa maison. « Ce ne sont que des planches, de la peinture et du revêtement », avait-il dit à Paula en larmes. « Si notre famille reste ensemble, peu importe où nous serons. »

Un vendredi de septembre, Joe participait au rodéo de Mesquite. Avec tous ses ennuis à la maison, il n'avait pas eu la tête aux taureaux ces derniers temps. La bourse de Dodge Dakota atteignait désormais 17 000 $. Vingt-quatre fois un cow-boy avait monté la bête infâme, et vingt-quatre fois le taureau avait été vainqueur. La bourse était maintenant assez importante pour sauver sa maison, payer les comptes, et même laisser un petit surplus.

Dans l'arène, on avait cessé d'annoncer à l'avance qui monterait Dakota. Désormais, on tirait le nom au hasard pendant l'entracte. Soudain, un organisateur du rodéo a crié : « Hé ! Joe Wimberly, tu as été choisi pour Dakota. »

Neal Gay est venu à sa rencontre : « La troisième fois est la bonne », a dit le propriétaire du rodéo avec un clin d'œil. Le cow-boy s'est hissé sur la barrière et s'est installé sur le dos du taureau qui piaffait dans son enclos. La corde a été enroulée très serrée autour de sa main. Il s'est rappelé une de ses phrases favorites : « Si tu n'as pas le choix, sois brave. »

La porte s'est ouverte et le chronomètre a commencé à compter les huit secondes les plus importantes dans la vie de Joe Wimberly. L'énorme bête noire a meuglé. Près d'une tonne de muscles et d'os s'est élancée. Dakota a relevé la tête violemment. Il y avait du feu dans ses yeux. Ses sabots faisaient voler la poussière. Et le chronomètre avançait – deux secondes... trois... quatre... Joe rebondissait sur le dos dur du taureau, s'efforçant de garder son équilibre. Puis, une autre ruade violente. Il s'est accroché, défiant la gravité. Six secondes... sept secondes...

Joe s'est écrasé sur le sol poussiéreux au moment où la cloche retentissait. Le silence s'est fait dans l'arène. Un officiel excité a levé les bras au ciel, signe d'un touché au football. Joe avait réussi par deux centièmes de seconde.

Le cow-boy est tombé à genoux. « Merci, Jésus ! » a pleuré Joe. Paula s'est effondrée en larmes dans les bras d'un spectateur. À genoux, Joe a regardé Paula qui courait en sa direction avec les enfants. Les cris de la foule ont balayé le sol de l'arène où les membres de la famille Wimberly se serraient en une étreinte à dix bras, leurs larmes se répandant sur la poussière.

Il était plus de deux heures du matin quand ils sont rentrés à la maison. Joe a pris le téléphone et a composé le numéro du banquier. « Qui est à l'appareil ? » lui a-t-on répondu dans un marmonnement endormi.

« Ici Joe Wimberly, a-t-il dit, et j'appelais simplement pour vous dire que j'ai un chèque pour vous. »

Dirk Johnson
Originalement publié dans
Chicken Soup for the Country Soul

Bonne question

Au parc, mon fils de quatorze ans et moi étions allongés dans l'herbe, nos emballages de hamburger à côté de nous, observant les nuages dans le ciel, quand il m'a demandé : « Papa, pourquoi sommes-nous ici ? »

Et voici ce que j'ai répondu.

« J'ai beaucoup réfléchi à cette question, mon gars, et je ne crois pas que ce soit si compliqué. Je crois que nous sommes peut-être ici pour simplement enseigner à un jeune à faire les coups retenus, à contourner le deuxième et à manger des graines de tournesol sans se servir de ses mains.

« Nous sommes ici pour taper sur le volant et crier en écoutant le match à la radio, vingt minutes après avoir garé la voiture dans le garage. Nous sommes ici pour regarder partout, abandonner tout espoir, puis trouver la balle dans le trou.

« Nous sommes ici pour voir, au moins une fois, la pochette de protection s'effondrer autour de John Elway[*] dans une situation de quatre et très, très, très long. Ou, le moment où le compte devient trois et une contre Mark McGwire, que les buts sont remplis et que le lanceur commence à se dire qu'il aurait dû être médecin. Ou qu'un petit espace où même une planche à roulettes n'aurait pu passer s'ouvre devant Jeff Gordon au dernier tour.

« Nous sommes ici pour porter notre casquette préférée des Red Sox de Boston tachée de sueur, notre coton ouaté déchiré de Slippery Rock et nos Converse du secondaire, un samedi matin où nous n'avons rien de spécial à faire.

---

[*] *NOTE DE L'ÉDITEUR : John Elway a pris sa retraite en 1998.*

« Nous sommes ici pour remporter une main avec un valet et nous sommes les seuls à le savoir. Ou pour nous engager dans au moins une bonne bataille, avoir un bel œil au beurre noir, et finir par enlacer le gars qui nous l'a offert.

« Nous sommes ici pour photographier un wapiti à six pointes et enfin trouver la bonne ouverture de lentille, ou pour fabriquer la mouche parfaite, faire le lancer parfait, ne rien prendre et pouvoir encore dire que c'est une matinée magnifique.

« Nous sommes ici pour atteindre avec un cœur de pomme une affiche routière à un demi-pâté de maisons de distance. Nous sommes ici pour jouer le même tour débile à notre chien pour la millionième fois. Nous sommes ici pour gagner un ourson en peluche ou pour nous ruiner à essayer de le faire.

« Je ne crois pas que le sens de la vie est de grincer des dents sur ce qui vient après la mort, mais de goûter chaque petit moment qui la précède. Nous sommes ici pour être l'entraîneur lorsque Wendell, celui dont les lunettes s'embuent toujours, réussit finalement la seule passe piège de toute la saison. Nous sommes ici pour être présents quand notre enfant marque trois buts et obtient une assistance, et surtout quand il ne le fait pas.

« Nous sommes ici pour voir Wayne Gretzky dit « la Merveille » s'installer derrière le but et donner un torticolis au pauvre gardien. Nous sommes ici pour voir le Rocket attendre le signal, deux retraits, buts remplis, en fin de carrière. Nous sommes ici pour voir Tiger aligner un coup roulé de vingt-deux pieds avec deux courbes pour la victoire et ne pas avoir besoin de son autographe pour le prouver.

« Nous sommes ici pour faire un saut périlleux et demi pour nos petits-enfants. Ou pour nous retrouver en haut de notre piste double-noir préférée, par un matin doublement bleu, et entendre au loin ces cinq mots magiques : *Autoroute fermée. Trop de neige.* Nous sommes ici pour faire effectuer à un frisbee des choses qui nous auraient valu le bûcher au temps du Moyen Âge.

« Nous sommes ici pour sprinter le dernier 100 verges et mouiller notre maillot, puis en être tellement épuisés que nous devons nous asseoir pour uriner.

« Je ne crois pas que nous soyons ici pour passer à *SportsCenter*. Les vraies bonnes choses n'y sont jamais rapportées. Comme quitter Wrigley à 16 h 15 par un magnifique après-midi d'été et entrer chez Murphy's en même temps que la moitié de la section 503. Ou au cours d'un après-midi libre, se trouver dans une Corvette décapotable 1962, moteur 327 à injection, avec une carte des petites routes de campagne du Vermont.

« Nous sommes ici pour nous régaler d'un sous-marin, d'un grand breuvage malté, et d'un botté d'envoi survenant au moment même où notre sœur monopolise le téléphone jusqu'à mardi.

« Aucun d'entre nous ne dira sur son lit de mort : *Zut, j'aurais aimé passer plus de temps sur le dossier Hibbings.* Nous dirons plutôt : *Cette cicatrice ? Elle est le résultat d'un circuit volé contre la ligue des Plombiers !*

« Tu vois, les adultes passent tellement de temps à travailler comme des esclaves afin d'avoir la plus belle voiture, la maison parfaite, le grand jour qui les rendra finalement heureux, alors que le bonheur vient de passer devant eux avec un casque de vélo sur la tête, deux tailles trop grandes pour lui. Nous ne sommes pas ici pour trouver un chemin vers le ciel. Le chemin est le ciel. Est-ce que cela répond à ta question, mon gars ? »

« Pas vraiment, papa », a-t-il dit.

« Non ? », ai-je ajouté, étonné.

Et il a repris: « Non, ce que je voulais savoir, c'est pourquoi nous sommes encore ici alors que maman a demandé d'aller la chercher il y a de cela quarante minutes. »

Rick Reilly

À propos des auteurs

Jack Canfield

Jack Canfield est l'un des meilleurs spécialistes américains du développement du potentiel humain et de l'efficacité personnelle. Conférencier dynamique et coloré, il est également un formateur très en demande. Jack a une extraordinaire capacité à informer et à inspirer son auditoire pour l'amener à améliorer son estime de soi et à maximiser son rendement.

Auteur et narrateur de plusieurs audiocassettes et vidéocassettes à succès, dont *Self-Esteem and Peak Performance*, *How to Build High Self-Esteem*, *Self-Esteem in the Classroom* et *Chicken Soup for the Soul–Live*, on le voit régulièrement dans des émissions télévisées telles que *Good Morning America*, *20/20* et *NBC Nightly News*. En outre, il est le coauteur d'une cinquantaine de livres, dont la série *Bouillon de poulet pour l'âme*, *Osez gagner*, *Le pouvoir d'Aladin* et *La force du focus* (tous avec Mark Victor Hansen), *100 Ways to Build Self-Concept in the Classroom* (avec Harold C. Wells) et *Heart at Work* (avec Jacqueline Miller).

Jack prononce régulièrement des conférences inspirantes et motivantes pour des associations professionnelles, des commissions scolaires, des organismes gouvernementaux, des églises, des hôpitaux, des organismes à but non lucratif, des entreprises du secteur de la vente et des multinationales. Sa liste de clients comprend des noms comme American Dental Association, American Management Association, AT&T, Campbell's Soup, Clairol, Domino's Pizza, GE, ITT, Hartford Insurance, Johnson & Johnson, Million Dollar Roundtable, NCR, New England Telephone, Re/Max, Scott Paper, TRW et Virgin Records. Jack est aussi dans le corps professoral de Income Builders International, une école pour entrepreneurs.

Chaque année, Jack anime un séminaire de huit jours, Training of Trainers, dans le domaine de l'estime de soi et du rendement maximal. Ce programme attire des éducateurs, des conseillers, des parents, des formateurs en entreprise, des conférenciers professionnels, des ministres du culte, et des gens qui désirent parfaire leurs compétences d'orateur et d'animateur de séminaires.

Mark Victor Hansen

Mark Victor Hansen est un conférencier professionnel qui, au cours des vingt dernières années, a effectué plus de 4 000 présentations à plus de deux millions de personnes dans trente-deux pays. Ses conférences portent sur l'excellence et les stratégies dans le domaine de la vente, sur l'enrichissement et le développement personnels, et sur les moyens de tripler ses revenus tout en doublant son temps libre.

Mark s'est consacré à sa mission d'apporter des changements profonds et positifs dans la vie des gens. Tout au long de sa carrière, il a inspiré des centaines de milliers de personnes à se bâtir un avenir meilleur et à donner un sens à leur vie, tout en stimulant la vente de milliards de dollars de produits et services.

Mark est un auteur prolifique qui a écrit de nombreux livres dont *Future Diary*, *How To Achieve Total Prosperity* et *The Miracle of Tithing*. Il est coauteur de la série *Bouillon de poulet pour l'âme*, *Osez gagner*, *Le facteur Aladin*, *La force du focus* (tous en collaboration avec Jack Canfield) et *Devenir maître motivateur* (avec Joe Batten).

Mark a aussi réalisé une collection complète de programmes d'enrichissement personnel, sur audiocassettes et vidéocassettes, qui ont permis à ses auditeurs de découvrir et d'utiliser tous leurs talents innés dans leur vie personnelle et professionnelle. Le message qu'il transmet a fait de lui une personnalité populaire de la radio et de la télévision. On a notamment pu le voir sur les réseaux ABC, NBC, CBS, HBO,

PBS et CNN. Mark a également fait la couverture de plusieurs magazines, dont *Success*, *Entrepreneur* et *Changes*.

Mark est un homme au grand cœur et aux grandes idées, un modèle inspirant pour tous ceux qui cherchent à s'améliorer.

Chrissy Donnelly

Chrissy Donnelly est auteure de best-sellers, conférencière et entrepreneure. En sa qualité de coauteure de *Bouillon de poulet pour l'âme des amateurs de sport*, elle a contribué à saisir l'excitation, l'inspiration et la vraie nature de notre fascination pour le sport, et des leçons que nous en tirons au jeu de la vie. Le sport est une seconde nature chez Chrissy : elle a pris des cours de danse et de gymnastique dès l'âge de quatre ans et elle a accumulé plus de vingt ans d'expérience en danse. La douzaine d'années qu'elle a consacrées à sa formation de gymnaste l'ont menée à une place sur l'équipe d'élite de son école secondaire. Chrissy a fait partie de la Moving Force Dance Company pendant deux ans et a participé aux épreuves de la Fédération américaine de gymnastique pendant six ans. Elle a été danseuse et mannequin pour NIKE, Redken et Columbia Sportswear, et elle a fait de la télévision, dans des messages publicitaires et dans une émission nationale hebdomadaire d'aérobie. Elle a également fait de l'athlétisme et elle pratique activement le golf, la randonnée, le parachutisme et le ski nautique.

Son enthousiasme, son énergie et son talent lui ont été très utiles dans le monde des affaires. Après avoir obtenu son baccalauréat en administration de l'université Portland State, Chrissy est devenue comptable agréée en 1991. Elle a travaillé pour Price Waterhouse de 1989 à 1995 et y a pris une expérience en comptabilité internationale au plus haut niveau.

Elle a fait la connaissance de son mari, Mark, en 1994 et ils ont fondé Donnelly Marketing Group, pour développer et réaliser des activités de promotion et de rédaction afin d'aider à la diffusion du message de la série *Bouillon de poulet*. Le couple prononce des conférences au niveau national sur l'amour et les relations, et sur le golf comme métaphore de la vie.

Chrissy est coauteure de best-sellers #1 du *New York Times* : *Bouillon de poulet pour l'âme du couple*, *Bouillon de poulet pour l'âme d'un père*, *Bouillon de poulet pour l'âme du golfeur*, *Bouillon de poulet pour l'âme du golfeur : la 2e ronde*, *Chicken Soup for the Baseball Fan's Soul* et *Chicken Soup for the Working Woman's Soul*. Avec Mark, ils travaillent aussi sur plusieurs autres prochains livres, parmi lesquels *Chicken Soup for the Friend's Soul* et *Chicken Soup for the Married Soul*.

Mark Donnelly

Mark Donnelly est auteur de best-sellers, entrepreneur, propriétaire d'entreprises et conférencier. Grand amateur de sport, il se souvient encore clairement de ses jours dans les Petites Ligues, particulièrement de l'année où il a mené son équipe jusqu'aux Championnats Babe Ruth de l'État. Au secondaire, il faisait partie de l'équipe d'élite de basket-ball et de baseball, et il a fait de l'athlétisme. Au collège, sa principale activité sportive était le basket-ball. En plus de ses souvenirs d'athlète, Mark a vécu de bons moments à titre d'entraîneur de jeunes au soccer et au basket-ball. Il a commencé à jouer au golf à l'âge de trois ans et se souvient qu'un jour où il accompagnait son père sur le terrain de golf, il a trouvé un trèfle à quatre feuilles. Ce jour-là, son père a remporté un important tournoi amateur local.

Mark et sa femme, Chrissy Donnelly, ont fondé deux sociétés : Donnelly Marketing Group et Donnelly Productions Limited. Ensemble, ils sont les coauteurs des best-sellers #1 du *New York Times*, *Bouillon de poulet pour l'âme du couple*, *Bouillon de poulet pour l'âme du golfeur*, *Bouillon de poulet pour l'âme du golfeur : la 2e ronde*,

Chicken Soup for the Baseball Fan's Soul et *Chicken Soup for the Working Woman's Soul*. Ils travaillent aussi sur plusieurs autres prochains livres, parmi lesquels *Chicken Soup for the Friend's Soul* et *Chicken Soup for the Married Soul*.

Mark a construit son succès sur les bases apprises de son père et de son grand-père, qui a fondé Contact Lumber à Portland, Oregon. Mark a été vice-président de l'entreprise familiale jusqu'en 1996, alors qu'il a démissionné pour poursuivre ses projets d'entrepreneur avec sa femme. Il est encore vice-président du Conseil de Contact Lumber.

Né à Portland, Oregon, Mark habite aujourd'hui Paradise Valley, en Arizona, avec sa femme Chrissy. Il détient un BSC en administration de l'université de l'Arizona, où il a fait partie du Golden Key National Honor Society et a été président de son association étudiante, l'Alpha Tau Omega. Entre autres honneurs, il a été nommé Finissant exceptionnel en 1985 de son association et meilleur garde de la région alors qu'il évoluait pour l'équipe de basket-ball du Mount Hood Community College.

Mark pratique le golf, la randonnée, le parachutisme et il s'entraîne. Le couple Donnelly prononce des conférences au niveau national sur l'amour et les relations, et sur le golf comme métaphore de la vie.

Jim Tunney

Éducateur, Jim a été enseignant au secondaire, entraîneur, administrateur en chef de district et directeur d'école. Il est membre du conseil de York School (Monterey, Californie) et du Monterey Peninsula College.

Il a fait une deuxième carrière dans le monde du sport. Pendant trente et un ans comme officiel dans la NFL, Jim a arbitré vingt-neuf matchs d'après saison, un record incluant dix Championnats, trois Super Bowls et six Pro Bowls. Nommé Meilleur officiel de la NFL par *Sporting*

News et récipiendaire du Gold Whistle de la National Association of Sports Officials, Jim a été le premier officiel à faire partie du « All-Madden Team » et il est membre du Temple de la renommée du Football professionnel (Canton, Ohio).

Récipiendaire des plus hauts honneurs de la Conférence en basket-ball et Athlète de l'année au Occidental College, Jim a commencé à arbitrer dès sa sortie du collège, d'abord au niveau secondaire, puis au PAC-10 et ensuite dans la NFL. Il a arbitré quelques-uns des matchs les plus mémorables de l'histoire de la NFL, dont le « Fog Bowl », le « Final Fumble », le « Snowball Game », la « 100th Game », « The Catch », « The Kick », « The Ice Bowl » et « The Field Goal ». Son livre, *Impartial Judgment : The « Dean of NFL Referees » Calls Pro Football As He Sees It*, raconte sa carrière dans la NFL.

Comme troisième carrière, Jim est devenu conférencier professionnel. Ancien président de la National Speakers Association (NSA), il est membre agréé du groupe le plus prestigieux de cette association – the CPAE Speaker Hall of Fame – et il détient tous les honneurs professionnels de la NSA, dont l'« Oscar of Professional Speaking » – The Cavett.

En 1993, il a créé Jim Tunney Youth Foundation pour soutenir les programmes communautaires locaux qui développent le leadership et les habiletés au travail, le bien-être et l'estime de soi chez les jeunes. Lui et sa femme, Linda, habitent à Pebble Beach, Californie. Ils ont six enfants et neuf petits-enfants.

Autorisations

Nous aimerions remercier les éditeurs et les personnes qui nous ont donné la permission d'utiliser le matériel suivant. Les histoires dont les auteurs sont anonymes, qui sont du domaine public ou qui ont été écrites par Jack Canfield, Mark Victor Hansen, Mark Donnelly, Chrissy Donnelly et Jim Tunney ne font pas partie de cette liste.

Roger Maris et moi. Reproduit avec l'autorisation de Andy Strasberg ©2000 Andy Strasberg.

Soirées au stade. Reproduit avec l'autorisation de Bob Greene. ©1992 Bob Greene.

Merci, maman! Reproduit avec l'autorisation de Steve Young. ©1999 Steve Young.

Si ça le rend heureux. Extrait de *Up Close in Your Face with the Greats, Near-Greats and Ingrates of Sports.* ©1993 Roy Firestone.

Une vraie championne. Reproduit avec l'autorisation de Carole Yamaguchi et Anita Gogno. ©2000 Carole Yamaguchi et Anita Gogno.

Les garçons de Monsieur D. Reproduit avec l'autorisation de William G. Tapply. ©2000 William G. Tapply

Qu'est-ce que le sport? Reproduit avec l'autorisation de William Wilczewski. ©2000 William Wilczewski.

Tu as été super, papa. Reproduit avec l'autorisation de Barney Cohen. ©1987 Barney Cohen.

Une amitié en or et *J'en aurai une autre.* Reproduit avec l'aimable autorisation de l'auteur. ©1991 David Wallechinsky.

Viser les étoiles. Reproduit avec l'autorisation de Brian Holloway. ©2000 Brian Holloway.

Je serai là pour toi. Reproduit avec l'autorisation de Zoe Koplowitz. ©1997 Zoe Koplowitz.

Le bâton magique. Reproduit avec l'autorisation de David Meanor. ©2000 David Meanor.

Le soccer de salon. Reproduit avec l'autorisation de David Barry. ©1998 David Barry.

Du moment que ça marche. Reproduit avec l'autorisation de Grady Jim Robinson. ©1990 Grady Jim Robinson.

Le gagnant. Reproduit avec l'autorisation de Sharon Jaynes. ©1998 Sharon Jaynes.

Jouer franc jeu. Reproduit avec l'autorisation de Ed Marion. ©2000 Ed Marion.

Le prix d'un rêve. Reproduit avec l'autorisation de Ricky C. Hunley. ©2000 Ricky C. Hunley.

Vivre pour la course. Reproduit avec l'autorisation de Dave Kindred. ©1995 Dave Kindred.

Le jour où le baseball a grandi. Reproduit avec l'autorisation de Donald Honig. Extrait de *Baseball When the Grass Was Real: Baseball from the Twenties to the Forties Told by the Men Who Played It* par Donald Honig, avec l'autorisation de University of Nebraska Press. ©1975 Donald Honig.

Un vrai immortel du baseball. Reproduit avec l'aimable autorisation de *Sports Illustrated* : « Truly a Baseball Immortal » par n° 4, 192, tel que raconté à Craig Neff (*Sports Illustrated*, 23 septembre 1985). ©1985 Time, Inc. Tous droits réservés.

Joe DiMaggio m'a rendu heureux. Reproduit avec l'autorisation de Walter W. Laos. ©2000 Walter W. Laos.

Donnez-moi une chance! Reproduit avec l'autorisation de Gene Doherty. ©2000 Gene Doherty.

Nulle part où aller. Reproduit avec l'autorisation de Jim Nantz. ©2000 Jim Nantz.

Le passeport ultime. Reproduit avec l'autorisation de Lesley Visser. ©2000 Lesley Visser.

Le bouillon de poulet à la rescousse. Reproduit avec l'autorisation de Bernie Kish. ©2000 Bernie Kish.

Elle ose courir le Iditarod. Reproduit avec l'autorisation de Susan Butcher et National Geographic Image Collection. ©1983 Susan Butcher et National Geographic Society.

Couguar un jour... Reproduit avec l'autorisation de Tim Palesky. ©2000 Tim Palesky.

Le jour où Lisa a perdu. Reproduit avec l'autorisation de Michael T. Powers. ©2000 Michael T. Powers.

La folle aventure de Phil Esposito. Reproduit avec l'autorisation de Brian McFarlane. Extrait de *The Best of This All Happened in Hockey.* ©1997 Brian McFarlane. Reproduit avec l'autorisation de Stoddart Publishing Co. Limited.

C'est la façon dont on joue. Reproduit avec l'autorisation de Larry Baltz. ©2000 Larry Baltz.

Marquer son point. Reproduit avec l'autorisation de J. Michael Key. ©2000 J. Michael Key.

Un matin de mai. Reproduit avec l'autorisation de Ellen E. Hyatt. ©2000 Ellen E. Hyatt.

Quand le silence est d'or. Reproduit avec l'autorisation de Joey Crawford. ©2000 Joey Crawford.

Un engagement est un engagement. Reproduit avec l'autorisation de Mark H. McCormack. ©2000 Mark H. McCormack.

Coéquipiers pour la vie. Reproduit avec l'autorisation de Jim Brown. ©2000 Jim Brown.

On récolte ce qu'on a semé. Reproduit avec l'autorisation de Dan Clark. ©1997 Dan Clark.

Ma vie chez les professionnels. Reproduit avec l'autorisation de Bill Bradley. ©1976 Bill Bradley.

La chance de dire merci. Reproduit avec l'autorisation de Bart Starr. ©2000 Bart Starr.

Le bon côté de la peur. Reproduit avec l'autorisation de Joe Theismann. ©2000 Joe Theismann.

Jouer contre le préposé aux voiturettes. Extrait de *What Makes Winners Win* par Charlie Jones. Reproduit avec l'autorisation de Lee Trevino. ©1997 Lee Trevino.

Simplicité cruciale. Extrait de *What Makes Winners Win* par Charlie Jones. Reproduit avec l'autorisation de Dan Fouts. ©1997 Dan Fouts.

Je ne savais pas ça. Reproduit avec l'autorisation de Chris Myers. ©1998 Chris Myers.

Un appel important. Reproduit avec l'autorisation du *Philadelphia Inquirer*, 17 janvier 1989. ©1989 Philadelphia Inquirer.

La cantine. Reproduit avec l'autorisation de Ernie Witham. ©2000 Ernie Witham.

Voler quoi? Reproduit avec l'autorisation de Cary McMahon. ©1996 Cary McMahon.

L'inoubliable Jim Valvano. Reproduit avec l'autorisation de Dick Vitale. ©1994 Dick Vitale.

C'est à vous de faire la différence. Reproduit avec l'autorisation de Jack Hannah. ©2000 Jack Hannah.

Le deuxième départ de Lyle. Reproduit avec l'autorisation de Tom Flores. ©2000 Tom Flores.

Courir par amour. Reproduit avec l'autorisation de Keith J. Leenhouts. Extrait de *Father, Son, 3 Mile Run* par Keith J. Leenhouts. ©1974 Keith J. Leenhouts.

Une performance parfaite. Reproduit avec l'autorisation de Nancy E. Myer. ©2000 Nancy E. Myer.

La plus merveilleuse histoire de baseball de tous les temps. Extrait de *How to Make a Habit of Succeeding* par Mack R. Douglas. Reproduit avec l'autorisation de Pelican Publishing Company, Inc. ©1994 Mack R. Douglas.

Une simple gentillesse. Reproduit avec l'autorisation de John Gross. ©2000 John Gross.

Le pouvoir albinos. Reproduit avec l'autorisation de John A. Walsh. ©2000 John A. Walsh.

Un cœur d'or. Reproduit avec l'autorisation de Chris Tamborini. ©2000 Chris Tamborini.

Les règles du jeu. Reproduit avec l'autorisation de Laura Ishler. ©2000 Laura Ishler.

Mauvais bond. Reproduit avec l'autorisation de Steve Smith. ©2000 Steve Smith.

Les meilleurs sièges en ville. Reproduit avec l'autorisation de Barney Cohen. ©1993 Barney Cohen.

Elle a créé un souvenir. Reproduit avec l'autorisation de Gary D'Amato. ©2000 Gary D'Amato.

Mon fils, mon ennemi. Reproduit avec l'autorisation de Leonard Pitts Jr. ©1995 Leonard Pitts Jr.

Une leçon d'amour. Écrit par William Plummer, rapporté dans Cable Newhaus/People Weekly. ©1986 Time, Inc.

Deux dix sous. Reproduit avec l'autorisation de Fellowship of Christian Athletes. ©1968 The Christian Athlete.

Ma carte de baseball préférée. Reproduit avec l'autorisation de Scott Nicholson. ©2000 Scott Nicholson.

Tout compte. Reproduit avec l'autorisation de Scott Adamson. ©2000 Scott Adamson.

Le magicien de Westwood. Reproduit avec l'autorisation de Terry Paulson. ©2000 Terry Paulson.

Le ballon en cuir, réglementaire de la NFL, identifié aux Bears de Chicago de 1963. Reproduit avec l'autorisation de Tom Payne. ©1997 Tom Payne.

La conversation d'un parent avec son enfant avant le premier match. Reproduit avec l'autorisation de NTC/Contemporary Publishing Company. ©2000 NTC/Contemporary Publishing Company.

Lettre à un entraîneur. Publié originalement dans *The Reporter*, Lansdale, Pennsylvanie, le 16 août 1997. Reproduit avec l'autorisation de Anita Gogno. ©1997 Anita Gogno.

L'inspiration du caucus de football. Reproduit avec l'autorisation de Jack Kemp. ©2000 Jack Kemp.

Le remède contre la déception. Reproduit avec l'autorisation de Clay Larson. ©2000 Clay Larson.

Les cartes de baseball à 50 000 $. ©1991 The Washington Post. Reproduit avec autorisation.

Maintenant! Reproduit avec l'autorisation de Brian D. Biro. ©1995 Brian D. Biro.

Le jour où LE BUT a été compté. Reproduit avec l'autorisation de Paul Henderson et Mike Leonetti. ©1992 Paul Henderson et Mike Leonetti.

Nixon, Arizona. Reproduit avec l'autorisation de Bonita Laettner. ©2000 Bonita Laettner.

Donnez la balle au garçon! Extrait de *The New York Times*. Reproduit avec l'autorisation de *The New York Times*. ©1984 The New York Times.

Secretariat. Reproduit avec l'autorisation de *Sports Illustrated*: «Secretariat» par William Nack (*Sports Illustrated*, 19 septembre 1994). ©1994 Time, Inc. Tous droits réservés.

Au-delà de la race. Reproduit avec l'autorisation de Meadowlark Lemon. ©2000 Meadowlark Lemon.

Le cœur d'un champion. Reproduit avec l'autorisation de Patrick L. Busteed. ©1990 Patrick L. Busteed.

Les vraies choses. Reproduit avec l'autorisation de Tommy Ehrbar. ©2000 Tommy Ehrbar.

La dernière chance d'un cow-boy. Reproduit avec l'autorisation de Dirk Johnson. ©1994 Dirk Johnson.

Bonne question. Reproduit avec l'autorisation de *Sports Illustrated*: «Funny You Should Ask» par Rick Reilly (*Sports Illustrated*, 12 avril 1999). ©1999 Time, Inc. Tous droits réservés.

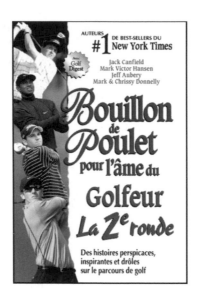

Bouillon de poulet pour l'âme du Golfeur – La 2e ronde

*Des histoires perspicaces, inspirantes et drôles
sur le parcours de golf*

Que vous soyez débutant ou expert, vous savez que ce jeu représente plus que courir après une petite balle blanche. En un après-midi dans les allées, le golf peut vous rappeler que les plus grands défis que vous avez à relever sont souvent face à vous-même.

Écrit par des golfeurs professionnels, des caddies et des golfeurs du dimanche, ce *Bouillon de poulet* reprend ce que les joueurs ont appris et aiment le mieux de ce sport: passer du temps avec des amis sur votre terrain favori; voir une amélioration dans votre petit jeu après beaucoup de pratique; ...

Voici un livre pour tous ceux qui aiment ce grand sport.

ISBN 2-89092-318-5 • 320 PAGES

Bouillon de poulet pour l'âme d'un Père

*Des histoires qui iront droit au cœur des pères
et réchaufferont leur âme*

Que vous soyez un tout nouveau père ou que vous soyez un grand-père expérimenté, ces histoires vraies sur la paternité vous divertiront et vous inspireront.

Écrites par des pères célèbres et par votre voisin de palier, ces histoires sont porteuses d'une vaste gamme d'émotions qui sont parfois difficiles à exprimer : la peur absolue de réaliser que votre nouveau-né compte sur vous pour le protéger et le soutenir, la fierté de voir votre adolescent dégingandé devenir un adulte mûr, le chagrin de perdre un parent chéri, et la joie de partager certaines traditions avec vos enfants. Ce livre vous rappellera que vous n'êtes jamais seul sur le chemin.

ISBN 2-89092-337-1 • 312 PAGES

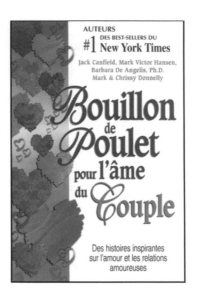

Bouillon de poulet pour l'âme du Couple

Des histoires inspirantes
sur l'amour et les relations amoureuses

Voici un hommage à l'amour et à sa capacité de survivre au-delà de la distance, des obstacles et même de la mort.

Ces histoires émanent du cœur et capturent les différentes étapes d'un amour, depuis ses tendres débuts vers une intimité plus profonde, ses défis à surmonter et le temps des adieux. Elles vous aideront à renouveler la passion dans votre relation amoureuse et vous feront réaliser comment l'amour vous a permis de grandir.

Ces récits laisseront une empreinte indélébile dans votre cœur et vous inspireront pour vivre une existence remplie de joie, d'espoir et de gratitude

ISBN 2-89092-268-5 • 288 PAGES

Bouillon de poulet pour l'âme des Grands-parents

*Des histoires qui vont droit au cœur
et réchauffent l'âme des grands-parents*

Si vous êtes un grand-parent, ces histoires d'amour familial vous rappelleront la valeur de votre contribution à votre famille et mettront en lumière quelle place d'honneur vous occupez dans le cercle de vos proches. Si vous êtes un fils, une fille ou un petit-enfant, vous revivrez les souvenirs de vos parents et grands-parents en lisant ces histoires d'amour, d'humour et de sagesse.

Ce livre est le cadeau parfait pour montrer à un grand-parent à quel point il est aimé, et le présent idéal pour tout membre de la famille qui chérit les liens familiaux.

ISBN 2-89092-317-7 • 336 PAGES

Bouillon de poulet pour l'âme des Ados II

D'autres histoires sur la vie, l'amour et l'apprentissage

Tu as réclamé davantage de *Bouillon de poulet pour l'âme des Ados* – alors le voici.

Les auteurs te proposent des histoires sur l'amour, l'amitié et la façon de surmonter les épreuves, ainsi que des récits extraordinaires d'ados sur l'apprentissage, le pouvoir de changer les choses et la poursuite de ses rêves. Comme dans le premier volume, tu ne trouveras pas de discours d'adultes te disant quoi faire et ne pas faire. Ce livre est plutôt rempli de témoignages de jeunes qui partagent avec toi leurs expériences pour t'aider à accepter la vie, à devenir la meilleure personne possible, à être heureux d'être qui tu es et à t'aimer. Ces récits te montreront que tu peux surmonter les coups durs et que tu n'es jamais seul.

ISBN 2-89092-285-5 • 336 PAGES

Bouillon de poulet pour l'âme des Célibataires

*Des histoires d'amour et d'inspiration
pour les personnes seules :
célibataires, séparées, divorcées ou veuves*

Que vous aimiez le célibat ou que vous souhaitiez ardemment trouver votre partenaire de vie, vous trouverez sagesse, rires et inspiration dans ce *Bouillon de poulet.*

Avec des chapitres comme *Célibataire et heureux, Les rendez-vous, Trouver l'autre, Perdre un partenaire* et *Parent célibataire,* ce livre aborde toutes les facettes du célibat avec chaleur, grâce et compréhension.

Vous y trouverez l'humour qui vous aidera à traverser des circonstances pénibles, la foi de croire en vous-même et l'espoir de discerner le meilleur chez les autres. Un cadeau parfait pour quiconque vit seul ou est seul de nouveau.

ISBN 2-89092-292-8 • 336 PAGES

PUBLICATIONS DISPONIBLES DE LA SÉRIE
« BOUILLON DE POULET POUR L'ÂME »

1er bol *(aussi en format de poche)*
2e bol
3e bol
4e bol
5e bol
Ados *(aussi en format de poche)*
Ados II *(aussi en format de poche)*
Ados - journal
Aînés
Amateurs de sport
Amérique
Ami des bêtes
Canadienne
Célibataires
Chrétiens
Concentré *(format de poche seulement)*
Couple *(aussi en format de poche)*
Cuisine *(livre de)*
Enfant
Femme
Femme II *(aussi en format de poche)*
Future Maman
Golfeur
Golfeur, la 2e ronde
Grands-parents *(aussi en format de poche)*
Infirmières
Mère *(aussi en format de poche)*
Mère II *(aussi en format de poche)*
Père *(aussi en format de poche)*
Préados *(aussi en format de poche)*
Professeurs
Romantique
Survivant
Tasse *(format de poche seulement)*
Travail

À PARAÎTRE

Trésors de Noël